ソーシャルワーカーの
力量を高める
理論・アプローチ

SOCIAL WORKER

川村隆彦
Takahiko Kawamura

中央法規

はじめに

　ソーシャルワーカーが活用できる理論やアプローチの本を執筆するという構想は、3年前に遡る。当時はまだ雲を掴むような気持ちで、どこから始めればよいのかもわからなかった。私が目指したのは、まず理論やアプローチの概念をシンプルにまとめ、その後、事例を用いて、実際にソーシャルワーカーが、様々な理論やアプローチを駆使しながら人々の抱える問題を解決していく様子を描くことだった。このように説明するのは簡単だが、実際に文章や事例（物語）で表現するのに3年の月日を要した。

　途中、何度も挫折したが、あきらめずに執筆を続け、本書を刊行することができたのは、私の中に「ソーシャルワーカーとソーシャルワーカーを目指す学生たちのために、少しでも貢献したい」という純粋な使命感があったからである。だから彼らが本書を読み、そこから少しでも新しい知識や力を得られるならば、喜びに堪えない。

　わが国でジェネラリストアプローチの風が起こったとき、臨床的な要素の多いソーシャルワークの理論やアプローチは脇に寄せられていった。現場でも大学でも、理論やアプローチを教える機会は少なく、他の分野の専門職から、ソーシャルワーカーは「理論を知らない」「臨床を学んでいない」「専門職ではない」とまで言われた。おそらく多くの人々が、ジェネラリストアプローチを誤って解釈したように思う。本当のジェネラリストであるためには、より専門的な理論やアプローチを熟知し、個人や家族、地域社会に介入するレパートリーを増やしていかなければならないことを、再度、喚起する必要があると痛感した。

　その後、社会福祉士の養成カリキュラム改正が起こり、脇に寄せられたかに見えた理論やアプローチに、再び関心が高まってきた。ただし学生たちが学べるのは、どの理論を、何年頃に、誰がつくったのかなど、国家試験の穴埋め知識だけに限定される恐れもあった。このことに対して、明確に警鐘を鳴らす意味からも本書を執筆してきた。

　前作『支援者が成長するための50の原則　あなたの心と力を築く物語』（中央法規出版、2006年）を執筆した後、私は多くの実践者たちと出会い、彼らの思いを受け止める機会があった。「実践者たちを励ましたい！」という動機で執筆した私が、逆に彼らから心温まる励ましを受け、大いに力づけられた。そこでこのような素晴らしい実践者の皆さんに対して、尽きぬ感謝の気持ちを本書に込めたことを公にお伝えしたい。

　新しい試みには、多くの不完全なところがある。しかしそれを恐れていては、何事も前に進めることはできない。不完全な本書を踏み台にして、多種多様な理論・アプローチの本が生まれていくことを期待している。

　本書はこれまで同様、中央法規出版企画部の有賀剛氏と共同で制作してきた。また、編集部の和田賀織氏に尽力いただいた。そして、いつものように岡本明氏にブックデザイン等をお願いした。このような素晴らしい方々と共に本書を刊行できたことに心から感謝申し上げたい。

川村　隆彦

ソーシャルワーカーの力量を高める理論・アプローチ／目次

はじめに 1
本書の構成と学習プロセス 4
学習を深めるうえで大切なこと 5

序章　理論・アプローチへの想い 7

第Ⅰ部　10の理論・アプローチ　17

第1章　クライエント中心理論・アプローチ 18
第2章　エコロジカル理論・アプローチ 36
第3章　行動理論・アプローチ 56
第4章　認知理論・アプローチ 76
第5章　危機介入理論・アプローチ 95
第6章　問題解決理論・アプローチ 113
第7章　課題中心理論・アプローチ 132
第8章　エンパワメント理論・アプローチ 148
第9章　システム（家族療法）理論・アプローチ 165
第10章　ナラティブ理論・アプローチ 187

第Ⅱ部　理論・アプローチの組み合わせ／様々な理論・アプローチ　211

第11章　子育てに悩む母親へのアプローチ 212
第12章　中途脊髄障害者へのアプローチ 228
第13章　様々な理論・アプローチ 244

おわりに 265
参考文献 266

本書の構成と学習プロセス

本書で取り上げる理論・アプローチは、以下の4つの扉を通ることで、理解が深まるように構成されている。

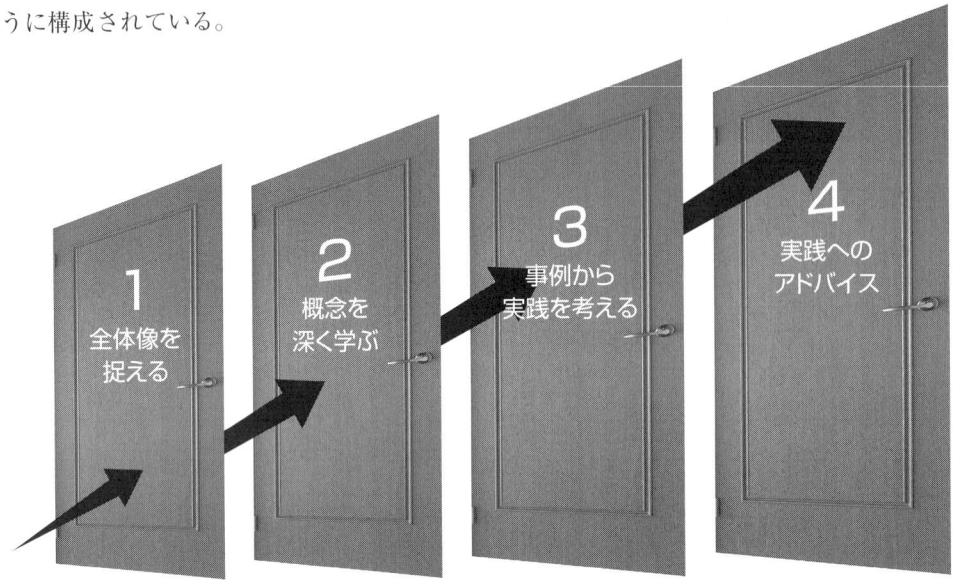

全体像を捉える

　最初の扉を通ると、みなさんは、問題を抱える人々の「ショート事例」に出会う。まずこの人々の状況をイメージし、そのうえで理論・アプローチを用いて解決するとはどういうことなのか、全体像を捉えてほしい。イメージが深まるように概念図を載せているが、これは次の扉「概念を深く学ぶ」を読み込むうえでも役立つことになる。

概念を深く学ぶ

　次の扉を通ると、理論・アプローチの概念に出会う。冒頭の「ショート事例」を引き続き深く考え、この人々に適用しながら概念を深く学んでほしい。内容は、できる限り実践面で必須な項目に絞り込み、難解な部分をわかりやすく補足するために、概念図やイメージ図を多く盛り込み、視覚的にも理解できるよう配慮している。ここでの理解が、次の扉「事例から実践を考える」につながっていく。

事例から実践を考える

3つ目の扉を通ると、新しい事例に出会う。この事例を通して、理論・アプローチをより実践的に捉えてほしい。問題を抱える人々に対して、ソーシャルワーカーが、理論・アプローチをどのように駆使するのか、心理的な描写も含めて、できる限り実践的な風景を心に刻んでほしい。事例の後の「考えてみよう」では、3つの質問を準備した。登場人物の立場に立ってこの質問を考えるならば、より主体的に実践を捉えることができる。また「解説」において、事例の補足やソーシャルワーカーとして、どのように考えるのか、どう行動するのか等を取り上げる。なお、こうした質問と解説は演習形式での学習方法にも適している。

それぞれの事例を、自分が実践している気持ちで、次の場面を想像しながら読みすすめたり、話し合ったりするならば、さらに理論やアプローチへの理解が深まる。

実践へのアドバイス

最後の扉を通ると、実践へのアドバイスに出会う。理論・アプローチの活用が可能な問題や人々について、また活用する際、役立つ現実的な助言を記している。ここまで読み進めたら、もう一度、最初の扉に戻り、概念図を見直し、学んできた理論・アプローチを、確かに理解しているか、再度、確認してみてほしい。

学習を深めるうえで大切なこと

全体像の把握

「まず高い山に登り、広い土地の全体を見渡し、それから降りて行って、自分の取り組むべき場所へ行き、耕し始める」という意味の言葉がある。

物事を理解するうえで大切なことは、まず全体像をしっかりと把握することである。最初に全体像を掴めるかどうかが、その後の理解を深める鍵になる。そのため本書では、まず複雑な理論・アプローチの全体像を、シンプル（単純）に掴んでもらえるようにした。ここでの理解は、完全でなくても構わない。「この理論は、一言で言えば、○○○を使って、△△△することだ！」のように、自分の言葉で、簡単に説明できることが望ましい。

単純から複雑へ

物事の全体像を単純に捉えた後は、次第に複雑なものへと理解を深めていく。この時点で知っておくべきことは、複雑なものは、単純なものの組み合わせであるということ。だから単純な一つひとつの概念を、十分に理解することに力をかけることで、その組み合わせである複雑なものも理解できるようになる。

概念図で理解する

本書に概念図を多く載せたのは、それが理解の助けになる人々が存在するからである。人が物事を理解する方法は一つではない。読んで理解できる人もいれば、何らかのマップや図によってイメージが深まり、そこから理解が深まる人もいる。文章はすぐに忘れても、視覚的な概念図が長く記憶に留まる人もいる。

物語で理解する

本書には事例を多く盛り込んだ。しかも一般的な事例より、はるかに長い部分も多くある。筆者は事例ではなく、「物語」を書いたつもりである。それは学んだ原則や概念を、「物語」として心に落とし込むことで、より理解を深めることができるからである。

物語の内容については、賛否、批判もあると思うが、あくまで「理論・アプローチの活用方法を理解する」ことが主たる目的であること、そしてどの物語も経験に基づいたものであることを申し上げておきたい。

さらに物語では、これまで執筆した作品において活躍したソーシャルワーカーたちを多く起用した。成長している彼らの仕事ぶりにも注目してほしい。なお、物語中、使われている氏名等はすべて仮名である。

本書から専門図書へ

本書は、あくまで理論・アプローチの入門書であり、ここで興味をもった方は、今後、それぞれの理論・アプローチに関して、より専門的な図書を読み、深い内容を学んでほしい。本書が専門的な図書への橋渡しになることを願っている。

序章　理論・アプローチへの想い

　ソーシャルワークの理論やアプローチを深く学んだのは、ニューヨーク州立大学アルバニー校においてである。そこには課題中心アプローチを開発したリード教授も在籍していて、理論やアプローチを学ぶことに熱心な雰囲気があった。
　フランシス・J・ターナー編著『ソーシャルワークトリートメント』をテキストとして用い、グループに分かれてプレゼンテーションを行った。他の学生たちの多彩な発表に聞き入り、ソーシャルワーク理論・アプローチの奥深さを体感した時間だった。

クライエント中心理論・アプローチ

　ロジャーズを映像で初めて見たとき、彼の優しい風貌に魅せられてしまった。メガネの奥の眼差しから、彼が真心から相手を受け止め、純粋な気持ちを伝えようとしているのがわかった。誰であってもロジャーズの前に座ったら、あの独特な魔法にかけられてしまうだろう。

もしありのままを受け入れ、無条件で、しかも肯定的な関心を与え続けるなら、人は本来の可能性を実現していく
　こうしたロジャーズの考えを支持するのは、自分の体験からだ。恩師であるクリステンセン氏は、私に会うといつも声をかけてくれた。そして「Taka, You are my best friend！」と言って肩を抱き、「いつかお前は自分の夢を実現できる」と励ましてくれた。彼の愛と関心の力は、今でも私を支え、励まし、可能性を高めてくれる。

誰にでも独自の世界があり、そこで自分の真実を見ている
　ロジャーズの考えは、子育ての指針にもなった。特に思春期の子どもたちの反抗に悩むとき、一瞬、立ち止まり、「彼らの独自の世界とは何だろう？　彼らの考える真実とは何だろう？」と考えてみた。ロジャーズの教えを実践したことで、子どもたちと良い関係を築けたことが何度もあった。

　クライエント中心理論・アプローチを学び実践するなら、皆さんは、これまでよりもっと自分や相手のことが好きになり、問題を抱える人々を裁く気持ちは薄れ、より温かな眼差しがもてるようになる。

エコロジカル理論・アプローチ

　ジャーメインとギッターマンのライフモデルは、その当時、すべてのソーシャルワーカーが学ぶべき共通の理論だった。

人と環境の交互作用、その接点で発生する摩擦、生活ストレスに目を向ける
　この概念は目からウロコ―人や問題を、ここまで美しくアセスメントできる方法があることに驚いた。

　30過ぎの貧乏学生だった私は、自分を取り巻く厳しい環境に苦しみ、その接点で起こる生活ストレスを日々実感していた。外国という環境下でのプレッシャー、子育て、人生移行に伴う課題、周りとのコミュニケーション障害、濁った池で必死に泳ぐ魚のように、息も絶え絶えだった。

　そこで私は、ライフモデルを自身にあてはめ、もっと自分を強め、環境を温かなものにする方法を真剣に考えた。すると自分の置かれている状況、対処すべきことがはっきりと見えてきた。

家族や友人と良好な関係性をもてるなら、それだけストレスから守られる
　今、振り返ると、あれほどのストレスに対処できたのは、身近な人々との「関係性」が強かったからだと思う。とりわけ妻の強い支えに感謝している。

　エコロジカル理論・アプローチを学び実践するなら、皆さんは、人々がどのような環境に取り巻かれているのかを理解できる。また漠然と捉えていた生活ストレスの正体もはっきりと見えてくる。

行動理論・アプローチ

　当時、大学からアパートに戻ると、妻と2歳の長女が待っていた。アメリカでは「恐ろしい2歳」というネーミングがあるが、全くその通り。彼女はまるで、「暴れまわる怪獣」のようだった。私たち夫婦は、どう対処していいかわからず、毎日、途方に暮れていた。ちょうどその頃、行動理論（ABC分析）を教えてもらった。

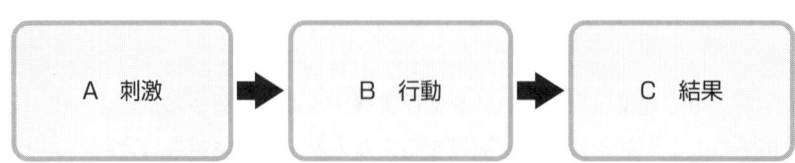

ある刺激Aに対して、人が行動Bを起こすかどうか、またその行動を学習するかどうかは、行動の結果Cがその人にどのような報酬をもたらすかによって決まる

　私たちは、娘に良い行動を促すような刺激を与え、彼女が良い行動をしたときにはご褒美もあげた。すると少しずつ良い行動が増えてきた。こうした成功体験を積み上げることで、私たちは失った自信を取り戻すことができた。子どもたちが中学になると「中間試験で10番以内に入ったら、豪華なプレゼントがあるよ」と刺激を与えると、彼らは達成しようと頑張った。見事、プレゼントをゲットしたときは、その努力を称賛した。結果に気を良くした彼らはとても意欲的になれた。

モデリング：他の人の行動を観察、学習することで行動に変化が生じる

　成長するにつれて、子どもたちは豪華なプレゼントがなくても、努力するようになった。それは周りの賢明な友人たちの模範に触れたからだ。きっと自分の努力に対する本物の報酬が何かを理解したのだと思う。

　行動理論・アプローチを批判する人々は、「目に見える行動だけを変えても表面的でしかない」と言う。しかし目に見える行動を習慣づけることで、内面が影響を受けることも多い。

　行動理論・アプローチを学び実践するなら、皆さんは、様々な問題に悩む人々のストレスを和らげ、彼らのために良い習慣を築くことができる。特に、子どもたちに良いモデルを示し、彼らの自尊心を高めることができる。

認知理論・アプローチ

　エリスの指摘する論理的思考や非論理的思考を知ったとき、「どうして今まで気づかなかったのか」とショックを受けた。また授業の中で、彼の歌声を聴いたとき、そのおおらかなムードに癒されたことを覚えている。

すべての人に愛されるならばありがたいことだが、実際は愛されなくてもともと。愛される、愛されないにかかわらず何か行動を起こすほうがよい

　多くの人が「すべての人に愛されたい」と考えている。でもそうした考えは論理的ではない。エリスの言葉のように生きられたら、もっと人生が素敵なものに変わるだろうと思う。

瞬間的に歪んだ考え方をした結果、否定的な感情に陥ることがある

　ベックの自動思考を学んだ頃、印象深い出来事があった。

　ソーシャルワーク演習の最終レポートが返却されたとき、私は、手書きで記されたDという評価に愕然としていた。「あんなに頑張ったのになぜ？」という思いに始まり、「もう自分はだめかもしれない」という敗北感、最後には、「教授はちゃんとレポートを読んだ

のか！」という怒りにまで発展した。

　翌日、恐る恐る研究室をノックし「どうして私の評価はDなんですか？」と尋ねた。すると教授はレポートをさっと見た後、微笑みながら、「ああ、それDじゃなくて俺のAなんだ！　ごめんね汚い字で」と言った。体の力が抜けるのと同時に「やっぱりそうだよ。あんなに頑張ったんだもの」と深い満足感さえ覚えた。

　レポートがDだと解釈したときは、否定的な感情だったのに、それをAと認知したとたん、肯定的な感情に変わった。「これこそ認知と感情の関係なんだ！」と納得し、自動思考の恐ろしさを痛感した。

　認知理論・アプローチを学び実践するなら、皆さんは、すべての人に認知の歪みがあることを知る。時々、私たちは周りの環境を変えることができず、ストレスを感じることがある。しかし、自分の考え方や見方を変えるなら、物事も世界も大きく変わって見えるようになる。

危機介入理論・アプローチ

　「Loss＆Grief」という分野に特別な興味をもっていた。これは人の喪失と悲嘆を取り上げ、どのようにサポートするかを学ぶものであり、この中に危機介入も含まれる。特に、私たちは大切な人々の死と悲嘆について深く考えた。

喪失を経験した人々が、現実に適応し、立ち直っていくためには、取り組まなければならない共通の悲嘆作業がある

　教室から抜け出し、お墓や葬儀屋を見学したり、納棺士をクラスに呼び、彼らがどのようにして人々を慰めるのかを聞いたこともある。そのとき印象に残ったのは、儀式の大切さであった。人は悲しみを忘れるために儀式を行う。それは残された人々のためでもある。また個人的に行う儀式もある。失恋した人が、読む人もいない手紙を書くことも儀式だと知った。

危機介入では、感情をオープンにし、抑えている怒りなどの感情を認め、吐露するように助ける

　ある若い夫婦のもとに障害児が生まれたとき、夫は激しく落胆し、部屋から出てこれなくなった。そこに年配の女性看護師がやってきた。彼女は「彼に今、必要なのは、思いっきり抱きしめてあげることよ」。そう言って部屋に入り、夫と妻、両方を抱きしめた。この看護師は、多くの障害児を養子に迎え、育ててきた人でもあった。夫婦は彼女に心を開き、すべての気持ちを話すことができた。

　危機介入理論・アプローチ、特にグリーフワークを学び実践するなら、皆さんは、カウ

ンセリングとは比べ物にならないほど、深く人の悲しみを分かち合えるようになる。苦しんでいる人にとって、あなたの支えが最後の生命線となる場合もある。それだけに危機介入やグリーフワークのスキルを高めてほしい。

問題解決理論・アプローチ

　問題解決理論・アプローチをつくり上げたパールマンには、秘かに敬意を払っている。このアプローチが、ソーシャルワークそのものだと思うからだ。

問題が大きすぎる場合、それを小さく切り分ける。関係性を強めて自我を温める。小さな問題を解決することで、少しずつ自信を得ていく
　ある学期の終わり、提出しなくてはならない多くのレポートに苦しんでいた。授業と並行して実習も行っていた。また妻は2人目の子を流産、心身ともにケアが必要なため、私は2歳の子の面倒を見なくてはならなかった。まるで問題の塊が道を塞いでいるかのようだった。そこで私は問題を切り分け、まずは小さな問題に集中することにした。また自分の心に栄養を与えるために、週末は夫婦で少しだけ映画を楽しんだ。
　パールマンの助言に従って自分の自我を温め、問題を小さく切り分け、達成可能なものにして取り組んだことで、最後にはすべての問題を解決することができた。

動機づけし、能力を高め、機会を与えることで、人を成長させる
　スーパーバイザーの一人は、よく時間を取って、私の話を聞き、励ましてくれた。また様々なスキルを教えることで能力を高め、それらを生かす機会を与えてくれた。動機づけ、能力の向上、機会、この3つの繰り返しにより、私は確かに、自分の成長を実感できた。

　問題解決理論・アプローチを学び実践するなら、皆さんは、人生を生きること、それ自体が問題解決の繰り返しであり、過程であることに気づく。また人には、生まれつき問題に対して悩みながらも立ち向かう力、工夫しながら乗り越えようとする動機づけと能力があることを知る。

課題中心理論・アプローチ

　私が教えた学生たちに共通する話題は「課題」である。卒業生と久しぶりに会うと、決まって「先生、相変わらず課題たくさん出してるんでしょう」と言われる。「もういい加減やめようかな」と答えると、「先生、やっぱりさ、課題はあったほうがいいよ。そのときは死んじゃうんだけど、終わってみれば力になるからさ」と真顔で言われる。それに気を良くして、今でも課題を与え続けている。

「時間的な制限」「焦点とする問題」があることで、ソーシャルワーカーと利用者の双方が、課題に対して力を結集しやすくなる

　まず学生たちに到達してほしい目標地点と締め切りを伝え、そこにたどり着くまでのステップとして「課題」を示す。そして彼らと契約し、その後、彼らが達成できるよう最大限のサポートを行っている。すべての課題を出し終えた後、学生たちの表情は清々しさと自信に満ちている。

人には課題が与えられると、達成しようとする主体的な能力がある

　昔、専門学校で教えていた頃、今の倍くらいの課題を出していた。学生たちは、夜な夜な一つの部屋に集まり、互いに協力し合っていた。夜遅くまで質問の電話が鳴り響いたものだった。提出時間を過ぎても家に押しかけ、レポートの脇にチョコレートを付けて交渉してきた者もいた。今では笑い話だが、それほどの意欲をもって課題に取り組んでくれた彼らが懐かしい。

　課題中心理論・アプローチを学び実践するなら、皆さんは、課題を達成することで、自分にどのくらいの可能性があるかを知る。また小さな課題の達成であっても、それらを繰り返すことで能力が高まり、やがて成長を実感できるようになる。

エンパワメント理論・アプローチ

　エンパワメントを教えてくれたのは、アフリカンアメリカンの女性教授シャーレィ・ジョーンズだった。彼女はいつも学内にいるマイノリティの学生たちに声をかけ、様々なサポートをしていた。

エンパワメントは、抑圧された個人やグループのパワーをどう強めていけるのかに着目してきた

　一度、シャーレィの集まりに誘われて行ったら、出席者のほとんどが、アフリカンアメリカンの学生たちだった。「日本人の私は、ここでもマイノリティじゃないか」と言うと、彼女は「そうだ。自分がマイノリティだということを絶対に忘れるな。なぜならソーシャルワーカーはマイノリティの側に立って、彼らをエンパワメントするんだから」と熱く語った。その言葉が今も胸に刻まれている。

利用者が自分自身と向き合い、「価値ある存在、信頼できる存在」であるという気持ち（自尊感情）を感じられるような支援を目指す

　ある日シャーレィは、教室にテープレコーダーを持参し、私たちに叫んだ。「自分のルーツを恥じる者は、セルフ・エスティームが低い。私のルーツはアフリカで、アメリカ南部の地に売られてきたが、そのことを私は誇りに思っている。さあこの曲に合わせてみんな

踊ろう！」それから私たちは、皆で一緒に踊った。「ミシシッピ、アラバマ、シェイク、シェイク、シェイク…」。私たちにエンパワメントの精神を教えてくれた彼女のことを今も懐かしく思い出す。

　エンパワメント理論・アプローチを学び実践するなら、皆さんは、相手をいつまでも、助けを受けるだけの弱い立場に押し込めてはおかない。むしろ、同じような問題を抱える他の人々を助ける立場に立たせるように導くだろう。

システム（家族療法）理論・アプローチ

　ミニューチンが家族療法を行う映像を見ながら、相談に訪れた母親と子どもの交流を断ち切る風景、また父親と子どもの交流を創造する瞬間などを学んだ。そのとき、家族は本当にシステムなんだと実感した。

問題を単純な因果関係（原因⇒結果）ではなく、円環的に考える

　家族療法を教えてくれたのは、大学院の学生だった。「父親が仕事のストレスを抱えて家に戻り、妻に当たる。妻は頭にきて子どもに八つ当たりする。子どもは腹いせにペットの犬を蹴る。蹴られた犬は父親に噛みつく」という例を挙げ、黒板にユニークなイラストを描き、熱心に教えてくれた。話に聞き入りながら、家族というシステムにおいては、原因と結果は直線ではなく、円環的な関係にあることを学んだ。

一人の変化が家族全体に変化を起こし、家族全体の変化が一人に変化をもたらす

　ロバート・レッドフォード監督の「普通の人々」をシステム理論から分析し、レポートを書いたこともあった。言葉がよく聞き取れなかったので、レンタルビデオを借りてきて、テープが擦り切れるほど何度も再生し、セリフを書き取った。この映画のジャレット家族をシステムとして分析すると、問題は見事に整理される。この家族は、主人公のコンラッドだけに問題があると考えられ、それによって均衡を保っていた。バーガー先生のカウンセリングで見事に乗り越えていくコンラッドだが、彼の変化は、やがて家族全体の変化につながり、皮肉にも家族は分裂してしまうのだった。

　当時アメリカでソーシャルワークを学ぶ多くの学生たちが、この映画を分析し、システムの特性を理解したと思う。私はこの映画が気に入り、その後、学生たちの課題でも取り上げた。またゼミで「続・普通の人々」という続編まで制作した。

　システム理論・アプローチを学び実践するなら、皆さんは、家族というシステムの脆さと強さに気づく。またどのように均衡を保ち、絆を強めるのかを知る。さらに家族に限らず、あらゆるグループのダイナミクスを分析する力も高まっていく。

ナラティブ理論・アプローチ

　実習先で、高齢者のための回想法の指導を受けたことがあった。そこが私のナラティブ理論・アプローチへの入り口になった。この理論・アプローチを学べば学ぶほど、自分が以前からずっと抱いていた考えに近づいていくように感じる。

人が問題なのではない。問題が問題なのだ
　中学時代から描いていた夢があった。その夢を実現しようと全力を尽くしたが、結局、うまくいかなかった。そこですべての過去を封印し、苦々しい敗北感を断ち切るように渡米した。昔を振り返ることはもう一生ないと思った。あの頃の私は「すべて自分が問題なんだ」と信じ込んでいた。

オルタナティブストーリーは、人々が自分で語り見出すものであり、何より彼らの希望する生き方に合致するものである
　10年ほど経った頃、勇気をもって過去の封印を解き、これまでの自分を振り返る旅に出た。おそらくたくさんの失敗をみつけるだろうと考えたが、逆に、素晴らしい出来事を発見した。その瞬間、ドミナントストーリーから解放され、オルタナティブストーリーをみつけたと実感できた。そのときはじめて、人が問題ではなく、問題が問題だったと知った。
　このような経験から私は、もし人が過去から現在、そして未来へと続く一貫した物語をもてるなら、確かな自信を得られることを確信した。

　ナラティブ理論・アプローチを学び実践するなら、皆さんは、絶対的な正義の陰で抑圧されている人々の存在に目を向けようとする。そして唯一の正解を押し付けるのではなく、もっと一人ひとりが意味づけた、相対的な声に耳を傾けようとする。

忘れられない教訓

　実習先のスーパーバイザーは、自我心理学を得意としていた。彼女はその理論の枠を使ってすべてを見渡し、説明した。患者も、家族も、他の専門職も、もちろん実習生の私も、彼女の理論の枠の中で分析、解釈された。そのことが非常に苦痛だった。
　ある患者へのカウンセリングを指示され、私はそれを行い、後にプロセスレコーディングを提出した。彼女はその記録に眼を通しながら、私の心理状態を自我心理学の枠から分析した。そのとき私は「自分も相手も、決してそのようには感じていない」と反論したが、耳を貸そうとはしなかった。彼女は、私の反論さえも自我心理学の用語を巧みに使って説明した。私はやがて彼女を信頼できなくなり、関係を拒否するようになった。
　あの頃の私はとても未熟で、自分の考えを上手に説明することができなかった。しかし今ならばはっきりと言えることがある。

「人の気持ちは単純なものではない。だからどんなに得意であっても、一つの理論だけで人を完全に理解できたと考えてはならない。少なくとも、他のいくつかの理論やアプローチを用いて、柔軟に理解していくべきだと思う」。
　一つの理論を極めると、どうしてもその枠組みの中からしか人を見なくなる。理論のために人がいるのではない。人のために理論があるのだということを肝に銘じてほしい。

理論・アプローチとは何だろう

　人は、生きていく途上で、困難や問題と格闘し、乗り越えたり、打ちのめされたりしながら成長する。もちろん困難には、一人で立ち向かうべきものもあれば、家族や友人に支えられ乗り越えていけるものもある。

　しかし時には、人は自分や家族の力をはるかに超えた障壁を前に、助けを求め、座り込んでしまうこともある。そのような場合、彼らの心は痛み、不安の中で次のように叫ぶ。

「なぜこのような問題を抱えたのだろう？」
「どうしたら解決できるのだろう？」

　この2つの疑問に応えようとして生まれてきたもの、それがソーシャルワークの理論・アプローチである。言い換えるなら、人々が問題を抱える原因を探り、また問題を解決する有効な方法をつくり出すため、研究者や実践者たちが構築、実践、検証、発展させてきたものである。だからこそソーシャルワーク実践の歴史を紐解くとき、そこに必ず、人々が理論・アプローチを模索してきた歴史に辿り着く。これは人々の痛みを支えようとしてきた実践者や研究者たちの遺産なのである。この遺産をともに学び、次の世代に残したいと思う。

　序章を結ぶにあたり、私にソーシャルワークの理論・アプローチの奥深さを教えてくれた、ユニークな教授たちに感謝の気持ちを捧げたい。

第Ⅰ部
10の理論・アプローチ

　第Ⅰ部（第1章～第10章）では、ソーシャルワーク実践で活用できる10の理論・アプローチについて学ぶ。

　各章ごとに2つの事例を用いているが、最初の事例は、主に、理論やアプローチの概念を理解するためのものである。もう1つの事例は、ソーシャルワーカーが利用者（個人・家族）に対して、アプローチを活用しながら働きかける様子を、4～5のシーンに分けて描いたものである。

　事例の後、「考えてみよう」の質問に答え、また「解説」を熟読し、登場するソーシャルワーカーがアプローチを用いて、どのように問題を解決するのかを主体的に考えてほしい。

　なお、どの事例も、ソーシャルワーカーが用いる理論・アプローチの選択によっては、別の結果になる可能性があるため、専門的な判断が必要となる。

第1章 クライエント中心理論・アプローチ

ロジャーズが発展させた理論・アプローチ。「受容」「共感」「純粋さ」などによる非指示的な態度を強調した。一般的には、クライエント中心療法と呼ばれるが、後に、人間中心療法という語に置き換えられた。

全体像を捉える

> 「中学時代にいじめを受けたことで、今も精神的な苦痛に悩まされています」と響子さんは、ソーシャルワーカーに打ち明けた。
> 「いじめは突然、始まりました。今まで普通だった仲間が、あるときから全く口を聞かなくなり、こちらが話しかけても、みんな無言で立ち去っていくんです。悔しくて涙が出ました…。親にも先生にも相談できず、そんな状態が半年くらい続き、それから自然と元に戻りました。でもこの経験が心の傷になったんです。私は人が信じられなくなりました。目の前にいる友だちも、本当は陰で自分のことを笑っているのかもしれない…そう考えると怖くなり、いつの間にか、自分は嫌われ者で愛される資格なんてない。そう思うようになりました」

クライエント中心理論・アプローチを実践するソーシャルワーカーは、権威的立場からは助言せず、誠実で温かな関係を提供し、問題を抱える人々を「受容」する。そして彼らの抱える問題に耳を傾け、深い「共感」と「純粋で、無条件で、肯定的な関心」を示し、そこから湧き上がる感情の世界を分かち合うことに力を注ぐ。

こうした関わりによって、人々は温かな環境の中、愛と尊敬を受けることができる。また自分がありのままに受け入れられ、認められる居場所を得る。そこでは、良いとか悪いとかの評価、分析を受けずに、自分を自由に語ることができる。その結果、本当の自分に

ついて深く考え始め、より自己を正しく理解し、動機づけられながら問題解決に向かう。そして、自らの可能性を見出せるようになり、やがては自己実現に向かって成長していく。

SW（ソーシャルワーカー）
誠実、温かな関係、受容、
共感、純粋さ、傾聴、
無条件で肯定的な関心、
感情の共有

CL（クライエント）
愛と尊敬を受ける。
居場所を得る。自由に語る。
自分を正しく理解する。
可能性を見出す。
成長していく。
自己実現に向かう。

　ソーシャルワーカーは、「愛される資格なんてない」という響子さんの否定的な自己概念に目を向ける。なぜなら、自己概念と現実体験のズレが、不安や苦痛をもたらすからである。そして温かな援助関係を提供することで、自己概念に変化を起こし、次第に現実体験との一致（自己一致）をもたらそうとする。

　温かな関係の中、愛と尊敬を受け、ありのままに受け入れられ、気持ちをわかってもらえた響子さんは、自分自身について深く考え、やがては「私にも愛される資格がある」と感じるようになる。それは自己概念の変化であり、自己一致の始まりである。そこから彼女の精神的苦痛が和らいでいく。

　人は皆、独自の世界に生きており、自分だけの現実を見つめ、それに反応し行動する。そのことを理解しながら、響子さんの現実に寄り添い、あたかもソーシャルワーカー自身も、彼女と同じ現実を経験したかのように向き合うならば、そこに正確な共感が生まれ、彼女の自己概念に変化を及ぼし、深い自己洞察力と新たな自己発見をもたらすことができる。これがクライエント中心理論・アプローチである。

概念を深く学ぶ

温かな人間関係

人は条件さえ整えば、成長に向かう存在である

花は、肥沃な土壌に植えられ、必要な水や太陽の日差しをいっぱいに受けると成長する。しかし同じ花でも、栄養のない場所で、水も光もないまま放置されたなら枯れてしまう。これは人も同じである。

ロジャーズは、花と同様、「人には潜在能力があり、条件さえ整えるならば、成長に向かう存在である」と捉えた。つまり、「目の前の人を、ありのまま受け入れ、無条件で肯定的な関心を与え続けるなら、その人は、自分の本来の可能性を実現していく」と確信したのである。

響子さんは、過去のいじめの体験を乗り越えることができず、精神的に苦しんでいた。彼女がかつて経験したのは、水も光も栄養もない凍りついた世界だった。このことをよく理解するならば、ソーシャルワーカーは今後、彼女のために、もっと温かな環境や条件を準備したいと考えるだろう。

人は「温かな人間関係」を活用しながら、問題を解決していく

温かな環境や条件を準備するとは、「温かな人間関係」の提供、すなわち相手を、「ありのまま受け入れ」、「尊敬を示し」、「無条件で肯定的な関心をむける」ことである。こうした人間関係を活用することで、人々の潜在的な力が引き出される。彼らは、次第に自分の不安や悩みがどのようなものか、またどうすれば解決できるのかを考え、やがて自分の意志で、自らの運命を決定していく者になっていく。

響子さんは、今はつらい気持ちを抱えているが、ソーシャルワーカーの温かな人間関係を活用し、今後、自身のもっている潜在的な力に気づき、それらを自分の力として実感できるだろう。そして「本当に自分は嫌われ者なのか？」「愛される資格はないのか？」と深く思いめぐらし、やがて「私にも愛される資格がある」ことを知り、最終的に問題を乗り越え、「もっと自分は成長していけるはずだ」と考えるようになる。

自己概念・自己一致

自己概念と現実体験とのズレが、不安や不適応の原因となる

　自己概念（Self-concept）とは、「自分はどのような人間か」に対する自己認識である。これは自分の能力・性格・特徴などへの固定的な考えであり、自分自身や周りからの評価によりつくられる自己イメージである。

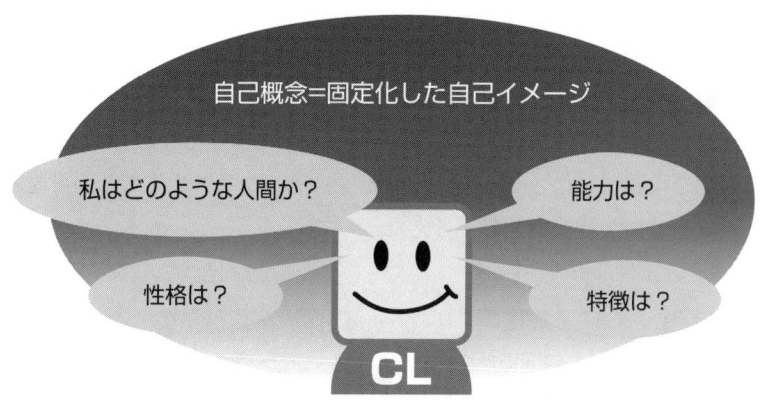

　誰もが、自分という存在を、内的な物の見方を通して評価し、自己概念としてもっている。そして、そこには肯定的、否定的なものが含まれている。ロジャーズは、これら自己概念と現実体験とのズレが、不安や不適応の原因であると考えた。

　友人の一人には、「仕事ができる」という強い自己概念があった。そのため仕事でミスをしたとき、彼の中で自己概念と現実体験が一致せず、「仕事のできる私がミスをするなんて…」と強い不安に襲われた。もしそのとき、彼の自己概念が柔軟で、現実体験を受け入れることができていたら、そこに「自己一致」が生まれ、不安は解消していったのだが、

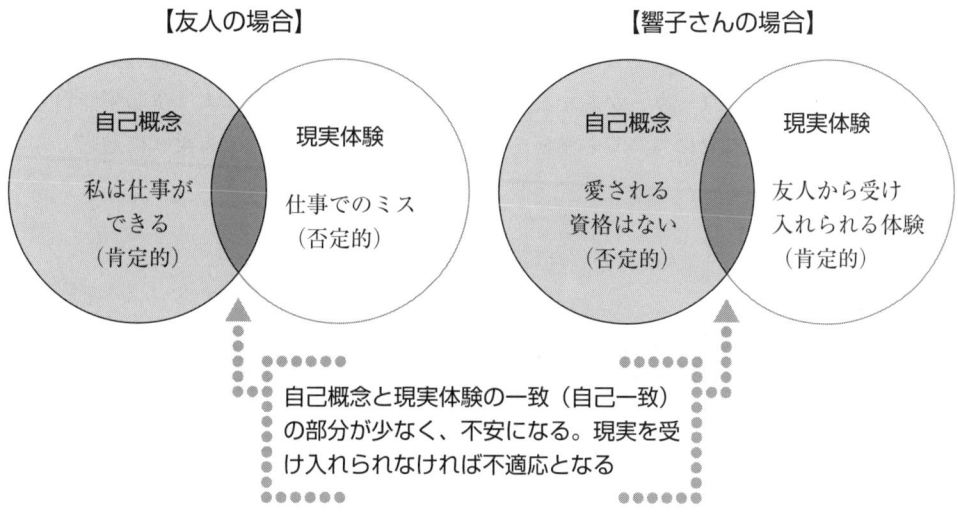

彼は自己概念に対して絶対的な信念をもっていたので、現実を受け入れることができず、精神的な苦痛を味わった。

響子さんには「皆から嫌われてしまう、愛される資格のない私」という強い否定的な自己概念がある。そのため彼女は、たとえ友人から受け入れられるという肯定的な現実体験をしても、その事実を受け入れることはできない。まして、その後「誰かに拒否される経験」がわずかでも起これば、彼女の自己概念と一致する否定的な証拠となり、「やっぱり私には愛される資格はない！」と、否定的な自己概念がさらに強められ、不安や苦痛が激しくなっていく。

自己概念に影響を与え、「自己一致」を起こす

ロジャーズは、温かな援助関係（受容、無条件で肯定的な関心など）を提供するならば、相手の自己概念を柔軟に変化させ、現実体験と「自己一致」させることが可能となり、結果として、不安や苦痛を軽減できると考えた。

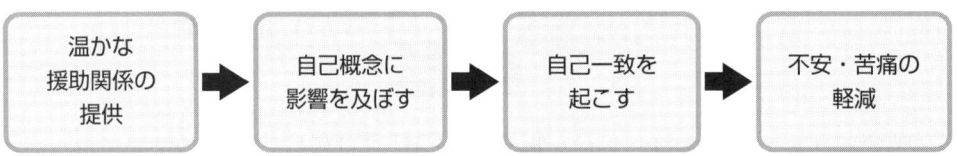

こうした背景には、以下のようなロジャーズの確信がある。

自己概念と現実体験とが完全に一致している場合、人は十分に機能し、自分や他者を受け入れることができる

自己概念と現実体験を一致させることは、一人では難しい。そのため支援者の存在が必要となる。ソーシャルワーカーが温かな援助関係を提供することで、人は少しずつ自分自身と向き合い、自己概念についての洞察を始め、現実の体験に対しても柔軟に適応できるようになる。

自分の現実

自分の経験していることを完全に理解できるのは本人しかいない

ロジャーズは、すべての人が「独自の世界」に生きており、そこで経験していることを

完全に理解できるのは、その「本人」しかいないと考えた。

　響子さんがいじめの体験を語り、それが「つらい」と訴えたとき、彼女の瞳は、過去の暗黒の世界を見つめている。その世界がどのような場所であり、そこでどのような心痛む経験があったのかを、完全に理解できるのは響子さんしかいない。このことは理解し難いことではない。これは紛れもない「響子さんの現実」なのだ。同様に、私たちも独自の世界に生きていて、自分の経験した現実を見ている。誰もが「独自の世界」で苦しみ、もがきながら、「経験していない人に何がわかる！」と叫ぶのである。

私たちの経験したこと、知覚したことが「自分の現実」になる

　響子さんの経験した現実について、彼女以上に理解している人はいないし、そのことに口を挟める人もいない。またそれが本当に正しいのか、客観的に証明する必要もない。もし響子さんが、「私はクラスのすべての人から拒否された」と感じたのなら、それが彼女の経験した現実である。響子さん同様、私たちも、何かを経験するごとに、それが「自分の現実」になる。それほど私たちの経験したことは、私たちの心に深い影響をもたらす。

人は「自分の現実」に対して反応し、行動を起こしている

　私たちは、「自分の現実」に対して反応しているのであり、周りの捉えている現実に対してではない。このことを知らないと相手の考えや行動を理解できない。

　いじめを受けたつらい経験こそが、響子さんにとっての「自分の現実」であり、この現実に対して彼女は反応し、行動を起こしている。響子さんは、今後、過去の体験を話すにつれて、激しく怒り、涙を流すかもしれない。そのとき彼女は、「自分の現実」に対して反応しているのである。

人の行動や感情を理解するには、何よりその人の経験している「自分の現実」を理解する必要がある

　体を震わせ、感情を爆発させる響子さんの反応や行動を見て、戸惑う人がいるかもしれない。しかし響子さんの反応や行動を十分に理解するには、彼女の「自分の現実」を理解する必要があることに気づく。もちろん完全に知ることはできないが、次のような態度で向き合うなら、彼女の行動や感情をより理解できるようになる。

あたかも自分も経験したかのように感じていく

純粋さ・受容・共感的理解

相手の「自分の現実」を理解するには、純粋さ、受容、正確な共感的理解が必要である

　相手が経験している「自分の現実」を、完全には理解できないことを知りつつ、それでも「できるだけ理解したい」という、純粋な望みをもって近づくことをロジャーズは望んだ。それはソーシャルワーカーが、響子さんの経験したつらい日々を「あたかも自分も経験したかのように」感じようとする態度である。言い換えると、純粋さ、受容、そして、正確な共感的理解を伴う態度である。

純粋さ

　これは「真実性」「カウンセラーの自己一致」とも言われる。支援者としてのごまかしのない、素直で誠実な態度を指す。純粋さをもつには、まずソーシャルワーカー自身が、自分の自己概念と現実体験を一致させる必要がある。そうするとき、ありのままで、偽り、見せかけ、ごまかしのない態度で相手と向き合うことができ、その瞬間ごとに流れる自分の感情や態度を、素直に知覚することができる。このようなソーシャルワーカーは、鏡のように自分と相手の真実の感情を映し、それを正確に相手に返すことができる。

　響子さんの現実に耳を傾けるソーシャルワーカーは、様々な思いを感じることになる。時には、相手のつらさに共感し、涙を流したくなるかもしれない。あるいは、意味のない怒りに「それは違う」と感じるかもしれない。このような、瞬間ごとに流れる自分の気持ちを、純粋で自己一致した態度で受け止め、また返すとき、そこに偽りのないコミュニケーションが生まれていく。

受容

　ありのままの相手を認め、受け入れるという態度を指す。これは相手に敬意を払い、彼らを人格と価値、感情をもつ大切な人として、素直に認め、無条件で受け入れることである。受容とは、賛成や反対、良い、悪いという自分の価値観で裁き、評価することではなく、目の前の人を、強さも弱さも併せ持つ、素晴らしい価値ある存在として認めることである。

　「私の意見に同意するときにだけ、あなたを受け入れ、認めます」という態度は、条件

つきの受容になる。無条件に受け入れるとは、響子さんが、今、どんな態度であっても、どんな過去があったとしても、何の条件もなく受け入れ、温かな関心と敬意を示すという態度である。これは言葉では簡単だが、実践は容易ではない。例えば、響子さんは、怒ってソーシャルワーカーを攻撃し、悪態をつくことがあるかもしれない。そのような相手を受け入れることは、チャレンジとなる。

共感的理解

共感とは、クライエントが経験している世界を、あたかも自分も経験しているかのように感情移入し、理解することである。相手の感情に飲まれ、同情して一緒に涙を流すことではない。深い感情を正確に理解し、それを相手に確かめていくプロセスである。これには「なぜ理解したいと考えているのか」という気持ちを伝えることも含まれる。

正確に共感するには、何より相手の話を傾聴することが重要になる。もちろん援助関係においては、相手の感じている感情から一線を隔てた距離感がなければ、相手を依存させるだけで、真の共感には至らない。

ソーシャルワーカーが、「もし私が同じことを経験したなら、どのように感じるだろう？」と自身に問いかけることが、理解の入り口になり、そこから、相手の経験してきた現実を、同じ眼差しで感じていくことができる。響子さんが感じた「心の痛み」「落胆」「怒り」「悲しみ」「孤独感」に近づくことなしに、彼女の行動や感情を理解することはできない。

「純粋さ」「受容」「共感的理解」を「今、ここで」の関係において統合する

相手の現実を正確に理解するためには、「純粋さ」「受容」「共感的理解」という3つの要素をすべて表現しながら、「今、ここで」の関係の中で統合して用いる。

ロジャーズがクライエント中心理論・アプローチで求めているのは、「純粋さ」だけを強調することでも、「共感」「受容」をバラバラに提供することでもない。これら3つの要素を、援助の中で統合しながら、相手と向き合う瞬間ごとに、効果的に表現することである。

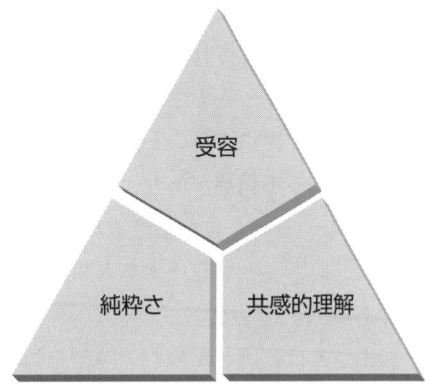

もしそれがなされるならば、響子さんは、温かい援助関係に支えられ、彼女が本来もっている可能性に向けて成長していくだろう。

ロジャーズの主張した態度を、何でも相手に同意し、簡単に甘やかすように受け取る人もいるかもしれないが、決してそうではない。自分や相手と純粋に向き合い、無条件に受け入れ、正確に共感していくことの統合は、ソーシャルワーカーの自己理解が問われる難しいものである。しかし、こうした厳しい姿勢やスキルがあって、はじめて専門的な一線が引かれ、相手を依存させることなく、成長に導くことができる。

事例から実践を考える

> 　地域包括支援センターの杉田昌子さん（社会福祉士・ケアマネジャー）は、民生委員からの連絡で、岡さんのことを知った。岡さんは、70歳代の男性で、古い市営住宅の4階に一人で暮らしていた。ドアを開けたときの驚きを忘れることができない。ゴミや食べかすが散らかる狭い部屋の中、汚れた布団の上で、小さく丸まっていた。
> 　「放っておいてくれ！　どうせ何もわかりゃしない。俺は、できることは何だってやってきた。怠け者じゃないんだよ」
> 　岡さんの叫び声は小さかったが、その迫力に圧倒された。
> 　杉田さんは、「岡さんの暮らしを邪魔するつもりはありません」と前置きしながらも、「このままでは体がどんどん悪くなるばかりです」と告げ、なんとかサービスにつなげようと説得を試みた。しかし彼は首を縦には振らなかった。ただ目を閉じて「働きたくても、働けなかった者の気持ち、あんたにわかるか」と力なくつぶやいた。
> 　岡さんを必要なサービスにつなげるには、何よりも強い信頼関係が必要だと杉田さんは感じた。

岡さんへのクライエント中心アプローチ

　岡さんは、狭く汚れた部屋に一人で生活している。加齢のため身体は弱り、今後、何の支援もないまま一人で生活することは危険である。このような岡さんに対して、様々な介護サービスを提供することが杉田さんの望みである。しかし彼には、福祉のサービスや専門職に対する不信感があり、また助けてもらうことへの抵抗感も強い。このような岡さんを、必要なサービスにつなげるために、どうしても避けて通ることができないものがある。それは、岡さんという一人の人間に対する深い理解、またそこから築いていくべき信頼関係である。

　杉田さんは、岡さんの心の叫びを傾聴し、受容、共感、無条件で肯定的な関心、純粋さなど、クライエント中心アプローチを実践することで、強い信頼関係を築くことができる。それによって岡さんは、水と光をたっぷりと受けた花のように、再び、生き生きとした生活を取り戻せるに違いない。

> **支援プロセス**
> 1. 純粋さにより傾聴する
> 2. 受容的に関わる
> 3. 共感的理解を生み出す
> 4. 自己概念を知る
> 5. 自己洞察を深める

1. 純粋さにより傾聴する

「もし岡さんが、心に感じていることを話してくれたら、何か一緒にできることがあるかもしれません」

杉田さんは、自分が感じていることを、可能な限り、素直に表現したかった。岡さんは、最初は黙り込んでいたが、布団から起き上がって、体を杉田さんのほうに向け、口を開いた。

「俺の話を聞いてどうするの？」

「正直言ってわかりません。私には岡さんに助言する力はありません。でも岡さんが今、苦しいと感じていることを聴いて、理解したいんです」

言葉を出した瞬間、杉田さんは、岡さんとの「今、ここで」の出会いが始まったと感じた。その瞬間、心から彼のことを理解したいという思いで満たされた。もちろん拒否される不安もあるし、わかってもらえないかもしれない。しかし岡さんに向き合おうとする自分の思いに偽りはなかった。

長い沈黙の後、岡さんの声が小さく聞こえてきた。

「俺の苦しみに向き合うことが、あんたにとって何の得になるの？」

暗がりで見た岡さんの目は鋭く、杉田さんは、自分の心が見透かされているような気がした。しかし、少なくとも彼は、今、本当の気持ちをぶつけてくれている。そのように強く感じた。そこで杉田さんは目をそらさず、再び勇気を出して、正直な思いを確かめるように言葉を出した。

「岡さんは、今、『俺の苦しみ』と言われました。それはどんな苦しみですか？ なぜ苦しいのですか？ そのことを知りたいんです」

考えてみよう

1. 岡さんは、なぜ「俺の話を聞いてどうするの？」と尋ねたのか？
2. 「あんたにとって何の得になるの？」という岡さんの言葉の裏には、どのような気持ちが隠されているだろうか？
3. 杉田さんは、どのようにして自分自身の「純粋さ」を示そうとしたのか？ あなたにとって「純粋さ」を示すとはどういうことか？

解説

　杉田さんと岡さんの出会い（クライエント中心アプローチではエンカウンターと呼ぶ）は、互いが、自分の気持ちを正直に、また純粋に表現していく重要な場面である。このとき岡さんが何より知りたかったことは、「杉田さんが、どれだけ自分のような者の話を真剣に聴き、わかってくれるのか」ということだった。もちろん杉田さんも、そのことをよく理解していた。そのうえで岡さんと向き合い、「今、ここで」の、正直で純粋な自分の感情、支援の動機、理由を伝えたかった。

　杉田さんの態度には、「教えよう」とか「忠告しよう」という権威的なものはなく、岡さんを心から心配していた。そして、岡さんがこの苦境を乗り越え、前進していくために活用できる「温かな人間関係」を提供したいと望んでいた。そこで杉田さんは、心と身体の感覚すべてを意識して、「本当に純粋さがあるのか」「自己一致しているのか」と自己吟味しながら、岡さんに言葉をかけた。それに対して岡さんは、杉田さんの言葉や態度に反応し、少しずつ心を開き始めた。もしこのとき、杉田さんの言葉や態度に嘘やごまかし、権威的なものが存在したならば、岡さんの胸にはどのような言葉も響かないし、彼の心を動かすことはできなかっただろう。

　純粋さによる傾聴は、温かな言葉と態度をもたらし、人々の心の扉を開く。そこから人々の「誰にも言えなかった思い」「わかってもらえなかった感情」が湧き始める。杉田さんは、岡さんとのやり取りから、彼の心の扉が微かに開き始めていることを実感していた。

2.受容的に関わる

　　やがて岡さんは、少しずつ自分の苦しみを語り始めた。
　「あんたは、俺の苦しみを感じたいって言ったけど…じゃ、このゴミだらけの部屋を見てどう思った？」
　　杉田さんは、一瞬、言葉に詰まったが、小さな声で「正直、びっくりしました」と答えた。
　　岡さんは淡々と話を続けた。

「俺のことを、自分の部屋すら片づけることができない男、汚くて、臭くて、貧乏な老人、そう思ったでしょう…誰でもそう思うよね。でも俺だって、悲しかったら涙流すし、嬉しかったら笑う。頭にくれば怒るし、動けない体で這い回るたびに、惨めな気持ちにもなる。そんなとき、まだ俺は人間なんだって思うよ」

　杉田さんは、意識では「純粋になる」「正直になる」と思いながらも、汚れた部屋や臭い体を見て、そこからも岡さんを判断していた自分に気づかされた。そして岡さんの訴えていることが切実に理解できた。自分の至らなさを感じ、杉田さんは唇をかみ締めた。それから静かに自分の気持ちを伝えた。

　「確かに、この部屋に入ったとき、驚く自分がいました。汚れて動けない岡さんを見て、かわいそうだと思いました。でも今、岡さんの本当の気持ちを聞いた私は、目が覚めるような思いです。岡さんの体は動かないし、この部屋も汚れている。でもそのようなことで自分を見てほしくない…その通りです。私は外見ではなくて、もっと本当の岡さんを見なくてはならないと感じています」

考えてみよう

1. 岡さんは、なぜ「ゴミだらけの部屋を見てどう思った？」と聞いたのか？
2. 杉田さんは、岡さんの質問に、一瞬、言葉を詰まらせた。あなたなら質問にどう答えるだろうか？
3. 相手を外見や状況だけで判断することと、真実の姿を理解することとは、どのような違いがあるか、自分の経験から考えてみよう。

解説

　岡さんの鋭い質問は、杉田さんを困惑させた。確かに杉田さんは、岡さんを「かわいそうだ」と感じた。また異臭を放つ部屋にいて、心地良くはなかった。杉田さんは、そうした外見的なことで、岡さんを少しだけ評価し、判断していた自分に気づいた。岡さんは、そのことを感じ取っていて、真っ直ぐに杉田さんにぶつけてきた。

　岡さんの心の願いは、「私のことを本当に知りたいなら、汚れた体や部屋だけで判断せず、もっと人間としての本質を見て、真実の自分を認めてほしい」ということだった。それは「今は苦境にいるけれど、本当は、悲しみや喜びを感じ、声をあげて笑い泣く、尊厳をもった人間なんだ！　そのことをわかってほしい！」という心の叫びだった。そして、それに応えていくことが、受容的な関わりであると杉田さんは確信した。

　「受容」とは、否定的なレッテルや外見、状況に惑わされずに、相手の真実の姿を見出し、受け止めることであり、評価し、解釈することとは全く異なる態度である。杉田さんは、岡さんの存在をしっかりと受容することなしに、信頼を築くことも、問題を理解することもできないと感じた。言い換えれば、岡さんの本当の姿を見出し、それを受け止め、尊ぶことを通してのみ、最善の関係を築くことができると改めて理解したのである。

3. 共感的理解を生み出す

　鋭い質問に目が覚めた杉田さんは、もっと岡さんの本当の姿を受け止め、尊びたいという気持ちになった。また岡さんも杉田さんに、腹を割って自分の思いをぶつけるようになった。

　岡さんは杉田さんに、自分の家族について語り始めた。

　「俺は、とうの昔に離婚した。あの頃、失業して自暴自棄になり、何もかも投げ出したくなったんだ。今から思えば、妻や娘たちは、俺にとってはすべてだった。後悔してもしょうがないけど、家族で暮らしてた頃が一番楽しかった」

　岡さんが話し終えた瞬間、杉田さんの瞳に、彼が家族と一緒に食事をしたり、子どもをお風呂に入れたり…そうした団らんの様子が映った。それは不思議な光景だった。確かに、彼の人生の一部を、まるで自分が見て知っているかのようだった。もちろんそれは、杉田さんの経験ではない。しかし彼と一緒に、同じ喜びを思い出し、同じ悲しさを感じた。

　杉田さんは思わず、「岡さんにとって、ご家族と過ごされた日々は、本当に楽しいものだったんですね」と自然に言葉が出た。そのとき彼女は、共感的理解の世界に入り込んでいく自分を感じた。

　岡さんは、少し黙り、それから話し続けた。

　「娘の一人とは、内緒でずっと連絡を取っていた。遠くに嫁に行ったけど、孫の写真も送ってくれてた。その娘が、先月亡くなったと妻から連絡があった…」

　岡さんは、話しながら、声を押し殺すようにしてすすり泣いていた。その声を聞き、杉田さんは言葉を失った。

　しばらくして杉田さんは、岡さんの手を取り「心から娘さんを愛していたんですね」と思いを込めて伝えた。それを聞いた彼は、何度もうなずき、しゃくりあげて泣いた。

　杉田さんは、岡さんの経験した悲痛な思いを、あたかも自分もそこにいるかのように感じ、胸が締め付けられた。しかし、あくまでもこれは彼の経験であり、自分のことではないという意識も頭には残っていた。そこに支援者としての一線があり、それを越えたなら、一緒に泣いてしまうだろうと杉田さんは思った。そして「自分は一緒に泣くためにここにいるのではない。理解し、助けるためにいるのだ」と自らに言い聞かせた。

考えてみよう

1. 岡さんの語る家族の思い出を、杉田さんは、どのような気持ちで聞いていたのだろう？
2. 娘が亡くなったという知らせを聞いたときの、岡さんのつらさを想像できるだろうか？ その話を聞いた杉田さんは、どんな気持ちになっただろうか？
3. 共感的な理解と同情は、どこが違うのか？ どうしたら専門職としての一線を意識し、越えないことができるのだろうか？

解説

　岡さんの心は、次第に、最も楽しかった家族との思い出に向けられていった。しかし同時に、彼の心痛もそこに存在していた。杉田さんは、彼の言葉に深く聴き入りながら、その様子を自分の瞳に映し出していた。そこで繰り広げられる物語は、遠い過去のものだったが、杉田さんは、まるで自分も「今、ここ」で経験しているような気持ちになった。これはロジャーズの指摘する共感的な理解である。そこには、評価もなければ解釈もない。ありのままの岡さんの姿と彼の経験した出来事、思いをともに感じる瞬間だった。

　その後、岡さんが、娘の死について話し出したとき、彼の悲しみは、堰を切って水路に溢れ出た。その流れを、誰も止めることはできない。そこで彼女は、岡さんの気持ちにもっと寄り添い、自分が感じとったことを、できるだけ正確に伝えようとした。

　本当は、もっと気の効いた言葉があったかもしれないが、杉田さんが伝えられたのは、「娘さんを愛していたんですね」という短いものだった。それは説明でも解釈でもない。杉田さんが感じたままを返したのである。その純粋な言葉が、感情の琴線に触れたことで、岡さんは「私の気持ちがわかってもらえている」と実感した。その瞬間、岡さんと杉田さんの間に、共感的な理解が存在した。それは同情とは一線を置いた「温かく、かつ厳しさをもった」専門的な理解だった。

4. 自己概念を知る

　岡さんは、これまでの仕事に関する様々な試練についても話し始めた。
　「俺の人生は、働くことの連続だった。小さい頃から働いてきたし、若い頃は職人としての毎日だった。でも世の中、機械化だのなんだので、必要なくなればいつでもポイされる。そのたんびに、俺らは仕事を探す。生きてくためには、何だってしなきゃならない。働けるのに仕事がない苦しさなんて、あんたのような若い人にはわからないだろうけど。どうしようもなくなって、生活保護をもらいにいったけど、『まだ働ける。まだ働ける』って言われて、役所には何も助けてもらえなかった。結局、自分のことは自分でやるしかないってことが身に染み

よ」
　「岡さんは、ずっと自分で働いてこられた方だから、働けないことが、何よりつらかったんじゃないでしょうか？　だから岡さんが、本当に『働けない』って訴えたとき、それがわかってもらえなくて、深く傷ついてしまったんだと思います」
　杉田さんは、岡さんの目をまっすぐに見て言った。彼もまた杉田さんの目を見ながら答えた。
　「ずっと誰の世話も受けずにやってきた。それだけが俺の誇りなんだ。体力なら誰にも負けないし…だから、働けるのに仕事がないっていうことが、悔しくて仕方なかった。それでも生活のために頭を下げ、相談に行ったとき、役所の人にわかってもらえなかった。まるで怠け者のように見られ、たまらなく嫌だった。だから、それからは誰にも頼らず、自分で働いたんだよ。空き缶拾い、くず鉄集め、日雇いから看板の立ちんぼまで、食えることなら何でもやった。でも見ての通り、体は動かない。一人で起き上がることもつらい、お金も尽きて、食事も買えない、もう後は、死ぬのを待つだけだ。それでも誰かの世話になるくらいなら、ここで死んだほうがましだ」
　杉田さんは、岡さんの経験してきた世界を理解し始めた。彼にとっては、働くことが何より価値あることだった。そのため、働けなくなった自分は、受け入れがたい苦痛だった。そのことに気づいたとき、杉田さんは、なぜ岡さんが助けを拒否したのかを理解した。もちろん彼も杉田さんに話すことで、言葉にできない自分の思いに、少しずつ気づき始めていた。

考えてみよう

1. 岡さんは、小さい頃からずっと働いてきた。それを知ることで、岡さんへの理解はどのように深まるだろうか？
2. 働くことに大きな価値を置いている岡さんの自己概念を理解できるだろうか？　同時に、働くことができない現在の岡さんの苦痛を理解できるだろうか？
3. 岡さん自身、杉田さんに話しながら、自分の、どのような面について理解できたのだろうか？

解説

　杉田さんは、岡さんの経験してきた独自の世界に、一歩ずつ足を踏み入れることができていると実感した。その世界は、幾重にも重なった岡さんの感情の糸を、くぐるようにして進み、ようやくたどり着いた場所である。その世界に入ってみて、はじめて彼の考えていること、感じていることを、さらによく理解できるようになったと杉田さんは感じた。

岡さんにとって、働くことは人生そのものだった。幼少から働き始めた彼は、働いている自分に最も誇りを感じたし、そこに大きな価値を置いていた。これは岡さんの自己概念の一部である。しかし、その後経験する失業を契機に、働けない現実の自分と向き合い、不安や葛藤を抱えることになった。経済的な不安はもちろんのこと、精神的な苦痛や現実に適応できない苦悩がそこにあった。岡さんは、働きたくても仕事がない苦しさを行政に訴えたが、それを理解してもらえなかったことで、さらに傷つく経験を重ねていった。

　自己概念と現実の体験の溝を埋め、不安や葛藤を取り除くために、ソーシャルワーカーの存在が必要になる。杉田さんが、岡さんに温かな援助関係を提供し、彼がその関係を活用するなら、内面をしっかりと見つめ、やがては、新しい自分を発見できるようになる。

　岡さんは、自分の内に、閉じ込めてきた長年の思いを、杉田さんにぶつけることができた。それによって、硬直してしまった自己概念が、わずかに和らぎ、自分が何に対して怒ってきたのか、また、何を大切にしてきたのか、そして、何が叶わなかったのかを理解し始めた。それは岡さんが、直面する現実に対して、適応し始める瞬間だった。

5. 自己洞察を深める

　岡さんは、今、抱えている苦痛、これまで理解してもらえなかったつらい感情を、杉田さんにぶつけた。そのことで彼は、心に温かな気持ちが広がるのを感じた。そこから岡さんの心は、次第に「自分」という存在に向かっていった。つまり、これまで感情の糸がもつれて見えなかった、「自分」という人間についての、深い洞察の波が襲ってきたのである。

　岡さんはつぶやいた。

　「考えてみたら、私という人間は、相当に偏屈ですね」

　その言葉を聞いた杉田さんは、彼がこれまでのやり取りから、自分の経験を、新しい見方で眺める準備ができているように感じた。そこで、さらに洞察を深めるための質問を始めた。

　「これまでの経験を、ストレスや苦痛という見方以外で、眺めたことはありますか？」

　岡さんは、少し驚いたようだったが、杉田さんは言葉を続けた。

　「確かに、苦痛な経験がたくさんあったと思います。でも岡さんの経験されたことには、人として学ぶべき多くのことがあります。もちろん岡さんにとって、誇りとするべきこともたくさんあるように思います」

　すると岡さんが答えた。

　「もし何か俺の人生で、誇るべきことがあったとしても、働きたくても働けないという過去の事実も、今の現実も、変わらない」

それに対して杉田さんは、ゆっくり、確信を込めて言った。
「はっきりはわかりません。でも、今までと同じ事実であっても、もし自分の経験を、新しい目で眺めることができたら、きっとそこに新しい意味を見出すと思ったんです」
「新しい目で眺める？　新しい意味？」そう自問しながらも、岡さんは、少しずつ変化している自分の気持ちを確かめていた。
　杉田さんが部屋を出るとき、岡さんが声をかけた。
「今日ほど、自分が大切な者として扱われたことはなかった。あんたは、俺を一人の人間として見て、話を聴いて、つらい気持をわかってくれた…どうか、また来てくれませんか」

考えてみよう

1. 感情を吐き出した後、人はなぜ本当の自分の存在を見出し始めるのだろうか？
2. 過去の人生を「学ぶべきもの」「誇るべきもの」と捉えた杉田さんの言葉に、岡さんは、どう反応しただろうか？
3. 「たとえ誇るべきものがあったとしても、現実は変わらない」と岡さんは訴えた。あなたはどう考えるだろうか？

解説

　岡さんと杉田さんが過ごした時間はわずかだった。しかし2人の出会いは、双方にとって素晴らしい経験となった。岡さんも杉田さんも、全身の力で向き合い、その結果、人間同士の深い関係が得られたことを実感した。それは、「今、ここで」しか表現できないものであり、人間対人間の純粋な出会いだった。

　岡さんは、これまで誰にも話せなかったつらさや痛みの感情を、杉田さんに吐き出した。そのことで岡さんの目は、本当の自分に向いていった。それは過去の自分の経験を、新しい目で眺め、深く自己を洞察する瞬間である。そこでは「苦痛でしかなかった自分」と「誇りを感じた自分」が対峙していた。こうした自己洞察を経験するとき、人は、過去の経験の中に、新しい意味を見出す。そして、たとえ現在、自分が直面する現実は変わらなくても、過去の人生に誇りと満足を見出し、未来を見つめようとする。

　杉田さんの提供する温かな関係により、新しい見方を経験した岡さんは、さらに杉田さんを信頼するだろう。そしてその信頼はさらに、岡さんを、「新しい自分」を発見する旅へと連れていくことだろう。

実践へのアドバイス

　クライエント中心アプローチは、わが国のソーシャルワークにおいて、主に面接やカウンセリング技法に関連して、その要素が語られることが多い。中でも、クライエントに対する受容や共感、そして傾聴などは、面接の基本的態度として定着している。またその有用性についても支持されてきた。

　しかしロジャーズのアプローチには、面接の態度以上のものが含まれている。それは非常に深遠で、「人間はいかに成長するのか」「なぜ問題を抱えるのか」、そして「問題を抱える人々に支援者はどう向き合うのか」など、対人支援における重要な課題について、私たちの目を開かせるものである。言い換えれば、このアプローチから、人間の本質とその人間に対する限りない愛情、思い、尊重の精神を学ぶことができる。

　ソーシャルワーカーは、クライエント中心アプローチを、自分が行うすべての関わりの基盤として置くことができる。特に、「支援において信頼を築く」という重要な原則を実践するうえで、大きな力をもたらす。信頼関係を築くことは、支援の根幹であり、その重要さは、何度強調しても、しすぎることはない。すべての支援はここから始まる。

　ところでソーシャルワークは、人と環境の双方に働きかけることを重要視する。つまり、人に向き合いつつ、その人が直面する環境を温かなものに変えるよう働きかける。その点、クライエント中心アプローチは、人への介入に偏っているかのような印象を受ける。しかし、人に焦点を当て、強め、新しい見方を与えることは、その人自身に、「自分の手で環境を変える力」をもたらす可能性がある。

　また、このアプローチは、グループワークやコミュニティワークにも応用可能である。対象が誰であれ、純粋、誠実、受容、共感の姿勢で向き合うことができれば、いつでも温かな援助関係を提供することができるし、環境を整え、多くの人々を成長させることが可能だと確信している。

第2章 エコロジカル理論・アプローチ

エコロジカル理論・アプローチの代表的な実践モデルには、ジャーメインとギッターマンが体系化したライフモデルがある。これは、伝統的な医学モデルのように、人の弱さや病理に原因を求めるのではなく、「人と環境」の交互作用と適応状態に焦点を向けた。

全体像を捉える

> 直子さんは、夜中、自動販売機を壊そうとしているところを、私服警官に補導された。「厚化粧で着飾っている姿は、とても中学生には見えない」というのが警官の第一印象だった。「遊ぶ金がほしかった。学校には行っていない。父親は酒を飲んで暴力を振るう。母親は夜、家にいない」と直子さんは話した。犯罪の他、親の虐待やネグレクトも疑われるため、警察は児童相談所に通告した。
> 児童相談所のソーシャルワーカーに対して、直子さんは次のように話した。
> 「父は、普段から気弱な人。昔はよく遊んでくれた。飲酒運転で会社を辞めさせられたのに、昼間から家で酒を飲んでいる。何か気に入らないことがあると暴力を振るうので、怖くて家にいられない。母は夜の仕事で、いつも疲れている。口を開けば、父の悪口ばかり。私にもひどいことを言うし、食事もつくらない。もう家族はバラバラだ。学校には友達もいないし、先生も無視するし、つまらないから行かない」

エコロジカル理論・アプローチ（ライフモデル）は、生態学の視点をソーシャルワークに取り入れ、体系化したものである。人の抱える問題を、人と環境の交互作用によって生まれる不均衡、摩擦、不適応が原因であると捉え、双方の接触面（インターフェイス）に介入し、その関係改善を図り、人と環境の適合レベルを向上させることを目指す。

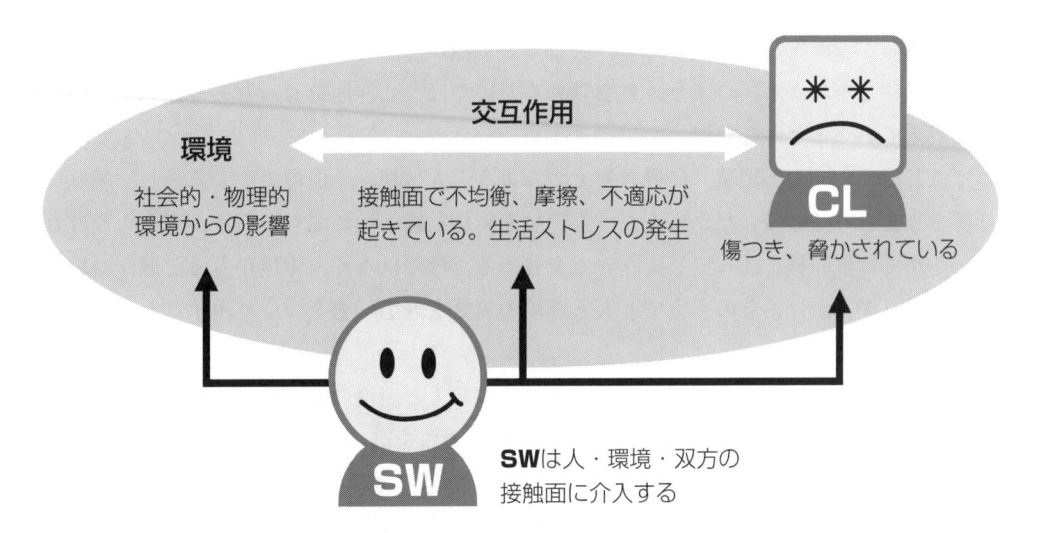

```
               交互作用
   環境    ←――――――――――→        CL
社会的・物理的   接触面で不均衡、摩擦、不適応が    傷つき、脅かされている
環境からの影響  起きている。生活ストレスの発生

        SW
              SWは人・環境・双方の
              接触面に介入する
```

　直子さんが非行に走った原因は、もちろん本人の未熟さもあるが、父親の飲酒、暴力、母親の精神的虐待、育児放棄など、家庭環境の劣悪さや、学校での孤立状態によるところが大きい。本来、直子さんを温かく包むべき家庭や学校という環境が、逆に大きな脅威となり、激しい摩擦を引き起こした。つまり、直子さんとその環境、そして双方の交互作用によって生まれる摩擦が、直子さんにストレスを与え、非行に追いやったと考えられる。

　この状態を改善するには、3つの方向に介入する。まず人(直子さん)に働きかけ、傷つき、脅かされている彼女を情緒的に強める。また環境(家庭・学校)に働きかけ、より温かなものにつくり替える。さらに人と環境の接触面に介入し、双方の摩擦を和らげ、より適応した状態をつくり上げる。これがエコロジカル理論・アプローチ(ライフモデル)である。

概念を深く学ぶ

人と環境の適応状態に目を向ける

【魚と池の物語】　ある日、汚れた池で弱った魚を捕まえた。その魚を家に持ち帰り、きれいな池で餌を与えると、元気になった。そこで魚をもう一度、元の池に戻すことにした。その池が、汚れたままだったことにためらいはあったが、魚を池に戻した。すると数日後、その魚は池の中で死んでいた。

この物語から、魚だけを強めても、戻っていく池が汚れていれば、魚は弱り果て、死んでしまうことがわかる。つまり、魚を強めるだけではなく、池をもっと魚が住みやすい環境に変えていくことが必要だった。

　「魚と池」を「人と環境」に置き換えてみよう。人は様々な環境の中で暮らし、相互に影響を与え合っている。だから人だけを環境から切り離し強めても、環境が変わらなければ、やがては魚同様に弱ってしまう。人を強めるだけではなく、環境がもっと温かな場所になるよう働きかけ、そのうえで、人と環境の良好な適応状態をつくり出すことが大切である。

　ライフモデルは、問題を理解し解決するために、人と環境の適応状態に目を向ける。そして、双方が交互作用を行う接触面に介入し、適応の質を高めることを目指す。つまりソーシャルワーカーは、直子さんを強めるだけではなく、家庭や学校に働きかけ、その場所が、直子さんにとって温かなものになるよう変化させなければならない。

問題はどのように起こるか？

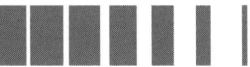

問題は人と環境の交互作用の結果である

　人も環境も生きている。両者は、絶えず交互作用を行い、その接触面で不均衡、摩擦、不適応が起こり、問題に発展する（ライフモデルでは、問題を生活ストレス、あるいはストレスと呼ぶ）。

　ここでの交互作用は、原因―結果という単純な作用ではなく、原因が結果になり、結果が原因にもなる円環的作用、つまりループのように回る複雑な作用である。

　人と環境は、交互作用を行いながら、互いの要求を満たそうと努力する。その結果、双方の関係が適応に向かえば、人は成長、発達するが、不適応状態に至ればストレスが高まり、機能不全に陥る。

　直子さんと環境（家庭や学校）の間には、暴力や精神的虐待などの激しい摩擦が存在し、不適応状態が起こっている。その結果、彼女は強いストレスを感じている。中学生の少女が家や学校にいられないのは、そこが安全を脅かす場所だからだ。汚れた池の魚のように、彼女は弱り果て、外の世界に助けを求めていたのである。

　直子さんの家庭で起こっている交互作用に目を向けてみよう。父は、仕事や家庭のストレスから酒を飲み、妻にあたる。妻はそれがストレスとなり、子どもにあたる。子どもは、そのストレスから逃れようと外へ出て問題を起こす。その問題を

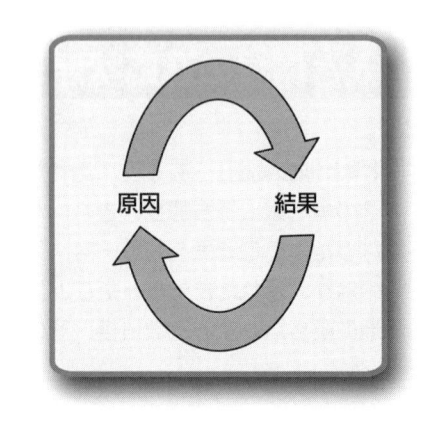

見るごとに、父は自信を失い酒を飲む。家庭でのこうした悪循環は、繰り返される交互作用によって、より否定的な影響を深めていく。

生活においてストレスを生み出すものを生活ストレッサーと呼ぶ

　ライフモデルでは、人々がライフコースを通る際、ストレスをもたらすものを生活ストレッサーと呼び、主に以下の３つを挙げている。

【３つの生活ストレッサー】

環境のプレッシャー(Environmental Pressure)
自分の属する環境に存在するフォーマル、インフォーマルな資源にアクセスできない場合、またその資源がニーズを満たしてくれない場合、環境は生活ストレッサーとなる

人生移行(Life Transition)
人生移行に伴い、一定の年齢や時期ごとに、達成するべき課題や対応が難しい課題がある（学校、仕事、結婚、子育て、定年など）。
それが新しい経験である場合、またその経験を失う場合、適応するために変化が要求され、生活ストレッサーとなる

コミュニケーション障害(Interpersonal Processes)
対人関係におけるコミュニケーション障害。特に、友人、家族などは、私たちをサポートするべき資源でありながらも、それが容易に機能しないことがある。こうしたコミュニケーションの機能不全によるストレッサーは、さらに別のストレッサーを生み出す恐れがある

▶ 生活ストレッサー　　⇨ 対処

発生する生活ストレッサーに対して、適応しようとする活動が対処である

　対処（コーピング）は、否定的な感情を処理し、問題を解決しようとする能力を指す。対処が効果的に行われれば、ストレスは軽減に向かい、成功しない場合、問題は悪化する。

　日常生活において、環境は私たちに様々な要求を突きつけるが、それに対して、人の側に対処するだけの内的、外的な資源があるかどうかが分かれ道となる。もし資源が十分にあり、要求に対して適応する力があれば、影響は肯定的である。しかし資源が不足し、不均衡、不適応に陥るならば、否定的な感情が強まる。

　直子さんは、環境からのプレッシャーやコミュニケーション障害に苛まれている。昼間から酒を飲み、暴力を振るう父のストレスは、弱い存在である母や直子さんに向けられる。

母が父と口論して、怒りの気持ちを抱くとき、母のストレスは直子さんに向けられる。本来、温かく養育するべき家庭でありながら、直子さんをサポートする資源はどこにもなく、逆に、大人からの過酷な要求とストレスのはけ口だけが存在する。このような状況では、家庭の外に向けてストレスを発散しようとする直子さんを、誰が責めることができるだろう。これに加えて、学校という環境も、彼女に否定的な影響をもたらしていることを忘れてはならない。

ライフコースの途上で生活ストレスが起こる

人はライフコース（人生の道）を進みながら、発達、成長し、様々な出来事（ライフイベンツ）を経験する。生活ストレスは、このようなライフコースの途上で起こる。このことを「時間」と「空間」の視点から述べる。

歴史的時間から捉えると、同じ時代に生まれた人々は、共通の問題を抱えることが多い。また社会的時間から見ると、人は、就学、結婚、就職などの人生移行期に問題を抱える。さらに個人的時間からは、人それぞれにタイムテーブルがあり、そこで経験する個別の問題にも影響を受ける。

また社会的空間（家族、友人、職場など）や物理的空間（自然、交通システムなど）においても不適応が起こり、その結果、問題につながることもある。

家族は、一つのまとまりとしてライフコースを進む。その途上では、メンバーそれぞれのタイムテーブルにおいて遭遇する出来事に、家族全体が影響を受ける。直子さんの父親の失業、飲酒、暴力という問題は、父親だけでなく、家族全体にダメージを与えてきたのである。

人をどのように見るか？

人は、交互作用を通して、確かに環境から影響を受けるが、同時に、人は環境を活用して、変化、成長していく存在でもある。何より人には、自ら意志をもち、選び、決定し、ストレスに対処していく能力がある。こうしたライフモデルの基本的な人の見方を理解したうえで、特に、人の関係性、力量、自発性、自尊感情が、環境との交互作用において、どのように高められ、あるいは傷ついているかを見る。

直子さんは、まだ幼く、安定した社会的ネットワークをもっていない。そのことだけでもストレスに対処する力は弱い。しかし彼女には、潜在的に備わっている力があるので、今後、適切な資源や学習の機会を与えるなら、彼女の力量を高めることができる。そのためには、まず内的、外的な圧力から彼女を守り、温かな環境を準備する。そのうえで自尊感情を養うならば自発性を伸ばすことができる。

【関係性・力量・自発性・自尊感情という４つの面から人を見る】

関係性
社会的ネットワーク（家族や友人など）との関係性の有無が、ストレスに対処する力に影響を与える。つまり家族や友人と良好な関係性をもてるなら、それだけストレスから守られる

力量
力量（人が環境を変化させる能力）は、潜在的に備わっている。この力は、資源や学習の機会を与えることで、発達させることができる。さらに、自分の力で環境を変化させる成功体験を積み上げれば、人はそれだけ豊かな力量を得ることができる

自発性
関係性が豊かで、かつ十分な力量を得ることは、自分の生活を律し、責任をもち、決定、管理するという自発性を生み出すことにつながる。自発性を強めることで、内的、外的な圧力から自分を守り、機能させることができる

自尊感情
自尊感情は、自己に対する主観的な評価であり、人の感情や行動に大きな影響をもたらす。自尊感情は、自己概念（自分に対する自己認識）を知るうえでも重要である。人は、日々、自尊感情を保つよう行動するが、人生の問題に遭遇するとき、その感情は脅かされ、不安定となる。このとき、堅固な関係性、力量、自発性があれば、それだけ自尊感情を安定させることができる。また自尊感情が安定することで関係性、力量、自発性も確立できる

環境をどのように見るか？

物理的環境
自然環境、交通、コミュニケーションシステムなど

社会的環境
人を取り巻く家族、友人、グループ、地域、施設、学校、会社システム、制度、政策、法律、宗教など

圧迫・公害
支配的集団からの抑圧・力の悪用。社会的につくられた否定的な環境であり、社会的に対応する必要がある

CL

　直子さんは家庭、学校という２つの環境から、多大な影響を受けている。その環境が、もし抑圧を強いるなら、彼女の可能性は搾取されてしまう。家庭も学校も、個人の集まりでできているため、個人レベルでの介入が必要になる。同時に、法律や制度を活用し、毅然とした態度で彼女を擁護することも必要である。必要であれば家庭から引き離し、適切な環境を整備することになる。

アセスメント・介入

ライフモデルは、アセスメントに重点を置く

　ライフモデルでは、専門的な判断は、収集されたデータに基づくと考えており、瞬間瞬間に移り変わるアセスメントに重点を置いている。主に、生活ストレッサーの性質、特徴。個人がどの程度ストレッサーを認知できているか、またそれに対する対処能力を評価する。アセスメントは、以下のようなデータの収集・統合・解釈によってなされる。

【データの収集・統合・解釈】

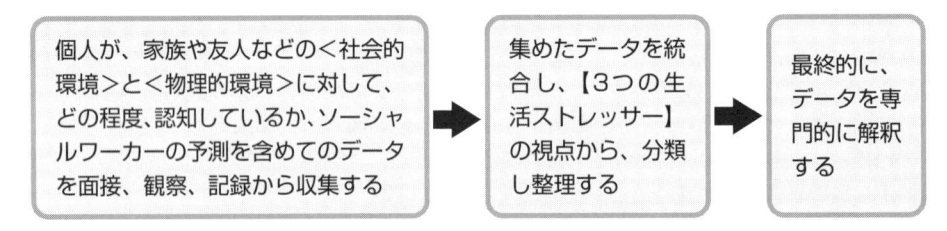

| 個人が、家族や友人などの＜社会的環境＞と＜物理的環境＞に対して、どの程度、認知しているか、ソーシャルワーカーの予測を含めてのデータを面接、観察、記録から収集する | → | 集めたデータを統合し、【3つの生活ストレッサー】の視点から、分類し整理する | → | 最終的に、データを専門的に解釈する |

　今後、ソーシャルワーカーは、直子さん、父親、母親と面接し、それぞれの生活ストレッサーを収集し、そのデータを統合、解釈することで、家族が現在、陥っている機能不全を明らかにしながら、介入の手順を決めていく。

エコマップを活用する

　アセスメントのツールとしてエコマップを用いることも可能である。直子さんのエコマップを描くと以下のようになる。

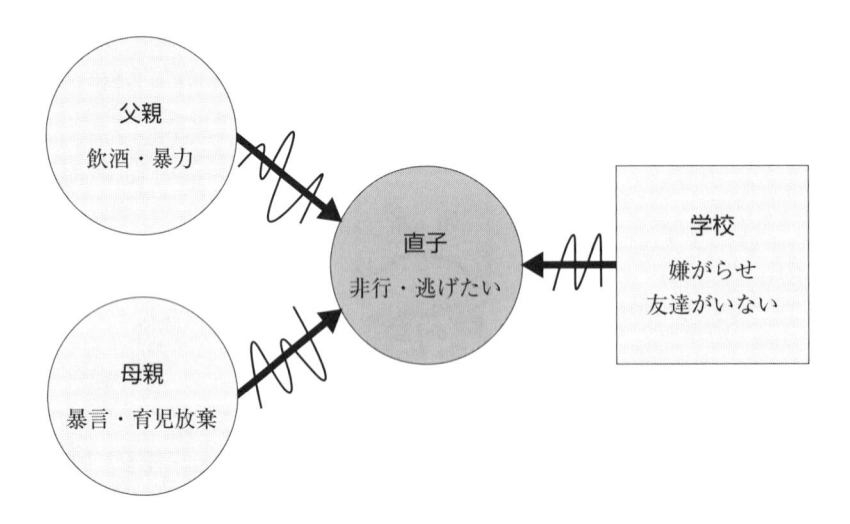

```
   父親                                 学校
 飲酒・暴力  ⇒⇒⇒   直子   ⇐⇐⇐   嫌がらせ
                   非行・逃げたい      友達がいない
   母親      →
 暴言・育児放棄
```

ライフモデルは、3つの方向へ介入する

　ライフモデルは、個人、家族、集団、地域、社会的ネットワーク、組織、物理的環境、政治的レベルへの介入を行う。これらは以下の3つの方向への働きかけの中で達成される。

1．人への介入（人の対処能力を高める）
2．環境への介入（個人ニーズへの応答性を高めるため、環境に影響を与える）
3．人と環境の接点への介入（人と環境の交互作用の質を高める）

　アプローチは一つの枠組みを提供しており、目標達成のための技法は自由に選択できる。

人への介入
自尊感情を高め、ストレスによって引き起こされる否定感情を和らげる
問題に対処するためのスキルを教え、そのスキルを試すための機会（時間や空間）を提供する

人と環境の接点への介入
交互作用の質が高まっているかに目を向け、適応状態を維持できるよう調整を図る

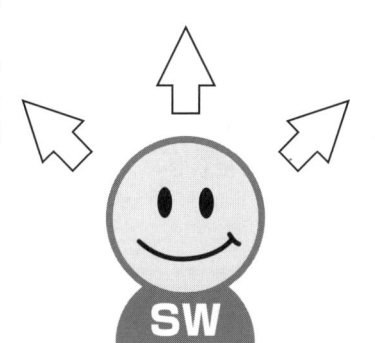

環境への介入
社会的、物理的環境に働きかけ、人的ネットワークや資源を動員し、拡大しようとする。このような介入を通して、関係性、力量、自発性、自尊感情を高めることが可能となる

　今後、ソーシャルワーカーは、家族や学校との不適切な交互作用によって受ける否定的な影響から直子さんを守りつつ、彼女の自尊感情を高め、失われている対処能力を強めようとする。また同時に、家族に介入し、父親のアルコール問題、母親の育児放棄にもメスを入れ、親と子どもの関係改善を目指す。その結果、もし改善が難しい場合、家庭から一時的に直子さんを引き離し、もっと温かな環境へと彼女を移す可能性もある。そのうえで家庭を修復し、両親と直子さんの関係が適応状態になり、かつ再び質の高い交互作用となるよう調整することになる。

事例から実践を考える

> 　新井聖くんは、高校のクラスで起こった盗難事件の疑いをかけられた。「自分はやっていない」と主張したが、担任や生徒たちは、その言い分を信じなかった。それは彼が、以前「万引きで補導されたことがある」という話を、誰かが広めたことが原因だった。数日後、紛失したものは出てきたが、疑いは晴れなかった。
> 　聖くんは、陰口を言う生徒たちとトラブルになり、しだいに孤立を深め、ついに学校に行かなくなった。彼は学校に対して不信感を抱き、強い口調で責めた。
> 　「あれが学校の姿なら、僕は絶対に行かない。勉強なら塾でもできる！」
> 　母は、学校の一方的な決めつけに落胆し、校長にかけあった。しかしその対応が曖昧だったことで、不信感はさらに強まった。父は地域のクリニックで医師として働いているが、常に忙しく、息子のことで時間を割く余裕がない。
> 　父と母は、息子のことでは意見が分かれる。父は「学校へ行かないのは根性がないからだ。あいつは昔から何をやっても続かなかった」と批判し、母は「学校へ行かないのは、行きたいような場所じゃないから。あの子は自分なりの信念に基づいて行動している」と支持的である。
> 　母は、聖くんのことで悩み、教育相談センターのスクールソーシャルワーカー前島和明さんに助けを求めた。

新井聖くんへのライフモデル

　学校や家庭という環境との間で摩擦を抱える聖くんの状況は、ライフモデルから、分析、介入、解決することができる。学校で紛失事件の疑いをかけられたことは、聖くんにとって極めて強力な生活ストレスである。友人や教師への信頼は裏切られ、もはや学校は安心できる環境ではなくなった。家庭においては、父との間に摩擦がある。傷ついた聖くんにとって、学校も家庭も、今は冷たく、否定的な環境でしかない。

　ライフモデルにより、これらの問題に介入するには、人（聖くん）と環境（学校や家庭）に介入し、双方の交互作用の質を高めていくことになる。

> **支援プロセス**
> 1. アセスメントを行う
> 2. 人へ介入する
> 3. 環境へ介入する
> 4. 人と環境の接点へ介入する
> 5. 終結し、評価を行う

1. アセスメントを行う

「盗難事件の犯人に疑われたのは、昔の経歴からだと思う」
聖くんは事情を話し始めた。
「中学の頃、デパートで万引きして捕まり、警察に通報されたことがあった。でも初犯だったし、父がこのあたりでは顔のきく医者だったんで、親への連絡と、短い説教だけで済んだけど…」
「万引きの理由を聞いてもいいかな？」前島さんが尋ねた。
「別にお金に困ってたわけじゃない。ただ空しくて、何かこう、満たされない気持ちがあって、それで手当たり次第バッグに詰めてしまって」
「満たされない気持ちっていうのは？」
「家にいても、居場所がないっていうか、むしゃくしゃするし、特に、父が嫌いで…何でも頭ごなしに命令するし、僕の言うことは何も聞かないし…万引きは、父へのあてつけだったのかもしれない」聖くんは少しうつむいて答えた。
「お父さんに、気持ちをわかってほしかったのかもしれないね。でもそれは受け止めてもらえたかな？」
「わからない。父は怒ってただけ。でも母が泣いてたので、こんなことはやめようと思った」
「お母さんの涙を見るのはつらいものだよ」
「ところで…」と前島さんは、椅子にもたれた背中をまっすぐにし、話題を変えた。
「昔の万引きのこと、誰かが担任に話したとも聞いたけど？」
一瞬、聖くんの顔が曇ったが、彼はすぐに口を開いた。
「本当のところはわからない。でも、あっという間に僕が盗んだという噂が広まって、もう何を言っても、誰も信じなかった」
「盗まれたものは後で出てきたんだよね？」

> 「だからと言って、周りの人々の目は変えられないでしょう」
> 　話し終えた聖くんは、一瞬、つらそうな表情で目を伏せた。そして一言付け加えた。
> 「後で知ってショックだったことは、信頼していた親友が噂を広めたらしいってこと」

考えてみよう

1. 聖くんが、前島さんに最も訴えたかったことは何か？
2. 聖くんと環境（学校、家庭）との関係は、現在、どのような状態にあるか？
3. 前島さんは、最初の話し合いで、どのようなことを達成したいと考えていたのか？

解説

　ライフモデルにおける初期段階は、他のアプローチ同様、関係形成を重視しながら、情報を収集しアセスメントを行う。前島さんは、聖くんの気持ちに焦点を当てながら、彼が、誰（何）に対して、どのような感情を抱いているのか、それはどうしてなのかを探った。また聖くんにとって、生活ストレスを生み出している、学校や家庭の情報を集めようとした。

　前島さんの関わりに対して、聖くんは、かつての万引きの話や父母への感情を吐露し、教師やクラスメイトに対する怒りの気持ちや、親友に裏切られたことへの悲しみを分かち合おうとした。こうしたアセスメントによって、前島さんと聖くんの間に信頼関係が築かれ、同時に、聖くんの生活ストレスの原因も明らかになった。

　聖くんの生活ストレスは、主に、環境のプレッシャーやコミュニケーション障害によるものだった。本来、学校には、生徒に能力や信頼を与え、成長を促すべき役割がある。しかし現時点での学校は、資源はあるものの、聖くんのニーズを満たすことができず、逆にプレッシャーとなっている。またクラスメイトや教師とのコミュニケーションの機能不全が存在する。

　このような情報を、前島さんは以下のようなマップにまとめた。

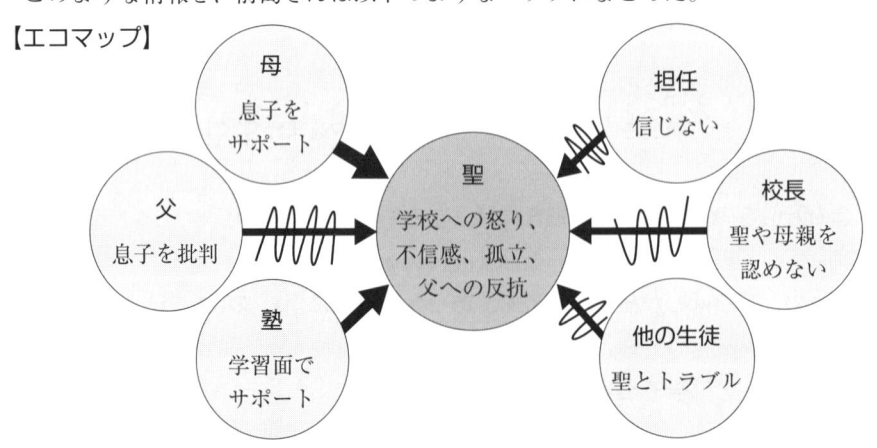

【エコマップ】

- 母：息子をサポート
- 父：息子を批判
- 塾：学習面でサポート
- 聖：学校への怒り、不信感、孤立、父への反抗
- 担任：信じない
- 校長：聖や母親を認めない
- 他の生徒：聖とトラブル

【データの収集・統合・解釈】

環境
父は、不登校を息子の自己責任と考えている。また常に息子を学力で評価している。母は息子を全面的に支持している。そして一方的な学校の対応に怒り、校長に抗議している。担任は聖くんの言い分を信じていないようだ。校長は、組織の利益を優先させており、母からの抗議を曖昧にしている。生徒たちの多くが聖くんを疑っている。彼を信じた人もいると思うが、聖くんをかばう人はいない。
　塾は聖くんを学習面でサポートしている。学校に代わって受け皿になる可能性がある。

人・環境の接点
人（聖くん）と環境（家庭と学校）の接点に大きな摩擦がある。
　父との間には、言い争いがある。母からは支持を受けている。学校（校長、担任、クラス）との間には、強い不信感がある。こうした環境との間に、十分な話し合いがあったかはわからない。

人
聖くんは、学校、家庭で孤立した状態にある。盗難の疑いをかけられた学校に怒り、不信感を抱いている。担任、校長の態度に失望し、学校の存在理由に疑問を抱いている。また信頼してくれる仲間がいなくて落胆している。父に対しては拒否感を覚え、反抗している。唯一、母からは、理解と支持を受けている。

ワーカーの視点
　取り巻く環境のほとんどが、聖くんにとってストレスとなっている。これは本来、サポート資源になるはずの環境（家庭、学校）がその役目を果たさず、逆に、プレッシャーとなっているからである。こうした中にあって、母親、塾という環境だけが、彼を理解し、居場所を与えている。また登場する人々と聖くんの間には、コミュニケーション障害があり、互いの言い分を理解し合えていない。学校という組織で、教師や生徒の大多数が、自分たちの利益を守ろうとするなら、聖くんの権利は損なわれる。

ニーズ
　現在の聖くんには居場所がない。家庭や学校で信頼できる人間関係を築き、そこを温かな場所に変える必要がある。家庭では父との関係改善が必要である。学校では盗難事件の疑いを晴らし、校長、担任、他の生徒との和解を通して、彼の権利を回復する必要がある。これらが解決する（つまり人と環境の適切な交互作用が起こる）ことで、彼が学校に戻ることも考えられるが、それはあくまで結果であり、現時点での目標ではない。

目標とプラン
①学校や家庭で信頼できる人間関係をつくる（温かな環境をつくる）。
②学校での盗難事件の疑いを晴らし、校長、担任、他の生徒との和解を通して、彼の権利を回復する。
③家庭での父との関係を改善する。

環境（学校：校長、担任、生徒、家庭：父）への働きかけ
校長、担任、他の生徒、父と話し合い、彼らが聖くんの気持ちや考えを理解できるよう訴える。

人と環境の接点への働きかけ
聖くんと学校側（校長、担任、他の生徒）また家庭側（父）が、互いに適切にコミュニケーションできるよう仲介する。

人（聖くん）への働きかけ
面接を通して、聖くんの状況に理解を示す。問題を解決するために、学校や家庭において、自分の意志を伝えるよう聖くんを動機づける。

2. 人へ介入する

「親友に裏切られた可能性があるということだよね。それについて話そうか？」
前島さんは、聖くんの表情が、しだいに曇っていくのを感じた。沈黙の後、聖くんは上を向いて答えた。
「今はしゃべる元気ないからいい」
「わかった。話したければ、いつでもかまわないよ。確かめる必要もあるしね」
前島さんは、少しだけ椅子を引き、話を続けた。
「ところで、担任や校長は、本当に聖くんが盗ったと思っているのかな」
「わからない。でも面子あるからね。一度、僕だと決めつけた以上、物が出てきたからって『すいません。やっぱり違いました』とは言えないでしょう。盗難が起こって『犯人わからない』じゃ学校の責任もあるし」
「それが学校の面子を守るためなら、あってはならないことだよ。そのことでお母さんは、校長先生にかけあったそうだね」
「母には感謝してる。僕だって、どなり込みたい気持ちでいっぱいだよ。ああいう学校なら、行っても意味ないって思う。それとも、僕を学校に戻したいの？」
前島さんは、頭を軽く左右に振りながら答えた。
「学校に戻るかどうか、それは聖くんが決めることだよ。それよりも大切なのは、聖くんにとっての学校や家庭が、もっと安心できる場所になることかな。そのためにも、不当な疑いはきちんと晴らしたほうがいい」
「それは僕も感じてる。でもどうすればいいのかな？」
「先生方やクラスメイトに、言いたいことは、きちんと伝えるべきだと思う。聖くんにはその権利がある」
「もう一度、学校に行くの？　どんな目で見られるかわかる？」
「不安な気持ちは理解できる。だから最初に私が校長先生と会って、聖くんの気持ちを伝えたい。それから一緒に行って、自分の言葉で伝えるのはどう？　やってみよう。それをしないと、先に進めないと思うんだ」
聖くんは、目をふせ、唇をかみながら、じっと考え込んでいた。それからゆっくりと口を開いた。
「わかった。でも一人じゃ難しい。一緒に行ってもらっていいですか？」

考えてみよう

1. 前島さんは、今回の聖くんとの話し合いで、どのようなことを達成したいと考えていたのか？

2. 親友の裏切りについて、聖くんは「今はしゃべる元気ない」と言った。それに対して前島さんは、どのように対応しているか？　それはなぜか？
3. 前島さんは、聖くんが学校に出向き、関係者に自分の言葉で真実を訴えることを強く望んだ。それはなぜか？

解説

　あらかじめ考えたプランに沿って、前島さんは、聖くんへの働きかけを開始した。聖くんの心痛は、クラスメイトから疑われたことによる。特に、「親友が過去の万引きのことを広めた」という噂に思い悩んでいた。もちろん確かめたわけではないが、彼の中では事実だった。
　前島さんは、この件を最初に話し合おうとしたが、聖くんは拒否した。彼にとって親友の裏切りは、いまだに整理のつかない、強いストレスであることがわかる。そこで前島さんは、無理に聖くんの心をこじ開けず、今後、いつでも準備ができたら話し合いたい旨を伝えている。これは相談の機会を常に開けておく「オープンドアポリシー」である。
　聖くんの中では、学校への不信感が大きく広がっており、学校へ戻すことが面接の目的なら、それを拒否しようという気持ちさえあった。もちろん前島さんの目的は、聖くんを学校に戻すことではない。それは大切なことだが、前島さんは「あくまで聖くんが選ぶべき」という考え方を貫いている。このように選択と決定を、できるだけ主体である聖くんに委ねることが望ましい。
　前島さんは、本来であれば、聖くんをサポートするべき環境である家庭や学校が、逆に強い否定的な力で聖くんに覆いかぶさっていることに目を向けていた。そのうえで、安心できる場所をつくり出す鍵は、盗難事件の疑いを晴らし、聖くんの名誉を回復し、彼の家庭や学校での権利を取り戻すことだと考えていた。これを実現するには、どうしても聖くんを力づけ、彼が自分の言葉で、学校関係者や家族に、真実の気持ちを伝える必要があり、その力を取り戻すことが支援の焦点であった。

3. 環境へ介入する

　前島さんは、早速、校長と会う約束をし、訪問した。
　「不登校になっている新井聖くんのことで伺いました」
　前島さんが話を切り出すと、校長はゆっくりうなずきながら「盗難事件の件でいろいろあった子ですね」と答えた。
　「実際、盗まれたと思ったものは、後で出てきたと聞いていますが…」
　「彼については、まだ意見が分かれていて、いろいろ複雑な状況になっています」

前島さんは、少し間を置いてから話し始めた。
　　「校長先生、相談なのですが、聖くんはとても苦しんでいます。身に覚えがないことで、先生や生徒たちから拒否されたと考えています。助けていただけないでしょうか？」
　　校長は、前かがみだった姿勢を元に戻し、ゆっくりと答えた。
　　「前島さん、もちろん私たちは、新井くんを拒否してはいません。ただ何か事が起こった場合、学校としては、一つひとつを調べ、公正に判断しなくてはなりません。少し時間がかかります。そのことはわかってほしいのです」
　　「わかっているつもりです。ただ、私は今回、多くの誤解が生まれているように感じています。そのことは、校長先生や他の先生方にとっても不本意なことだし、聖くんやご両親にとってもつらいことです。おそらく関係する人々の間で、コミュニケーションがうまくいっていないことが原因だと思います。そこでお願いです。聖くん、ご両親を交えた関係者で一度、しっかりと話し合う場をもちたいのですが、どうでしょうか？」
　　校長は、しばらく考えた後、大きくうなずきながら言った。「そのほうがいいでしょうね。ぜひそうしましょう。担任を呼びますので、詳しいことを相談していただけますか？」
　　それから前島さんは、担任とも話し合い、彼の言い分や気持ちにも耳を傾けた。こうした話し合いの結果、聖くんの側と学校の側の誤解が少しずつ解け始めた。

考えてみよう

1. 前島さんは、校長との話し合いで、どのようなことを達成したいと考えていたのか？
2. 校長の言った「いろいろ複雑な状況」とは何だと思うか？
3. 前島さんは、校長や担任との意見の相違を認めたが、安易に非難しなかった。それはなぜか？

解説

　前島さんは、聖くんに多大な生活ストレスをもたらしている学校に対して働きかけた。その際、組織の長の立場に最大限の配慮を示しながら、しっかりとした信頼関係を築き、目標を共有していくことを目指した。具体的には、校長と直接話し、聖くんの気持ちを代弁し、コミュニケーション障害を改善するために、関係者が集まって話し合う場を設定しようとした。
　話し合いの途中、前島さんは、自分と校長の言い分が異なることを感じた。例えば、前島さんは、「聖くんは拒否されている」と考えたが、校長は「決して拒否してはいない」と答えた。こうした意見の違いを、この場で明らかにする意図はなかったので、前島さん

は議論することを避け、むしろ互いの信頼関係を築くことで、関係者全体のコミュニケーション障害を取り除き、誤解を解消することに力を注いだ。

　一方、校長も双方に誤解があることを認め、何らかの改善が必要だと考えていた。このような気持ちがかみ合い、話し合いの場を設定することになった。議論や批判よりは、信頼を築くことで物事は前に進むのである。

　意見の相違や誤解はどこにでもあるが、原因のほとんどは、コミュニケーション不足である。前島さんは、もし関係者が全員同じ場所に集まり、十分な関係を築きながら、それぞれの考えを述べたり、聞いたりできるなら、隔たりの多くは解消すると確信していた。

　事例には詳しく出てこないが、前島さんは、担任とも話し合い、誤解を解き、コミュニケーション障害を取り除こうとした。こうした介入を行うことで、聖くんと学校との接触面で起こっている摩擦を和らげることができた。

4. 人と環境の接点へ介入する

　数日後、前島さん、母親、聖くん、校長、担任で話し合いをもった。前島さんは、緊張気味の参加者たちに、率直に話しかけた。

　「今日、ここにいる皆さんの思いや事情には、幾分、違いがあるかもしれませんが、一つだけ共通点があります。それは全員が、聖くんのことを心配し、助けたいと考えていることです。これからお互いの話をよく聞き、誤解があれば取り除きたいと思います。まず聖くんに、今、考えていることを話してもらいます。その後は、自由に話し合いましょう。聖くんいいかな？」

　聖くんは、校長、担任の方を向き、ゆっくりと話し始めた。

　「今回、一番つらかったのは、自分には信頼できる人がいないとわかったことです。みんなは、僕にとって、敵にしか見えません。学校では特にそうです。盗難については、僕はやっていません。信じてもらえなくても構いません。それはどうでもよくなりました。ただ自分に疑いがかけられたとき、かばってくれる人が誰もいなかった…そのとき、自分にとって学校って何だろう、友達って何だろうって思ったんです。それだけです」

　聖くんは、緊張しながらも、自分の思いを話し終えた。するとそれまで下を向いていた母親が顔をあげ、涙を浮かべながら話し出した。

　「いつかは校長先生に、失礼なことを申し上げました。あのとき、なぜか一方的に思えたものですから…ただ私もつらかったのです。でも今、聖の話を聞き、この子が一番つらいのだとわかりました」

　校長が答えた。

　「私も校長である前に、子どもの親です。だからお母さんの気持ちを理解でき

ます。もちろん私たちにも、失礼な態度があったかもしれません」
　やり取りを聞いていた担任が、口を開いた。
　「聖くんが、クラスで信頼できる人間関係をもてなかったことは、担任である私の責任です。私は、優柔不断な態度だったと反省しています。もっと、はっきりとかばってやるべきでした」
　話を聞いていた聖くんの表情に、少しだけ変化が起こった。それを感じ取った前島さんは、皆に提案をした。
　「実は、お願いがあります。聖くんが、クラスの生徒全員の前で、今日と同じように、自分の気持ちを話せる場所をつくっていただけないでしょうか？」
　「それは構わないでしょう？」校長が答え、担任の方に顔を向けた。
　「ぜひお願いします。生徒たち全員で考える良い機会になると思います」
と担任が答えた。
　「聖くん、どう？」前島さんが笑顔で聞いた。
　「急に言われても…。学校に戻りたいかどうかは、まだわからない、でもみんなにわかってもらいたいことはある」

考えてみよう

1. 前島さんは、関係者の前で、自分の気持ちを説明するよう聖くんに促した。それはどういう意図からだったのか？
2. 自分の気持ちを話した聖くんは、そのとき、どのようなことを考えただろうか？　また彼の気持ちを聞いた人々は、どのように考えただろうか？
3. 聖くんの言った「みんなにわかってもらいたいこと」とは何だろうか？

解説

　話し合いの冒頭、前島さんは、聖くんに、自分の気持ちを直接話すように促した。それは彼のためであり、また関係者のためでもあった。それまで聖くんは、様々な噂や中傷、誤解の中で、「誰にもわかってもらえない」というストレスを感じていた。直接、自分の潔白を、自分の言葉で伝えることができたなら、それは、自身の権利を擁護することであり、聖くんのエンパワメントにつながると前島さんは考えていた。
　実際、この瞬間まで、誰も聖くんの本当の気持ちを、直接、聞いたことがなかった。そのことも誤解を加速していた。そして今回、彼の言葉を聞いた人々は、互いの間に誤解があることを認め、歩み寄ることができた。また何より、自分たちの言動が、聖くんに失望や落胆をもたらしたことを痛感した。そこにいる誰もが、「大切なのは、目の前の一人の子どもの気持ちを聞き、それを信じ、支えてやることだ」と自覚することができた。こうした介入により、聖くんにとっての学校という環境は、温かなものに変化していくだろう。

学校や家庭という環境への介入は、組織を構成する主だった個人への働きかけから始まる。まず校長や担任の気持ちが変化すれば、それだけ彼らの影響が組織に広がり、結果、生徒たちにも浸透する。たとえ組織の一部にしか働きかけられないとしても、鍵となる人々に働きかけるならば、その組織全体に変化を起こすことができる。

　今回、前島さんは、話し合いの方向を、盗難事件の真相究明や学校と聖くんのどちらが正しく、どちらが間違っているかという対決姿勢に置かず、全員で聖くんを支援するために、「何をするべきか？」という方向に向けようとしている。聖くんと学校の交互作用の質を高めることは、どちらか一方を糾弾することでは達成できない。まずは共通の方向を定め、それに向けて、互いの立場に理解を示し、粘り強く話し合うことで、コミュニケーションを改善することができる。

　今後、前島さんは、聖くんがクラスでも、自分の言葉でみんなに真実を伝える場を設定していく。ここでも聖くんにセルフアドボカシーの機会を与え、同時に、クラス環境を変化させることを主眼とする。

　今回、父親は話し合いに参加できず、家庭での父子の関係改善という課題が残った。しかし学校が以前より温かなものになれば、それだけストレスは軽減するし、居場所もできる。改善できる環境から徐々に始め、聖くんのサポート体制が固まってから、最後に父との関係改善を行うことになる。

5. 終結し、評価を行う

　聖くんは、クラスメイトに向けて、自分の思いを語ることができた。そして気持ちのうえでは「吹っ切れた」と話してくれた。またこの日、嬉しいことに、親友と再会し、噂は間違いだとわかった。

　担任や親友は、聖くんの家をたびたび訪問した。しかし聖くんは、「まだ自分の中で整理がついていない」と学校には戻っていない。

　家族でも話し合いを何度か重ね、聖くんは「逃げないで、自分の気持ちを父に話した」と報告してくれた。学校を優先する父との議論は平行線のままだが、塾での勉強に熱が入ってきたことで、父はあまり非難しなくなったという。

　聖くんを取り巻く環境は、以前に比べ、温かなものに変わってきた。また彼には、自分で問題解決する力も出てきた。そこで前島さんは、徐々に「支援の終結」に向けての話し合いを開始した。

　前島さんと聖くんは、出会った頃から、今に至るまでの出来事を振り返った。盗難を疑われたこと、学校で孤立し不登校となったこと。息子の状態をめぐり父と母が対立、安全な居場所が脅かされたこと。その一つひとつに一緒に立ち向かってきたことを思い返した。

> 　前島さんは、聖くんの達成したことをリストに挙げ賞賛した。そして今後は、彼が自分の力で問題を解決していけることを強調した。
> 　数週間後、前島さんは、聖くんと最後の面接を行い、彼が順調に生活できていることを確認した。そこで残された問題、つまり学校へ戻ることについてどう感じているか、戻らないとすれば、どういう道があるかについて話し合い、今後の自立への道を模索した。

考えてみよう

1. 聖くんは、クラスで自分の気持ちを話したことで「吹っ切れた」気持ちになった。何が吹っ切れたのだろう？　そのようになれた一番の要因は何だったと思うか？
2. 前島さんがセッティングしなくても、聖くんは、自分の気持ちを父に伝えられるようになった。それはなぜだろうか？
3. 前島さんは、学校に戻ることについては、情報だけを与え、あくまで聖くんが自分で決めるようにうながした。その理由は何だろうか？

解説

　環境への働きかけは、最も摩擦のあるクラスへと向かった。ここで聖くんが、自身の潔白と傷ついた気持ちを語ることができたのは、大きな達成であった。それまでの聖くんは、クラスで誤解を受けても、真実を語る機会もなく、裏切られ、傷ついたまま逃げてしまった。しかし今回は、逃げずに、本当の気持ちを表現できたことで、大きな壁を乗り越えたような気持ちになれた。障害となる環境を、聖くんがコントロールできたからである。自分にとってのプレッシャーから逃げるのではなく、立ち向かったこと、その恐怖に勝てたことで、大きな達成感を得たのである。

　また、最もつらいと考えていた親友の裏切りも、互いの誤解だとわかった。たとえ親友同士であっても、きちんとコミュニケーションをとらないと、容易に誤解が生まれることを理解したに違いない。

　否定的な環境に打ち勝ち、誤解が解かれ、新しいコミュニケーションが生まれたことで、学校という環境は確実に温かくなった。そうしたサポートを受けたことは、聖くんに、家族という環境、特に父と向き合う力さえもたらした。このことを前島さんは予期していなかったかもしれないが、人はそうした力をもっている。

　学校、家庭環境との交互作用の質が少しずつ改善され、高められ、ストレスが軽減されたことで、支援は終結を迎え、残された課題は、学校へ戻るかどうかになった。これについて前島さんは、最後まで「自分で考えて決める」というスタンスを貫いた。人は生きていくうえで、必ず問題を抱える。そのたびに、誰かに頼ることはできない。前島さんは、聖くんに「自分の人生は自分で決めること」「環境にコントロールされるのではなく、環

境をコントロールすること」など、人生に役立つ重要な原則を伝えたかったのである。

実践へのアドバイス

　エコロジカルアプローチ（ライフモデル）は、アセスメントに強い。特に、エコマップというツールを併用することで、人と環境の接触面で、どのような生活ストレスが発生しているのかを視覚的に理解できる。アセスメントは、介入するごとに変化していくため、それに合わせてマップも変化し、それだけコメントも増えていくだろう。こうしたプロセスを利用者と一緒に行うことが効果的である。

　このアプローチにおいては、人と環境をアセスメントし介入する。その方向は3通りである。つまり人への介入、環境への介入、そして、これらの接点に介入し、両者の交互作用がよりスムースになり、質の高いコミュニケーションや影響が及ぶよう促す。これらは同時並行で行うことができる。事例では、先に、人に働きかけ、その後、環境に働きかけているように見えるが、同時に両者に行うことが可能である。ただし、働きかける順番により効果が異なる場合には、意図的な順番で行うことがある。事例において、まず校長に働きかけた例がそれにあたる。

　先にも述べたが、このアプローチは、問題が起こっている状況を理解するための枠組みを提供してくれる。そのため、実際に「どのように人や環境に働きかけるのか？」については、様々なアプローチをもち込むことになる。例えば、人に対して認知行動アプローチを試みても良いし、課題中心アプローチを行ってもかまわない。また環境に働きかける場合、グループワークなどを用いることもできる。

第3章 行動理論・アプローチ

　行動理論・アプローチは、オペラント条件づけや学習理論などを基礎として、意図的に刺激や報酬をもたらすことで、問題となる行動を減らしたり、望ましい行動を増やしたりする働きかけである。

全体像を捉える

> 　知的障害のある純くんは入浴を嫌がった。施設の支援員たちは、最初、純くんを強制的に入浴させようとした。しかし彼は暴れて反発し、結局は失敗に終わった。そのうえ純くんは、罰として外出禁止を言い渡されたことに腹を立て、ますます入浴が嫌いになった。
> 　「このままではうまくいかない」と感じた支援員たちは、話し合いを重ね、解決方法を模索した。

　行動理論・アプローチでは、「A（刺激）」「B（行動）」「C（結果）」の流れで行動パターンを捉える。Bで望ましい行動を起こすために、Aで新しい刺激を与え、さらにCでそれを強化することで、望ましい行動を増やそうとする。

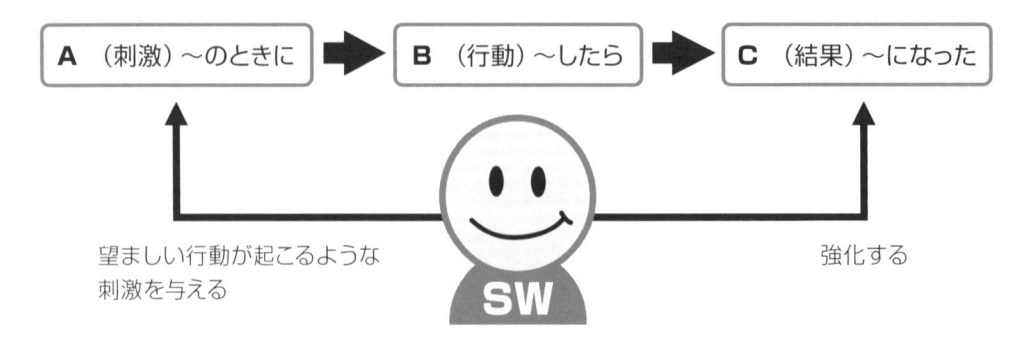

| A（刺激）〜のときに | ➡ | B（行動）〜したら | ➡ | C（結果）〜になった |

望ましい行動が起こるような刺激を与える　　　　　　　強化する

SW

「お風呂を嫌がる」という純くんの問題行動を減らし、「自分からお風呂に入る」という望ましい行動を増やすことを考えてみよう。最初の純くんの行動を分析すると、「強制的に入浴させられたときに（A）、暴れて反発したら（B）、外出禁止になった（C）」ことがわかる。

　こうした失敗の行動パターンを変化させるには、問題となっている行動の前後に刺激や報酬を与える。つまり、「新しい刺激を純くんに与え（A）、それによって彼がお風呂に入るという行動（B）を促し、かつその行動に対して何らかの強化（ご褒美）が得られる（C）」というパターンをつくり出す。

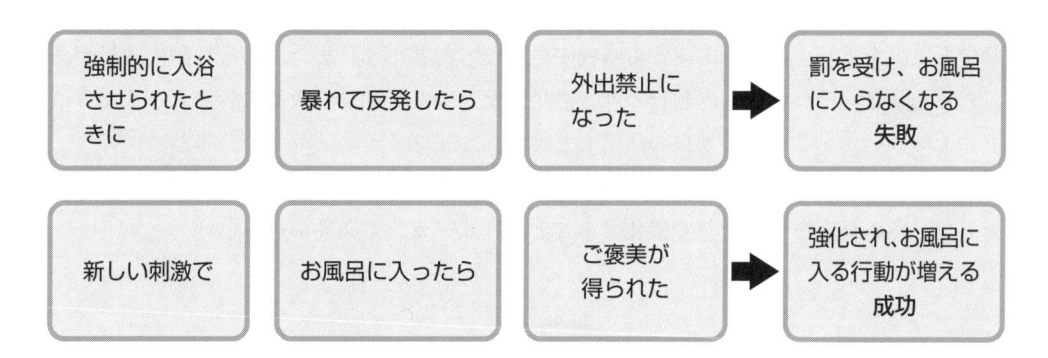

強制的に入浴させられたときに	暴れて反発したら	外出禁止になった	→	罰を受け、お風呂に入らなくなる **失敗**
新しい刺激で	お風呂に入ったら	ご褒美が得られた	→	強化され、お風呂に入る行動が増える **成功**

　成功の行動パターンが定着すれば、純くんの「お風呂に入る」という望ましい行動は、より強化され、増えていくことが期待される。このように、刺激や強化という方法を用いて、意図的に、望ましい行動を増やしていく。これが行動理論・アプローチである。

概念を深く学ぶ

レスポンデント・オペラント条件づけ

レスポンデント条件づけ（古典的条件づけ）は、刺激に対する反射である

　レモンを見たとき、それが刺激となり、食べる前から「すっぱさ」を感じ、思わず唾液を出してしまったことがあるだろう。こうした経験は、ロシアの学者パブロフが実験した「犬の唾液反射」に通じる。犬に餌を与えると犬は唾液を出す。次に餌を出すとき、先にベルを鳴らすように条件づけると、次第に犬は、ベルの音を聞いただけで、条件反射的に唾液を出すようになる。こうした刺激に対する反射という考え方を、

行動理論における「レスポンデント条件づけ（古典的条件づけ）」と呼ぶ。

　無理やりお風呂に入れようとする支援員の声や行動という刺激に対して、純くんは、ほとんど反射的に拒絶していたように思う。

オペラント条件づけは、学習を通した自発的な反応を報酬で強化すること

　レスポンデントは、刺激に対する条件反射だが、私たちは刺激と反射だけで行動していない。むしろ行動はもっと学習的、自発的なものである。

　アメリカの心理学者ソーンダイクやスキナーは、様々な仕掛けのある箱の中に動物を入れて反応を観察した。その結果、動物は、箱の中で試行錯誤を繰り返すうちに、少しずつ学習と工夫を重ね、箱から出てくる時間が早くなったという。また、ある行動の結果が満足だった場合、それが繰り返し行われ、満足しなかった行動は、次第に行われなくなることにも気づいた。これを「効果の法則」と呼ぶ。

　単なる条件反射ではなく、このような学習を通した自発的な反応を「オペラント反応」、そして、その反応を報酬などで強化することを「オペラント条件づけ」と呼ぶ。

効果の法則
ある行動の結果が
満足 ⇒ 繰り返される
不満足 ⇒ 行われなくなる

オペラント反応
　学習を通した自発的な反応
オペラント条件づけ
　反応を報酬などで強化すること

　オペラント条件づけを「自分自身」に当てはめてみるとわかりやすい。

　「突然、大きな迷路に入れられた動物が、自分だったらどうするだろう？」目の前に大きなドア、壁にはいくつものしかけがしてある。右のドアを開けたら行き止まり、左のドアもだめだ。正面からぶつかっても出られない。ここで少し考えてみる…。もう一度右のドアを開けたら行き止まり、「そうだ！　ここは前にもだめだったと気づく…もうやるまい」（学習できた！）。正面をよく見るとボタンがあり、押してみるとドアが開いた（これは使える方法だ！…と学習する）。次にまたドアに遭遇したとき、ボタンを押すと開いた…。

　私たちは生活の中で、日々、成功できた行動を繰り返し、失敗だと感じることは、やらなくなる。こうした試行錯誤を通した経験とその結果から学習することが、人の行動に影響を与えている。

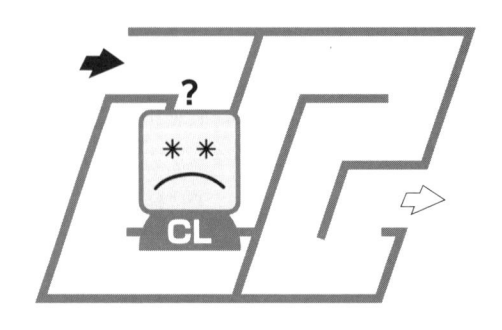

オペラント条件づけによる支援プランをイメージする

　オペラント条件づけを純くんの支援に活用できる。例えば一つのプランとして、純くんに汚れた人形を渡し、お湯できれいに洗うように誘う。そのとき、石鹸と人形の入った風呂桶を、彼の目につくところに置く。これは命令ではなく、競争や楽しいゲームのように行う。おそらく彼は、大いに興味をもち、自分から行動を起こすようになるだろう。もちろん純くんが人形をきれいに洗い終えたときは、すぐに褒めることが大切である。

　このような行動が継続してきたら、次にキャラクターもののお風呂道具セット（シャンプー、石鹸、タオル）をプレゼントして、「人形と一緒に自分の体も洗おうよ」と声をかけてみる。純くんは、そのお風呂道具セットを使いたくて、少しずつお風呂に入るようになる可能性がある。もし彼がお風呂に入ったなら、支援員はその行動をすぐに褒め、彼の好きなキャラクターシールをご褒美として与えると、行動が継続していく。

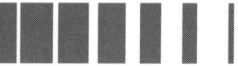

応用行動分析

応用行動分析は、オペラント条件づけを応用したもの

　応用行動分析（Applied Behavior Analysis／ABA）は、オペラント条件づけの行動理論（ABC分析）や社会的学習理論などを臨床に応用したもので、人の行動パターンを、以下のようなABCの流れ（行動随伴性）で捉える。

```
A（刺激）〜のときに        →    B（行動）〜したら    →    C（結果）〜になった
Antecedent Event(s)            Behavior                  Consequence(s)
```

　私たちの行動Bは、Aの先行条件に刺激されて引き起こされる。そして何らかの結果Cをもたらす。ここで大切なのは結果に対する報酬である。なぜなら——

> ある刺激Aに対して、人が行動Bを起こすかどうか、またその行動を学習するかどうかは、行動の結果Cが、その人にどのような報酬をもたらすかによって決まるからである

　もし皆さんが自発的に行動し、満足のいく結果が得られたとき、すぐに誰かが褒めてくれ、自分の望む報酬が得られたら、どう感じるだろう？　おそらく満足の得られた結果だけでもうれしいが、プラス何らかの報酬が得られるなら、行動と報酬が一緒に意識づけら

れ、望ましい行動をもっと選ぼうとするだろう。
　つまり応用行動分析は、行動の結果に対して、報酬を与えることで、望ましい行動の頻度を増したり、望ましくない行動を減らしたりするオペラント条件づけを用いた行動理論に基づいている。なお、応用行動分析は、一般的な子育てから、障害児への教育など、活用は広範囲に及ぶ。

応用行動分析で純くんの行動を捉える

　支援員たちは、最初、嫌がる純くんを強制的にお風呂に入れようと試みたが、以下のような失敗に終わった。このことは、冒頭でも述べた通りである。

Antecedent Event(s) 刺激・先行条件 〜のときに 支援員らが、「お風呂に入りなさい！」と厳しく命じ、無理に入れようとしたとき、	Behavior 行動 〜したら 純くんが入浴せず、逆に反発して暴れたら、	Consequence(s) 結果 〜になった 罰として外出禁止になった。

　これに対して、先にプランした通り、支援員たちが、純くんに新しい刺激（人形と石鹸、お風呂セット）を与え、それによって引き起こされる望ましい行動（人形を洗う、お風呂に入る）が、賞賛やご褒美という報酬によって増えるように働きかけるなら、これらの新しい対応と変化は、次のようになる可能性がある。

A　刺激 汚れた人形と石鹸を目に付くところに置き、楽しみながら洗うことを促したとき、	B　行動 純くんが、人形を洗い始めたら、	C　結果 人形はきれいになり（達成感）、褒められた。キャラクターもののお風呂道具セットがもらえた。
A　刺激 キャラクターもののお風呂道具セットを近くに置き、「人形と一緒に自分の体も洗おうよ」と誘ったとき、	B　行動 純くんが、お風呂に入ったら、	C　結果 体がきれいになり、気持ちも良くなった。またこの行動は褒められ、さらに好きなキャラクターのシールがもらえた。

　改めて、これら2つの対応を比較してみて、違いを見出すならば、行動アプローチへのイメージをさらに捉えることができる。

最初の対応は、Cの罰という方法で、Bの行動を変えようとした。しかしそれはうまくいかなかった。そこで新しい対応を考えた。つまり、純くんが行動を起こす手がかりとなる刺激を工夫してみた。それによって、行動と結果も変わり、その結果が褒められ、報酬も得られたことで、より純くんの行動は強められていった。

行動随伴性・シェイピング・モデリング

行動随伴性の４つのパターンを知り、適切に用いる

　人の行動は、行動随伴性によってコントロールされているが、以下は、基本的な４つのパターンである。

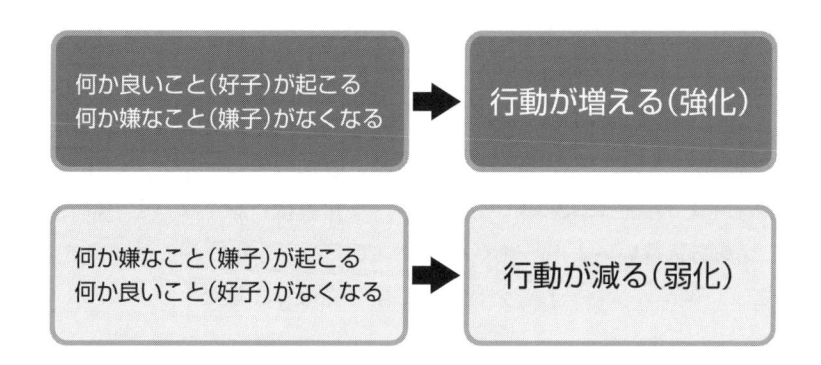

何か良いこと（好子）が起こる 何か嫌なこと（嫌子）がなくなる	→ 行動が増える（強化）
何か嫌なこと（嫌子）が起こる 何か良いこと（好子）がなくなる	→ 行動が減る（弱化）

　私たちは、問題となる行動を減らし、代わりに、望ましい行動を増やしたいと願う。人は、何か良いこと（好子）を失ったり、嫌なこと（嫌子）を経験すると、それに伴う行動をやめるようになる。また何か良いこと（好子）が起こったり、嫌なこと（嫌子）がなくなると、同様に、それに伴う行動が増えていく。応用行動分析では、このような４つのパターンを適切に用いる。

　純くんがお風呂を嫌がったとき、彼を叱り、外出禁止としたことは、行動アプローチを意識していたわけではなかったが、純くんにとっては「何か嫌なことが起こり、良いことがなくなる」経験だった。そして残念ながら、純くんの問題行動は改善されなかった。その後、純くんが新しい刺激により、自発的にお風呂に入ったとき、褒め、シールをあげることは、彼にとって「何か良いことが起こる」経験を与え、それによって、望ましい行動を強化しようとする試みであった。

　好子（強化子、報酬）や嫌子（罰子）によって、行動を増やしたり、抑制するには、何より適切さとタイミングが重要である。可能な限りその人が魅力を感じているものを好子に選び、望ましい行動が現れた直後に与えることで、行動と好子を結びつけて意識させることができ、行動を定着できる。

しかし望ましい行動に対して、無報酬、あるいは負の報酬（つまり嫌子、罰）になった場合、その行動は徐々に消えてしまう。嫌子は、望まない行動を減らす場合に用いることができるが、使用する場合には賢明な配慮が必要である。

シェイピング＆モデリングを効果的に活用する

　目標を達成しようとしても、できない場合、目標に少しでも近づくごとに好子（報酬）を与えるなら、望ましい行動に徐々に近づけることができる。これは「シェイピング」と呼ばれる。純くんに、汚れた人形と石鹸を与えようというアイデアは、望ましい目標に徐々に近づけていくこと、つまりシェイピングであった。

　もちろん私たちは、自分の経験だけではなく、他の人の観察や模倣によっても学習することができる。他の人の行動を観察することで行動に変化が生じていくことを「モデリング」と呼ぶ。

　小さな頃、犬が恐かった経験がある。ある日、友だちが数人寄ってきて「全然、恐くないよ」といい、子犬を抱っこしたり、遊んだりして見せてくれた。それを見ていると、なんとなく自分でもできそうだと感じた。そのとき姉がやってきて「一緒に触ってみる？」と、私の手を取り、子犬に近づけてくれた。このようなモデリングにより、犬が恐いという気持ちを克服できた。こうした観察や実体験は、参加型のモデリングと呼べるだろう。

　純くんが恐る恐るお風呂に入ろうとしたとき、支援員は、シャワーを手にとり、自分の体に当てて、「ああ気持いいよ！　純くんもおいで」と声をかけることができる。それを観察することで、純くんは、恐れの気持を少しずつ克服できるだろう。これもモデリングの力である。

シェイピング	モデリング
望ましい目標に徐々に近づける	他の人の行動を観察、学習することで行動に変化が生じる

事例から実践を考える

　こども家庭支援センターのソーシャルワーカー桜川友香さんは、木島恵美さんから、智之くんのことで相談を受けた。智之くんは9歳、軽度の注意欠陥多動性障害があり、学校でも家でもじっとしているのが苦手で、突発的な行動も目立っていた。

　恵美さんは、子どもたちが学校から戻ると、一人ひとりに部屋の片づけ、掃除、洗濯物をたたむ等のお手伝いを割り当て、それが完全に終わった後でおやつをあげている。

　長男の孝之くん（12歳）と長女の香織ちゃん（7歳）は、簡単にお手伝いを済ませるのだが、智之くんは、途中で放り投げ「おやつが欲しい！」と叫ぶ。「ちゃんと全部の仕事をしないとおやつはあげない！」と言うと、怒り、部屋の物を手当たり次第に投げつけてくる。

　そのことにキレた恵美さんは「何するの、片づけなさい、そんなんじゃ、絶対におやつはあげない！」と智之くんを叱る。すると彼はさらに激しく暴れ出す。それを見ている孝之くんと香織ちゃんは「また智のわがままが始まった。まるで赤ちゃんだ」とあおる。結局、これが取っ組み合いの喧嘩に発展し、恵美さんが大声で怒鳴り、険悪な雰囲気で終わる。これが日課となっていた。

　「どうしたら智が、投げ出さずに仕事ができるだろう？　障害のあることはわかっている。でもそのままにはできない。自分の身の回りのことだけでも、きちんとできるようになってほしい」

　恵美さんは深く悩んでいた。

木島家族への応用行動分析

　木島家族の問題を応用行動分析の視点から考えてみる。智之くんの行動の引き金となっているのは、先行刺激（A）「恵美さんがすべてのお手伝いを完全に終えなければ、ご褒美をあげないこと」という達成不可能なものだった。それに対して智之くんは、「期待通りにできない」という行動（B）を引き起こし、結果（C）「お手伝いは終わらず、ご褒美ももらえないため、不満爆発で暴れ、さらに怒られる」という罰につながっている。こうした負の連鎖を、周りの兄妹たちがさらに「あおる」ことで、さらに智之くんの望ましい行動は減っていくことになる。

　本来であれば、シェイピングという技法を用いて、目標に近づくごとに賞賛すれば、望

ましい行動が強化されたはずだが、恵美さんは完璧主義な性格からそれができなかった。また子どもたちに対する誤った「公平性」を貫いてしまっていた。

このような場合、恵美さんだけを責めても問題は解決しない。むしろ彼女を強力にサポートしつつ、応用行動分析を用いて、家族一人ひとりの望ましい行動を引き出し、新しい刺激や報酬をつくり出すことが求められる。

支援プロセス
1. 問題の捉え方を調べる
2. 応用行動分析の流れを理解する
3. 望ましい目標を設定する
4. 目標を実行する
5. モニタリング～終結に取り組む

---

1. 問題の捉え方を調べる

桜川さんは木島家族を訪問し、妻の恵美さん、夫の弘樹さんと話し合った。
「問題は何だと思いますか？」
「やはり智がすぐに暴れてしまうことだと思います」
恵美さんの瞳に不安が映っていた。
「俺は、智だけが問題じゃないと思う。奴は障害があるから、みんなと同じようにはできないよ」
「障害っていっても、そんなに重いわけじゃないし、障害のせいにばかりしてもいられないよ、たとえ時間はかかっても、自分のことは自分でできるようにしないと」
弘樹さんは、はっきりは言わなかったが「妻の関わり方にも原因がある」と遠回しに言っているように思えた。しばらく夫婦の話を聞いた後、孝之くんと香織ちゃんを部屋に呼んで同じような質問をした。
「あなたたちは、何が問題だと思う？」
「智之がすぐにキレるのは問題だけど、お母さんの言い方にもムカつくことがあるよね」
「そうそうお母さん、いつも『絶対にだめ！』っていうからね」
香織ちゃんのすぐ近くにいた恵美さんが口を挟んだ。
「あなたたちだって、智くんにひどいこと言ってあおってるじゃない」

「本当のこと言ってるんじゃん」

少しムッとした表情の孝之くんが抗議した。

桜川さんは、家族の言い分を聞きながら、それぞれ問題の捉え方が微妙に違うことを理解した。

それから桜川さんは「これから智之くんを呼んで話を聞きます。皆さんは、途中で話したくなっても、我慢して、最後まで聞いてあげてください」と家族に伝え、彼を部屋に呼んだ。

「智之くん、みんなと喧嘩になるのはどうして？」

「僕の嫌なことをするから」

「嫌なことって何？」

「僕がちゃんとお手伝いやったのに、お母さんは絶対におやつをくれない。だから嘘つきだ！　孝之や香織も、僕の嫌なことばっかり言ってくる。だからもうお手伝いなんてやりたくない。どうせおやつもらえないし」

桜川さんは、それぞれが問題だと感じたことを、率直に文章化するよう全員に宿題を出した。また木島さん夫婦には、智之くんの問題行動が一日、どのぐらい、どのような理由で起こるのか、よく観察して記録をとるようにお願いした。

考えてみよう

1. 桜川さんはどうして、家族全員に「問題は何だと思いますか？」と聞いたのか？　また家族は、それぞれ問題をどのように捉えていただろうか？
2. 桜川さんは、それぞれの意見を聞いて何を考えただろうか？　特に、智之くんの説明を聞いて、どのようなことを理解しただろうか？
3. 桜川さんは、どうして問題だと感じたことを、文章化するよう家族に依頼したのか？

解説

応用行動分析では、まず家族全員が、問題をどう捉えているのかを確認する。一人ひとりの問題の捉え方を知らなければ、彼らの行動も理解できないからである。母親は「智之くんの行動が問題」と捉えているが、智之くんは、「問題はお母さんだ」と捉えている。だから互いに相手を責めることになる。

家族全員を集めて、一度に質問することもできるが、桜川さんがそうしなかったのは、智之くんへの配慮である。現時点では「智之くんが悪い」という意見に集中することが予測されたため、別々に意見を聞く方法を選択した。

家族間で意見の対立があっても、批判し合うのではなく、互いに違いを認め合うことが大切である。そのような関係性を家族につくり出すには、まず桜川さんが、木島家族の一人ひとりと信頼関係を築かなければならない。

行動アプローチは、曖昧なことは扱わない。そのため「問題をどう捉えているのか？」

について、具体的な例を挙げて説明してもらうとよい。一般的に行動アプローチは、心の状態のような抽象的なものではなく、具体的に見たり聞いたりできる行動を扱う。その行動を文章化し、「誰が」「誰に」「どのようにする」と主語や述語を明確にするなら、より曖昧さがなくなる。

数日後、桜川さんのもとに「宿題」が送られてきた。

問題は何だと思うか？

弘樹　智之の障害とその障害から起こる不適切な行動、それを理解しない家族
恵美　智之が自分で自分のことができない。言い分が通らないとすぐ暴れること
孝之　智之の障害を理解しない家族
香織　お母さん、少し厳しすぎる。すぐ怒ること。智くんがかわいそう
智之　お母さんは嘘つき。絶対におやつをくれないから僕もやらない

---

2. 応用行動分析の流れを理解する

「これをご覧になって、どう思いましたか？」
桜川さんは、宿題の記録を見ながら尋ねた。
恵美さんが最初に口を開いた。
「なんとなく、私だけが責められている感じで不満でした。でもよく考えれば、私のことを、みんなよく見ているんだなあって驚きました」
「恵美だけじゃなくて、みんなが智のことをわかってあげないといけないよね」と弘樹さんは恵美さんをかばうように言った。
「でもお母さんは厳しいよ」と孝之くんが言うと「私には優しいよ」と香織ちゃんが笑って答えた。やり取りを見ていた桜川さんは、「悪者探しではありません。問題解決ですから、お互いをもっと理解しましょう」と言葉をかけた。
しばらく話し合った後、桜川さんは行動分析について説明した。まず行動の3つの流れ〈刺激―行動―結果〉について教え、その後、「智之くんの問題が起こる前、どんな刺激があるか？」「刺激から起こる智之くんの行動は？」「その結果どうなるか？」を話し合いながらわかりやすく解説した。それを聞いていた孝之くんが口を挟んだ。
「うちのパターンだよね。まずお母さんが、おやつで釣ってお手伝いをさせようとする。それに乗っかって僕らはやるけど、智は途中で投げ出しておやつを欲しがる。お母さんは『絶対にあげない！』と厳しいから、結果、智は大暴れする」
「あなたたちが、智にあおるようなことを言うのもパターンでしょう」と恵美さんも負けずに言い返した。

やり取りを制するように桜川さんは話を続けた。
「家族全員の行動は、お互いに結びついています。一人の言動や行動が、家族全員に影響を与えているんです。そのことに気づいてもらえたでしょうか？ だから今後、一人ひとりが行動を変えるように努力し、智之くんに対応しましょう」

考えてみよう

1. 宿題について話し合ったとき、家族は、他の人々の意見に対してどう感じただろうか？ また桜川さんは、どう感じただろうか？
2. 応用行動分析の一連の流れを、あなた自身の言葉で説明してみよう。「あなた自身の家族に起こっている行動パターン」を分析し、わかりやすく説明してみよう。
3. 「先行する刺激が母親の対応の仕方にある」ということを、恵美さんはどのように受け止めただろうか？ 恵美さんが「責められていない」と感じるためには、どのような配慮が必要だと思うか？

解説

　桜川さんは、応用行動分析を、図に示しながら家族に説明し、智之くんの行動を〈刺激─行動─結果〉のワンセットで理解するよう促した。そうすることで、智之くんの行動が、いきなり起こるのではなく、先行する刺激がきっかけであること、またその行動が結果につながっていることを考えてほしかったのである。

　確かに智之くんの行動は、母親の「お手伝いをするならおやつをあげる」という条件に刺激されて起こる。この条件に向けて、智之くんなりに努力はするのだが、集中力が続かず、途中で投げ出してしまう。その結果、「絶対におやつをあげない！」という結果にたどりつく。これに対して智之くんは、ほとんど条件反射的に暴れることで「嘘つきだ！」と抗議する。そこに兄や妹が加わり、彼を非難することで、一層、争いがエスカレートしていくという負のパターンが繰り返される。

　智之くんの問題行動は単独ではなく、刺激に反応する形で起こっている。またその行動の結果に嫌子（罰）が与えられたことで、さらにお手伝いをするという行動は減少している。桜川さんは、そのことに気づかせようとした。

　しかしこの場面では、恵美さんが「責められている」という気持ちにならないよう、十分な配慮が必要である。彼女は誰よりも息子のために努力している。ただ目標達成にこだわりすぎるため、結果的に嫌子（罰）を与えていることに気づいていない。彼女を責めるのではなく、「これまでのやり方を少し工夫するだけで、努力は決して無駄にはならない」と励ますことが大切である。

応用行動分析の比較

　智之くんの行動を簡単に分析すると次のようになる。最初の例は、現在のパターン、その後は、改善したい理想的なパターンである。今後、刺激を変えることで、行動と結果が変化し、さらにその結果を強化することができる。

A　刺激	B　行動	C　結果
一人では無理な課題が目標として設定される	目標に向けて努力するが、集中できなくなる	課題を達成できないため、おやつがもらえない。暴れ、叱責を受ける（負の報酬）
一人で達成可能な課題を設定する	達成できるという希望をもって行動を起こす	課題を達成できる。その分、おやつがもらえ、褒められることで、残りの課題もやろうという意欲が出る

3. 望ましい目標を設定する

　「問題を解決して、今より良い家族にするために、皆さんには何ができますか？」
　桜川さんの問いかけに、香織さんが発言した。
　「もっとお母さんが褒めたらいいんじゃない」
　「それは私が考えること、あなたには何ができるの？」と恵美さんが反論した。
　「私はお手伝いを一緒に手伝ってあげる。それで智くんがやり終えたら、おやつをあげればいいよ」
　香織さんは真剣な目で訴えている。
　「俺は智が暴れても無視することかな。余計な一言が問題を大きくしているからね」
　孝之くんは幾分、反省するように言った。
　子どもたちの発言を聞いていた恵美さんは、少しため息をつき、そしてつぶやいた。
　「私が一番、関わりを変えなきゃいけないのよね。目標を小さなものにして、できたら認めてあげるとか…でもそのためには、孝之や香織にも了解してもらわ

なきゃいけないよ。全部終わってなくても、おやつあげて構わないの？」
「いいよ、でも手伝った分は、私にもちょうだいね」と香織さんは嬉しそうに答えた。するとそれまで黙って聞いていた弘樹さんが笑顔で話し始めた。
「恵美はよくやっている。でも智之の場合、彼なりに頑張ったところまでは認めてやって、おやつをあげたらどうだろう。きっと次も張り切ってやるんじゃないかな。もしみんなが決めた目標を1か月達成できたら、お父さんから家族旅行をプレゼントしようかな」
—家族全員の歓声—
「僕、できるし！」と智之くんが叫んだ。
最後に、家族一人ひとりの顔を見ながら、桜川さんが言った。
「今日、みんなで考えた目標は素晴らしいものです。忘れないようにこのノートに書いておきましょう。大切なことは、必ずできそうな「簡単な目標」を一つ選ぶこと、そして目標に少しでも近づいたら、認めてあげることです。それでは明日から2週間、自分たちの決めた行動を実践して、記録を取ってみてください」

考えてみよう

1. 「今より良い家族にするために、皆さんには何ができますか？」という桜川さんの質問には、どのような意図が込められていたのだろうか？
2. なぜ「必ずできそうな簡単なものを一つ選ぶこと」「目標に少しでも近づいたら、それを認めてあげること」が大切なのか？
3. みんなで決めた目標をノートに書き、実践し、それを記録に取ることは、なぜ必要なのか？

解説

「今より良い家族にするために、皆さんには何ができますか？」と質問することで、桜川さんは、家族にこれまでの行動を振り返る機会を与えている。また一人ひとりが自分の行動を賢明に選び、実践することが、家族全体の問題解決につながることも教えている。こうした招きに応じようと、木島家族は「望ましい目標」を考え始めた。

目標は、家族一人ひとりが考え、選び、決めることが大切である。誰でも、人から指示されたことより、自分で考え、決めたことについて「やってみよう！」と決意するからである。

ただ最初は、決めた通りに行動できず、意欲を失ってしまうことも多い。そこであらかじめ達成可能な小さな目標を1つ入れておくことを提案したい。誰でも小さな成功体験を繰り返すことで、徐々に大きな目標に取り組むことができる。

さらに行動理論で学んだように、完全な目標達成でなくても、目標に近づいているならば、行動を強化する必要がある。どの程度の目標達成に対して、どう強化するかは、事前に参加者と話し合い、あらかじめ正式な「契約」として加えておくと誤解が生まれない。この部分が曖昧になると、かえって争いの要因になりやすい。

研究では、最初の1～2週間はベースラインとして、特に新しい試みを導入せずに、家庭状況を記録し、その後、新しい目標に移行しながら変化を観察する。しかし実践では、ベースラインは取らず、すぐに問題に取り組む場合も多い。いずれにしても、新しい行動を家族が試し、時には失敗を繰り返しながら、挑戦してみる移行期間が必要になる。この時期は、定期的に電話連絡し、記録された状況をもとに、プログラムを継続するよう励ます。
　各自の行動目標が決まったら、それをノートに詳しく書きとめる。このノートは、介入後、様々な岐路に立つとき、常に立ち戻る「契約書」的な役割を果たす。記録は、漠然と「お手伝いをする」より、「洗濯物をたたむ」「お風呂場の床をきれいに洗う」「自分の机の上を片づける」等、具体的に記述したほうが行動を観察する場合、より細かく評価しやすい。
　記録は、家族の場合は夫婦が行う。ソーシャルワーカーは、記録を活用し、定期的に家族と話し合い、変更を加え、調整していく。
　今回、木島さん家族のノートには以下の目標が書かれていた。

家族の目標！

孝之…自分の宿題、割り当ての手伝いは必ず行う。智之、香織が目標を達成できるように励まし助ける。
智之…学校から帰ったら、必ず最初に宿題をする。次に自分の部屋の整理整頓をする（床のゴミ拾いとベッドメイクだけは必ずする）。
香織…お母さんのお手伝いをがんばる（玄関のくつ並べ、食器を拭く）。時々、智くんの手伝いをする（智くんのお部屋の掃除を一緒にする）。
恵美…子どもたちが、それぞれ決めた目標を達成したら褒める。子どもたちができなかったとしても怒らないで見守る。
弘樹…子どもたちや妻を励ます。皆が1か月、目標を達成できたら、家族旅行を計画する。

決まりごと

これから2週間、実行し、達成状況を記録する（担当：恵美）
日曜の夜、全員で記録を見返して、達成状況を確認する。（担当：弘樹）
●目標達成できた場合
　ポイントをゲット。誰かを手伝った場合、手伝った人にもポイントが入る。手伝いを受けた人のポイントも減らない。どれだけ目標に近づいたかでポイントは増えていく
　（例　お風呂掃除全部すると3ポイント、途中で終わると1ポイントなど）。10ポイントたまったら、お菓子（香織）、TVゲーム30分追加（智之）、好きな音楽ダウンロード1回（孝之）、マッサージ30分（恵美）、回転寿司3皿（弘樹）
●目標達成できなかった場合
　ポイントなし。

【スコアシート】

| 1 | 2 | 3 | 4 | 5 | 6 | 7 | 8 | 9 | 10 |

お手伝いでポイントを貯めよう！

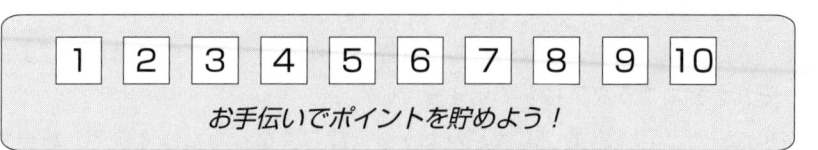

4. 目標を実行する

　木島さん家族は、自分たちで決めた目標に取りかかった。初日は理想的な一日だった。学校から戻った子どもたちは、恵美さんが何も言わないのに宿題を済ませ、割り当てられたお手伝いをした。智之くんも、自分で決めたように行動した。彼女はうれしくなって、スコアシートに2倍のポイントを与え、夜、いつもより豪華なおやつを子どもたちにふるまった。

　恵美さんは、あれこれできていないところを指摘したり、叱ったりするのではなく、達成した小さな行動を褒めることができたので満足だった。そんな彼女を弘樹さんも褒めたので、家族はとても良い雰囲気になった。

　問題が起こったのは、3日目のことだった。その日の智之くんは、学校で嫌なことがあり、むしゃくしゃしている様子だった。宿題をやろうともしなければ、部屋のゴミ拾いなどもやらなかった。いつもならば注意する恵美さんだったが、何も言わないで見守ることにした。

　「お兄ちゃん、今日、何もやってないとおやつもらえないよ」

　心配する香織さんの言葉に、智之くんは「うるさい！」と怒り、部屋中にあるものを手当たり次第投げ始めた。それが孝之くんの頭にあたったことで、彼もキレて「ふざけんじゃないよ、お前のせいで3日ぼうずになるじゃん！」と激しく責めた。この後、二人はいつものように取っ組み合いの喧嘩となってしまった。

　いつも通りの風景の中、ただ一つだけ違っていたのは、恵美さんが子どもたちを叱らなかったことだった。彼女は子どもたちを情けない気持ちで見ていたが、怒りを抑えて対応した。当然、その日のポイントは誰にもつかなかったが、子どもたちは何も言わなかった。仕事から戻った弘樹さんは、事情を聞き、恵美さんの努力を賞賛した。そして子どもたちにも「大丈夫だよ。また明日から頑張ろう！」と声をかけた。

　ちょうどそこに桜川さんから電話が入り、恵美さんは、その日のいきさつをすべて話した。桜川さんは、話を聞きながら、恵美さんの忍耐強さや弘樹さんの思いやりある態度を褒めた。また子どもたちとも話し、続けて努力し、様子を詳しく記録しておくように励ました。

考えてみよう

1. 家族は一人ひとり、どのような気持ちで目標にかかわろうとしていたか？　また桜川さんは、それをどのような気持ちで見守っていたか？
2. 問題が起こったとき、恵美さんはどのような気持ちになっただろうか？　恵美さんは、子どもたちに怒らずに対応したが、そのことは家族にどのような影響を与えたか？
3. 桜川さんは、どのような理由で家族に電話をしてきたのか？　また直面する問題にどのように介入したか？

解説

　プログラムが開始され、数日は理想的な状況が続き、智之くんの問題行動も表れなかった。むしろ自分で決めた仕事を成し遂げ、ポイントやおいしいおやつも手に入れ、彼の行動は強化されたかに見えた。しかし私たちの日常生活がいつもそうであるように、良いことの後、問題が起こる。こうしたことは当たり前であると認識したい。そうすればあらかじめ問題を予測し、対応を考えることができる。家族の直面する問題をよく知っていたからこそ、桜川さんは、3日目に電話でフォローアップしてきたのである。

　桜川さんは、話を聞きながら、彼らの失敗や問題にはとらわれず、むしろ彼らが達成できたことに注目した。開始して3日目に問題が起こったとはいえ、2日間、理想的な状態を経験したことは、家族にとっての素晴らしい収穫であった。その後、子どもたちはいつものパターンに流れてしまったが、それでも恵美さんは巻き込まれず、忍耐し、自分の決めた行動を守り通した。また弘樹さんは、恵美さんや子どもたちを励ました。これらは非常に大きな収穫であると家族に伝えるべきである。行動を変えるということは、一朝一夕にできることではなく、試行錯誤の末に生まれる新しい習慣である。こうした実践に取り組む家族を力強く支え、励まし、努力できた行動を褒めることで、彼らは少しずつ強化され、やがて目標とする行動が定着することになる。

5. モニタリング〜終結に取り組む

　2週間後、桜川さんが訪問し、家族全員と話し合いがもたれた。桜川さんは、書き込まれたスコアシートを見ながら、一人ひとりに声をかけ、達成状況を確認した。
　「智之くんのスコアを見ると、時々、うまく行かなかった日もあるようだけど、ポイントがゼロの日はないね。よく頑張ったよ。孝之くんも、香織ちゃんも、自分のことだけじゃなく、智之くんを助けてくれたんだね。ありがとう」
　その後、桜川さんは恵美さんや弘樹さんにも言葉をかけた。

「うまくいかなくても、感情を抑え、冷静になって、自分で決めた行動を取り続けてくれましたね。そのような一貫した態度を続けていくことが、これまでとは違った新しい刺激になって、子どもたちの行動を変えていくと思います」
　桜川さんの励ましに恵美さんの目が輝き出した。
　「最初はうまくいってたのに、途中、全く同じパターンで喧嘩が始まったときは、正直、つらかったです。なんだ、全然、変らないじゃないかっていう悔しさがあって…でも自分がここで怒ったらだめだと思って頑張りました」
　恵美さんが話し終えると、弘樹さんが言葉を続けた。
　「恵美も子どもたちも、本当に頑張っています。もちろん失敗して、なんかめちゃくちゃになる日もあるけど、良くも悪くも、自分たちの行動が、お互いの行動にすごく影響しているってことに気づきました。今は、どうせなら良い行動を選んで、みんなでご褒美をゲットすればいいと考えています」
　家族の報告を一通り聞いた後、桜川さんは笑顔で話しかけた。
　「新しい態度や行動が習慣になれば、実行するのは楽になります。そうしたら、さらに望ましい目標にチャレンジしていけばいいんです。智之くんも、できることを増やしていけば、もっとご褒美がもらえるし、みんなもそうです。そう言えば、あと2週間、努力して成果が出れば、家族旅行でしたね」
　子どもたちの目が一段と輝き出した。

考えてみよう

1. モニタリングにおいて、桜川さんは、スコアを確認することから開始した。それはなぜだろうか？
2. もし恵美さんが、いつものように子どもたちを怒っていたら、どのような結末になっていたと思うか？　またその場合、桜川さんは、どのように助言するだろうか？
3. 桜川さんが、モニタリングで最も達成したかったことは何だろうか？

解説

　頭で考えていることと実際にやってみることには、大きなギャップがある。行動理論やABC分析などをチャートで見ると、とても簡単に見える。しかし、これまで習慣となってきた家族の行動パターンを変え、新しい行動を生み出すには、途方もないエネルギーが必要になる。現実には、失敗してため息をつく日々のほうが多い。このような理解をもっていた桜川さんは、モニタリングにおいて、一貫して温かな励ましを与え、達成できたことを肯定的に評価した。特に、夫婦の努力をねぎらい、粘り強く対応したことを賞賛した。こうした桜川さんの態度こそ、家族に対する刺激、強化であり、学習理論に基づく「モデリング」でもある。

桜川さんが行ったように、行動アプローチにおけるモニタリングは、スコアシートを確認し、現実に記録されたところから出発する。具体的に観察されたこと、記録されたことが話し合いの中心になる。木島家族には、話し合いでの不一致はなかったが、仮に意見の相違があったとすれば、立ち戻るべきところは、ノートに書き込んだ「契約」になる。ここが曖昧な場合、モニタリングでの話し合いも曖昧になる。

　行動アプローチの場合、観察可能な行動面に焦点を当てる。もちろん話し合う中では、信頼関係を強め、様々な感情や思いを受け止め、理解する。しかし、それでも焦点は「自分で決めた望ましい行動」であり、それが実際にできたかどうかをモニタリングする必要がある。モニタリングの結果、行動の変化が見られたら、新しい習慣として定着できるよう、さらに強化していくことになる。

　モニタリングの段階で、全く変化が見られない場合、プログラムのどの面が機能していないかを話し合うことになる。例えば、家族の一部のメンバーが契約に違反している場合、一人ひとりの行動が家族全体に影響を与えることを、再度、強調し、家族を動機づける。時には、目標レベルを下げることも考えられる。違反に対するペナルティが必要なこともあるが、習慣が根づくまでは、罰を加えるより、小さな努力を励まし、報酬をもたらすほうが望ましい行動につながりやすい。

　モニタリングで一定の成果が確認されたら、さらに数週間、スコアの記録を継続するように促し、一人ひとりの進歩の評価方法を、記録者に教えることができる。その後、家族が順調に新しい行動パターンを維持できたら、終結することが望ましい。また終結後、4週間後をめどに、電話などでフォローアップし、状況が維持されているかを確認する。

実践へのアドバイス

　行動アプローチは、多くの分野で取り入れられている。例えば、依存症、不安障害、児童虐待、行為障害、抑うつ症、発達障害、摂食障害、家庭内暴力、非行、ストレス管理などを含む、様々な症状に適用されてきた。また親業を含む、家庭や学校での、子どもの問題行動への介入でも成果が見られる。

　しかし行動アプローチは、様々な誤解も与えている。その一つは、このアプローチが感情を無視し、問題の根本的な原因にはメスを入れずに、短期的に、表面的な行動だけを変えようとしているという考え方である。目に見える「行動」に焦点を当てるということは、一見、表面的に思えるかもしれない。しかし、実際にこのアプローチを活用した経験のある人々は、人の「行動」には、多くのものが集約されていることに気づいている。

　また、一つの望ましい「行動」を習慣化するほうが、何時間も根本的な問題について話

し合うより、効果的である場合も多い。水路のように、たった1箇所の流れを変えるだけで、大きな変化が全体に起こる可能性が高い。

　ただし行動アプローチは、心理的なセラピーを望む人々、つまり内的な洞察や自己概念を探りたい人々には向かない。言い換えると、問題を解決できるかもしれないが、相手の望みを満足させることができない。

　行動アプローチに、認知理論の要素を取り入れることには、様々な議論がある。しかし現実には、あらゆる行動の場面で、人は考え、感じ、解釈し、意味づけ、選択し、行動する。そのことを考えるとき、純粋な行動アプローチより、認知行動アプローチのほうが、より適用できる範囲が広い。

第4章 認知理論・アプローチ

情緒的な問題を抱えた人々の認知のパターン（歪み）を改善していくことで、感情や行動を変化させ、問題解決を図ろうとする手法。エリス、ベックなどが認知モデルを構築し、検証、体系づけてきた。

全体像を捉える

> 　田所さんは、弁護士を目指している。中学、高校は進学校で学び、一流と評される大学の法学部に合格した。期待を抱いて4月からの授業に参加したが、最初の試験で思うような成績を出せなかった。
> 　「一生懸命に努力したのに、できなかったのは能力がないからだ」
> 　「周りの学生たちが、みな自分より優秀に思えてならない」
> 　「担当教員や他の学生たちが、自分のことを見下しているようだ」
> 　田所さんは、様々な否定的な思いに悩み、ふさぎこんでしまった。そして中学の頃から夢見ていた弁護士の道は、もう叶わないという絶望感で一杯になった。彼は病院の相談室を訪れた。

　認知理論・アプローチは、「ある出来事に対する人々の認知（考え方、捉え方、解釈、イメージ）が、その人の感情や行動に強い影響を及ぼす」という考え方を土台としている。もし人々の認知が歪んでいて、物事を非現実的に解釈するならば、そこから否定的な感情や行動が生まれる。認知理論に基づくアプローチ（一般的には、認知療法、認知行動療法などを指す）は、これを改善するために、歪んだ認知に働きかけ、現実的に修正していくことで、感情や行動を変化させようとする。

白か黒という両極端の見方　　物事にはグレーゾーンがある

　田所さんは、大学に入学後、最初の試験において、期待したほどの成績を出せなかった。彼は、その出来事に対して、「自分には能力がない」「周りの学生は自分よりも優秀だ」と解釈し、結果として、落胆し、絶望的な気持ちになった。

　ソーシャルワーカーは、田所さんとの対話を通して、彼の認知に、非現実的な解釈がないかどうかを問いかけていく。「ただ一度の試験で結果を出せないのは、本当に能力がないからなのか？」「学生として、ただ一度の失敗も許されないのか？」「ただ一度の失敗で、すべてが決まるのか？」などの話し合いを通して、田所さんが自分の認知の歪みに気づき、また自分の考え方、解釈のクセを知るならば、彼は少しずつそれらを修正し、結果として、自分の感情や行動をコンロトールできるようになる。これが認知理論・アプローチである。

概念を深く学ぶ

認知と感情

出来事に対する認知が、感情に影響を及ぼす

　同じ出来事を経験しても、その捉え方は人によって差異があり、そのことが、私たちの感情に影響を及ぼす。よくある喩えだが、コップに水を半分入れて見せると、ある人は「水が半分しかない」と捉え、幾分、悲観的な気持ちになるが、別の人は「水が半分もある」と楽観的に考える。この場合、水が半分という事実は変わらないが、それに対する捉え方、つまり認知の違いが、私たちの感情に影響を及ぼしている。

第Ⅰ部　第4章　認知理論・アプローチ　77

もちろん私たちも、田所さんと同じように試験で失敗すれば、似たような感情を経験する。しかし大抵の場合、「本当にこれは失敗だろうか？」「私には、本当に能力がないのだろうか」と自分自身との対話が始まり、次第に多面的に考え始めることで、認知は自動修正されていく。さらに時間の経過とともに、「これは一つの失敗かもしれないが、そこから学べることがある」など、より現実的、常識的な認知に戻り、否定的な感情も和らいでいく。

認知の著しい歪みは、不適切な感情を抱くことにつながる

認知が著しく歪み、非現実、非合理的になれば、結果として、不適切な感情を抱く。また否定的な認知の歪みは、繰り返される思考の中で、徐々に習慣化し、いつしかその人の価値観、信念として固定してしまう。もし「自分はどうしようもない人間だ」という考えが固定化した場合、その後、どのような素晴らしい体験をしても、否定的な結果をイメージし、不安、落胆に陥りやすくなる。

認知の歪みには、例えば、以下のようなものがある。これらを田所さんにあてはめて考えてみよう。

- 物事を白か黒かで考える。
- ただ一度の失敗から、「私はいつも失敗する」と考える。
- 何かあると、すぐに最悪の事態を考える。
- 良いことは無視し、悪いことばかり考える。
- 「私はすべてにおいて成功しなくてはならない」と完璧主義に陥る。

もし田所さんが、物事を白か黒かで考えるなら、試験で満点以外は成功とは認めず、たとえ65点取ったとしても、失敗と考えるだろう。仮にそれが一つの失敗だとしても、「私はいつも失敗する」と考え、そこから最悪の事態、つまり「大学を続けられない」「弁護士にはなれない」とさえ結論づけるだろう。受け取った試験結果をよく見れば、そこには学んだ成果がきっとあるはずだが、おそらく、そのような良いことは無視し、悪かったところだけが目に映る。それは、「すべてにおいて成功しなくてはならない」という気持ちが強いからである。このような認知の歪みが、田所さんに落胆や絶望感をもたらしている。

認知アプローチは、「現実的、多面的な考え方」に気づくことを目指す

瞬間的に偏った捉え方をすることは、誰にでもある。また人によって、幾分、悲観的、楽観的な見方もある。認知アプローチでは、単純に、すべての人に楽観的になればいいと

いっているのではない。むしろ「自分の考えだけが正しい」という固定的な見方を改め、もう少し多面的な考え方に気づくよう促している。言い換えると、これまでの自分の認知を吟味し、可能であれば、もう少し現実的、常識的な見方、解釈を訓練し、不適切な認知とそこから起こる情緒の改善を目指している。

　もっとも、固定化し、習慣化した認知は、非常に強力なものであり、繰り返し訓練が必要になる。その意味では、行動アプローチ的な要素を加えた「認知行動アプローチ」を志向する場合が多い。

　認知理論・アプローチを用いて田所さんに働きかけるとしたら、支援者は「最初の試験がうまくいかなかったからといって、すべてが否定されるわけではない」「今回はうまくいかなかったけれど、まだ次がある」「まだ勉強は始まったばかりで、これからもっと良くなる可能性がある」等の現実的な解釈をもてるように助け、落胆や絶望感を軽減することを目指す。

エリスのABC理論（論理療法）

　エリスは、問題とされる不適切な感情（怒り、落胆など）は、不合理な信念、思考、自己対話の結果であると考えた。そこで彼は、歪んだ認知に気づかせ、それを改善する方法として、ABC理論（論理療法）を紹介した。

ABC理論

| A
Activating event
出来事 | → | B
Belief
信念・認知 | → | C
Consequence
結果（感情・行動） |

　私たちは、何らかの出来事（A）を経験した場合、それを自分の信念や固定観念、つまり認知のフィルター（B）を通して解釈し、そこから感情（C）に至る。出来事（A）の後、すぐに感情（C）につながっているように思えても、実は、その間に認知（B）がある。

　問題に悩む人々の場合、次頁のように、何かの出来事（A）に対して、不合理な認知のフィルター（B）で解釈するため、結果として、不適切な感情・行動（C）が起こる。

　そこで支援者は、不合理な認知フィルター（B）に対して、効果的に論駁（D）していくことで、それらを打ち砕き、より合理的な認知（B'）に改善するよう助けることができる。そこから新しい効果（E）が生じる。これがエリスの提唱したABC（ABCDEとも呼ぶ）理論である。

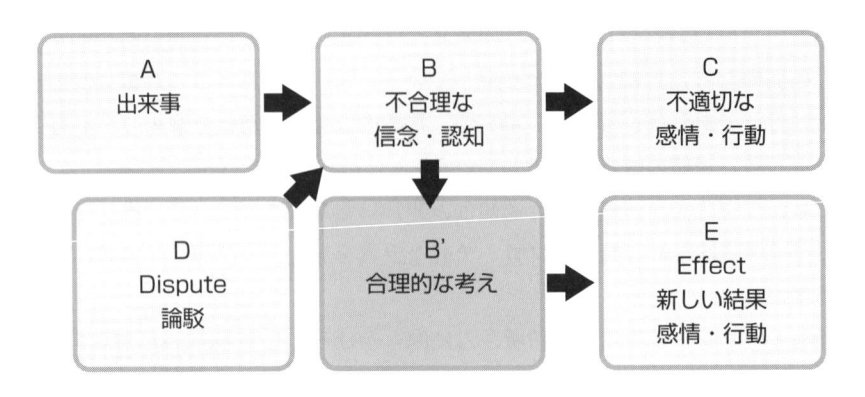

```
┌─────────┐    ┌─────────┐    ┌─────────┐
│ A       │ →  │ B       │ →  │ C       │
│ 出来事   │    │ 不合理な │    │ 不適切な │
│         │    │ 信念・認知│    │ 感情・行動│
└─────────┘    └─────────┘    └─────────┘
                    ↓
┌─────────┐    ┌─────────┐    ┌─────────┐
│ D       │ →  │ B'      │ →  │ E       │
│ Dispute │    │ 合理的な │    │ Effect  │
│ 論駁    │    │ 考え    │    │ 新しい結果│
│         │    │         │    │ 感情・行動│
└─────────┘    └─────────┘    └─────────┘
```

このABC理論を田所さんにあてはめると以下のようになる。

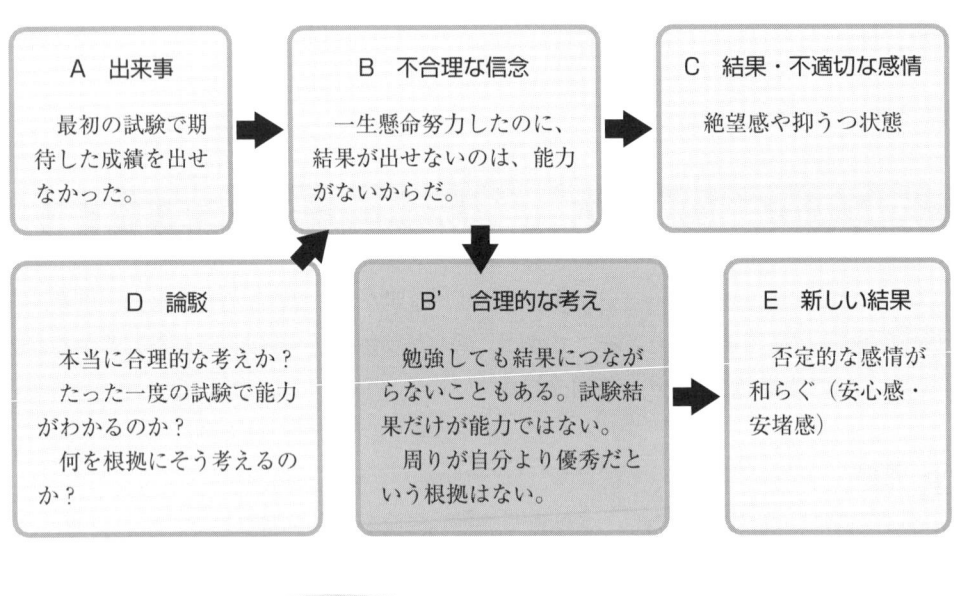

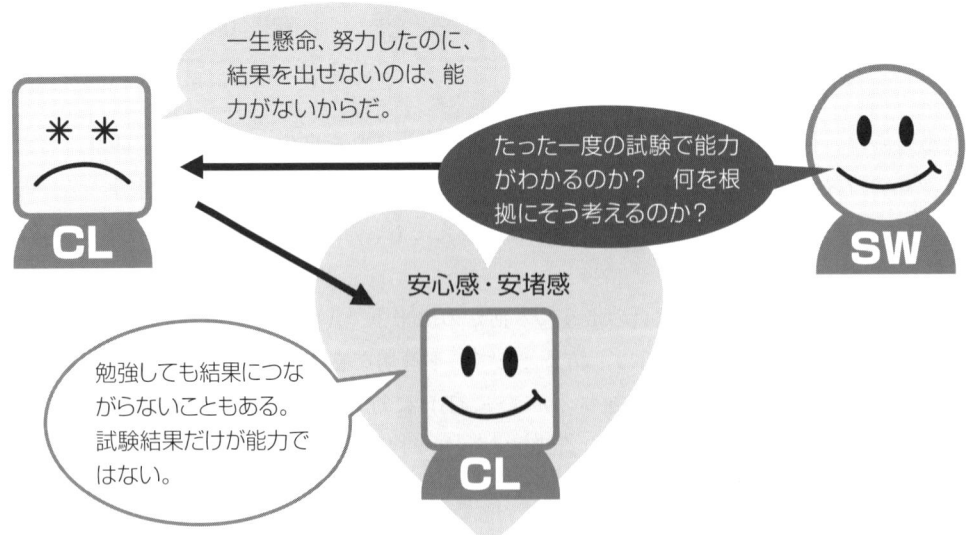

A 出来事
最初の試験で期待した成績を出せなかった。

B 不合理な信念
一生懸命努力したのに、結果が出せないのは、能力がないからだ。

C 結果・不適切な感情
絶望感や抑うつ状態

D 論駁
本当に合理的な考えか？
たった一度の試験で能力がわかるのか？
何を根拠にそう考えるのか？

B' 合理的な考え
勉強しても結果につながらないこともある。試験結果だけが能力ではない。
周りが自分より優秀だという根拠はない。

E 新しい結果
否定的な感情が和らぐ（安心感・安堵感）

CL:「一生懸命、努力したのに、結果を出せないのは、能力がないからだ。」

SW:「たった一度の試験で能力がわかるのか？ 何を根拠にそう考えるのか？」

CL（安心感・安堵感）:「勉強しても結果につながらないこともある。試験結果だけが能力ではない。」

非合理な信念　vs　合理的信念

エリスが述べた二つの信念を表で比較してみよう。支援者は、願望と事実の混同によって引き起こされる非合理な信念を否定し、より合理的な考えへと変えることを目指す。

非合理な信念	合理的信念
事実に基づかない願望 論理的必然性もなく気持ちを惨めにさせる	事実に基づいた論理性 人生を幸福にする
～ねばならない	～であるにこしたことはない
世の中は公平でなければならない	世の中、公平であるにこしたことはない。しかし実際は、公平であるとは限らない。
成功しなければならない（失敗してはならない）	成功するにこしたことはない。（失敗しないほうがいい）が、人間だから当然、失敗する。でも失敗から学ぶことができる。
すべての人に愛されなければならない（愛されたい）	全ての人に愛されるにこしたことはない。愛されるならありがたいが、実際は、愛されなくてもともと。愛される、愛されないにかかわらず何か行動を起こすほうがよい。

ベックの自動思考・スキーマ・認知行動療法

認知理論学者のベックは、自動思考、スキーマ、認知行動療法を紹介した。

自動思考は、瞬間的に頭の中に現れるネガティブな考えである

人は、何か出来事に遭遇した場合、瞬間的に、歪んだ考え方をして、その結果、否定的な感情に陥ることがある。以下は「陥りやすい認知の歪み」の例である。

全か無か	白か黒、100％か０％かという両極端の見方
結論の飛躍	少しの困難から不幸な結末を想像する
極端な一般化	たった一度の失敗から、「私はいつも失敗する」と考える
選択的な抽出	良い情報は無視し、悪い情報ばかり取り上げる
マイナス思考	物事のマイナスな面ばかりを取り上げ、プラスの面を否定する
根拠のない決めつけ	根拠なく、思いつきで、うまくいかないと決めつける
過大評価、過小評価	事実を実際よりも極端に高く、あるいは低く評価する
感情的理由づけ	自分の感情を根拠に、出来事を意味づける。「不安なのでできない」
すべき表現	「～すべきである」「しなければならない」と考える
レッテル貼り	自分に否定的なレッテルを貼る
自己関連づけ	何か悪いことが起こると、自分のせいだと責める
自己予言	否定的な思い込みによって、予測した結果に至る

田所さんは、物事を白か黒かで考える傾向があるし、ただ一度の失敗から「私はいつも失敗する」と極端に一般化する傾向もある。試験での失敗という少しの困難から、大学を続けられないという不幸な結末も想像していた。彼はこの先、「自分はもうだめだ」という否定的なレッテルを貼るだろうし、その思い込みによって、予測した最悪の結果に至る可能性もある。ベックの自動思考のパターンを見る限り、そのほとんどが田所さんの歪んだ認知と合致していることがわかる。

スキーマは、深層にある信念や態度である

　認知の歪み（自動思考）が生まれるのは、私たちの感情や記憶の深い部分に、スキーマというものが存在しているからだとベックは説明している。スキーマとは、私たちの深層にある信念や態度である。これは自動思考が習慣化し、固定したものであるため、修正が非常に困難である。

ベックは、抑うつ症状を改善するために、認知行動療法を提案した

　ベックは、抑うつの症状をもつ人々は、「自分」「世の中」「将来」に対する否定的な考え方があり、それらが否定的な感情を引き起こしていると説明した。そして改善するための方法として、行動理論の要素を加えた認知行動療法を提案した。例として自己モニタリングについて述べる。

自己モニタリングは、自分の行動と感情を細かく記録することである

① 　DRDT（Daily Record of Dysfunctional Thoughts）

　　自動思考の状況について、日々の記録を書くことで、振り返り、もっと合理的な考え方に近づき、適切な感情を得られるようにする目的がある。田所さんの例を当てはめると以下のようになる。

状況	感情	自動思考	認知の歪み	合理的な思考	結果
試験の成績が悪かった。	憂鬱 落胆 絶望	失敗した。もう大学についていけない。弁護士にはなれない。	白か黒か。極端な一般化など。	たった一度の失敗ですべてが否定されるわけではない。	落胆した気持ちが和らぐ。次の試験に対して積極的な態度になれる。

② トリプルコラム法

一日の行動を振り返り、その時に感じた気持ちに対して、3つの要素「自動思考」「認知の歪み」「合理的な思考」という面から振り返り、日記形式でノートに書きとめる手法。

経験する出来事に対して、不快な感情や否定的な思いをもったとき、一体、どのような自動思考があったのかを書きとめ、それがどのような認知の歪みに当てはまるのかを思い返し、その歪みに対して、自身で反駁し、修正することで、もっと肯定的、合理的な反応や思考を書き込む。それによって、改善していく結果を確かめることができる。

事例から実践を考える

　　精神科ソーシャルワーカーの柏崎さんは、患者の田嶋明子さんとの面接を、今後どのように進めようか考えていた。田嶋さんは、うつ状態に陥り入院していたが、現在、治療も落ち着き、改善に向かいつつある。これから退院し社会復帰するにあたり、柏崎さんは、もっと情緒を安定させるための訓練を行いたいと考えていた。

　　もともと田嶋さんの症状は重いわけではない。しかし、とても繊細な感情をもっているため、周囲のちょっとした言動に傷つき、深く悩み、苦しんでしまう。

　　田嶋さんは、これから社会で生きていくうえで、様々な摩擦を避けることができない。今後、起こるあらゆる状況に備える意味からも、柏崎さんは、薬物治療と並行して認知療法による訓練を提案した。

　　田嶋さんは、地方の高校を卒業後、親の反対を押し切って、都内の保育専門学校へ進学し、寮生活を始めた。最初は、何事もなく楽しい日々が続いた。しかし夏の始め、学校でのグループ発表の際、問題が起こった。

　　グループリーダーを任されていた田嶋さんは、教師やメンバーの期待に応えようと、張り切って責任を果たしたが、途中からうまく運ばなくなった。思うように友人たちが協力してくれず、結局、ほとんどの仕事を背負い込んでしまう結果となった。忙しく、苦しかったが、誰にも相談できなかった。そして、なんとか発表を済ませたものの、それは満足できるものではなかった。

　　田嶋さんはひどく落ち込み、「失敗だった！」「自分にはリーダーシップがない」「周囲は、私の能力のなさにあきれている」など、否定的な考えばかりに苛まれ

た。結局、田嶋さんは、実家に戻り、以前、お世話になった柏崎さんのいる病院に駆け込んだ。
　現在、退院を控えた田嶋さんの心は、不安で一杯だった。学校に戻り、周囲の人々と上手にやっていけるのか自信もなかった。

田嶋さんへの認知（行動）アプローチ

　田嶋さんが、様々な出来事に傷つき、落胆する理由の一つに、彼女の認知の歪みがある。専門学校でのグループ活動では、リーダーを任されたが、絶対に成功しなければならないという願望が強すぎて、すべての仕事を背負い込んだ。やっと迎えた発表も理想通りに運ばなかったため、失敗と決めつけ、その結果、自己嫌悪に陥り、自信を失った。

　田嶋さんの考え方には、「成功しなければならない」「理想通りでなければ失敗」という不合理な信念が見られる。また過度に自分の能力を過小評価する傾向もある。ひとたび歪んだ考えに陥ると、そこから抜け出せず、否定的な感情に埋もれてしまい、自身を正常に保てず、社会生活に支障が及んでしまう。

　もちろん急性のうつ症状の場合、適切な薬物治療が必要だが、田嶋さんのように軽い症状でかつ安定している場合、認知（行動）アプローチを併用した予防が大切である。

支援プロセス
1．考え方の傾向に気づかせる
2．考え方と感情の関係について教える（ABC理論の説明）
3．非合理な考え方を論駁する
4．合理的な考え方を学ぶ
5．合理的な考え方を訓練する

1．考え方の傾向に気づかせる

　柏崎さんは、面接の最初、田嶋さんにコップを差し出して言った。
「このコップを見てくれる？　水がちょうどコップの真ん中あたりまで入っているよね。これ見て、どう思う？」
　田嶋さんは少し顔を落としながら答えた。
「私は、水が半分しか入っていない…と考えます。いつもネガティブに考えるほうだから、でもきっと、半分も入ってるって考える人もいるでしょうね。正解

はどちらですか？」
　「正解はないの。だからあなたの考えも間違ってはいない。ただ物事には、様々な捉え方や解釈があるということを話し合いたかったの」と柏崎さんは答えた。
　「様々な捉え方？　解釈？　どういう意味ですか？」田嶋さんは尋ねた。
　柏崎さんは、コップを置いてから、間を置き、そして話し始めた。
　「半分しかないというのも事実だし、半分もあるというのも事実。同じものを見ても、考え方や捉え方は違う。それぞれに自分の考え方の傾向というのがある。そして、みんな自分の考え方に慣れていて、それが正しいと感じてる。でもね、ものの見方に対する解釈は、もっとたくさんあるのよ」

考えてみよう

1. 柏崎さんは「コップの話」から、何を伝えようとしていたのか？　また、あなたならどう答えるだろうか？
2. 田嶋さんは、どのような気持ちで、質問に答えていたのだろうか？
3. 田嶋さんには、どのような考え方の傾向があるか？　また、あなたには、どのような考え方の傾向があるだろうか？

解説

　柏崎さんは、田嶋さんに水が半分入っているコップを見せ、それをどのように解釈するのか質問した。もちろんそれは、彼女の解釈を責めたり、正したりするためではない。同じものを見ていても、違った解釈が可能であるということを共有したかったのである。

　認知アプローチの最初のステップは、私たちの考え方には傾向があること、また、ものの見方、解釈は多くあるという認識をもたせることである。私たちの考え方の傾向は、一種のクセのようなもので、自分一人ではわかりにくい。そのため、支援者が一緒に話し合い、また実際に異なる捉え方をする人々が、グループとして集まり、一つの出来事を体験し、話し合うときに実感できる。

　田嶋さんは、自分の考え方の傾向を探るとき、これまで体験を通して身についた思考法が、繰り返されるごとに強められ、価値観や信念として固定化してきたことを自覚する。これはベックの指摘する固定化した信念（スキーマ）であり、ここからほとんど無意識で、自動的な思考が浮かんでくる。

　自分とは異なる考えを知ることは、単なる「比較」や「優劣」ではない。それは「発見」であり「学習」である。そのことを田嶋さんによく伝えるならば、彼女が「自分の考えはだめだ」と悲観的になるのを防ぐことができる。異なることは悪いことではない。むしろそれを発見するのは楽しいことだと教えたい。

　半分の水が入ったコップを見ても、量ではなく、「きれいな水だ」とか「濁った水だ」と考える人たちもいる。また「氷が解けたら何になるか？」という質問に「春になる」と

答える人もいる。田嶋さんは、こうした多様な見方を知ることで、自分の考え方も間違いではないが、同時に、他の見方も間違いではないこと、そして、それぞれに捉え方の傾向があることを知るのである。

2. 考え方と感情の関係について教える（ABC理論の説明）

柏崎さんは続けて質問した。
「もし水が半分しかないと考えたら、どんな気持ちになる？」
すると田嶋さんは、少し考えてから小声で言った。
「悲しいかもしれません」
「それはどうして？」
「だって、もしこれが大切なもので…それが半分しかないって思ったら、誰だって悲しいじゃないですか？」
田嶋さんは、不安そうな表情になった。
「コップの水が半分しかないって考えたとき、気持ちが悲しくなったよね。では半分もあると考えた人は、どういう気持ちになると思う？」
「私は感じたことはありませんが、嬉しい気持ちなんでしょうか？」
「そうだと思う。実は今日、説明したかったのは、考え方と感情はつながっているってこと。つまりどう考えたか、どう捉えたかということが、私たちの気持ちに強い影響を与えてるのよ」
この後、柏崎さんは、エリスのABC理論を解説し、出来事への認知が、感情や態度に影響を及ぼしていることを教えた。またエリスの理論から、どのような認知が合理的であり、また非合理なのか、例を挙げながら説明した。またベックの指摘する「認知の歪み」の例も挙げ、これまでの考え方を振り返ってみるよう促した。
田嶋さんは、理論の説明を聞いた後、それを自分の体験に置き換えてみた。
「私が体験したつらい出来事は、学校のグループ活動で、上手にグループをまとめることができなかったということです」
「そうだったね。それがAだとすると、その結果、どういう感情になった？」
「ひどく落ち込みました。絶望感で一杯になりました」
「その感情に影響を与えた認知についてはどうかな？」
「私の捉え方は、きっと…自分はうまくリーダーとしての役目を果たせなかった。自分には力がなかった。みんな私のことを頼りない人だと考えているに違いない…そんなふうに捉えたと思います」
「そのような認知が感情に影響していると思う？」

考えてみよう

1. 半分しか水がないと、なぜ悲しいのか？ また半分も水があると、なぜ嬉しいのか？ それぞれ考える人々の認知を探り、図や文章で表してみよう。
2. 「物事をどう捉えたかが感情に影響する」ことを、これまでの経験から分かち合ってみよう。
3. エリスのABC理論を、他の人に簡単に説明してみよう。どうすればよりわかりやすく説明できるだろうか？

解説

　柏崎さんは、コップの水の例を使いながら、出来事に対する認知（捉え方、解釈）がその人の「感情」に影響を与えることに話を発展させている。またそれを入り口にして、認知理論について説明している。このような簡単な例から始めるとわかりやすい。

　エリスのABC理論は、難解なものではない。ごく簡単な図を用いながら教えることが可能である。多くの人々にとって、出来事（A）と感情（C）の間に、認知というフィルター（B）が隠されていること、またそのフィルターが感情に影響を与えているという概念は新しい発見となる。一旦、ABCの相互関係を理解したなら、その後は、この理論に自分自身を当てはめることで、さらに理解が深まる。

　柏崎さんは、田嶋さんが入院するきっかけとなった学校での出来事を取り上げ、どのような認知があったのか、それがどのような感情につながっていったのかを思い起こさせた。理論に自身の例を当てはめていく場合、相手の考えが「正しい」「悪い」という区別ではなく、あくまで自分の認知と、その結果、抱いた感情とのつながりを発見させるようにする。こうした方法により、徐々に自分の認知の中に、エリスやベックの指摘する歪みや、非合理な思考を発見することができる。

　誰であっても、「考え方が歪んでいる」と評価されることは、嬉しいことではない。むしろ指摘されたことで、責められているという気持ちを抱く恐れもある。そのため、前もって両者の間に、十分な信頼関係を築いておく必要がある。

3. 非合理な考え方を論駁する

　「田嶋さんは、学校でとてもつらい思いをしたよね。その気持ちを幾分かでも和らげてあげたいと思っているの」
　柏崎さんは、田嶋さんと向き合い、気持ちに寄り添うように話した。田嶋さんは、少しだけ目を伏せ「起こってしまったことは変えられないと思う」とつぶやいた。柏崎さんはゆっくりと話を続けた。

「あなたの考え方を変えることができるよ。一緒にそのときのことを、思い出してみよう。後で落ち着いて考えると、極端で、合理的には思えない捉え方はなかった？」

「今思えば、あったかもしれません。でもそれは自分のクセで、いつも悲観的な見方なんです。変えるのはとても難しいです！」

「もちろん簡単じゃないよね。でも極端な見方を少しだけ変えて、今よりもうちょっと現実的な考え方を学べば、感情も和らぐと思う。どう試してみない？」

田嶋さんは、しばらく考え込んでいたが、気持ちを決めたように口を開いた。

「どうしたら、自分の歪んだ見方を直せるんですか？」

「一瞬、悲観的に思うのはよくあること。でもその後、だいたいは頭の中で、自分との対話が始まり、少しずつ修正されて、やがて合理的な考えに落ち着くもの。田嶋さんにもそうなってほしいの。自分で考え方を修正できれば、気持ちも和らぐと思う。そしてそのために最初にすることは、自分の非合理な考えをみつけて、それに挑戦していくことなの」

「挑戦？　戦いなんですか？」

「そうよ、戦いよ。『その考え方はちょっと極端だよ！』って文句をつけ、戦いを挑むわけ。そして、後でもっと現実的な見方を教えてあげたらいいのよ。早速やってみよう。例えば、さっき『自分はうまくリーダーとしての役目を果たせなかった』『自分には力がなかった』『みんな自分のことを頼りない人だと考えている』そう言ってたけど、今でもそう思う？」柏崎さんは、真剣な表情で問いかけた。

「自分はいつもそうなんだと思います」

「じゃ、あなたの考えに戦いを挑むよ！　あなたは本当にリーダーの役目を果たせなかったのかな？　本当にあなたには力がないのかな？　みんながあなたのことを、頼りない人だと考えてるなんて、真実なのかな？　そうだという確実な根拠があるの？」

田嶋さんは、柏崎さんの迫力に一瞬、驚いたが、すぐに答えた。

「根拠と言われても…ただリーダーシップがもっとあれば、みんなにも、ちゃんと仕事を割り振ることができただろうし…自分一人で仕事を抱えることもなかったのかなって思います」

「それは全部、田嶋さんのせいなのかな？　他の見方はできない？　元々、誰がリーダーであっても、やる人はやるし、やらない人はやらないかもしれないよ。グループ発表のことを学校の先生から聞いたけど、立派な内容だって言ってたよ。それを、もしあなた一人でやったのなら、恐るべき力じゃないかしら」

「でもリーダーとしては、仕事を割り振ることができなかったし…」

「グループは、リーダーだけでできてるわけじゃない。仕事を割り振る責任は、他のメンバーにもあったはず。だからあなただけが、全責任を背負い込む必要は

ないよ」

「じゃ、私には力があるんですか？ リーダーシップがあるんですか？」

「仕事を完遂する力はすごいよ。きっと理想が高く、完璧な仕事を目指してるからだと思う。ただ失敗できないと考えてるから、人に任せるのが難しい。いいのよ。グループをもっと信頼して、たとえ失敗しても、理想から離れた結果になっても、それでもみんなでやり遂げる。それも成功なんだよ」

考えてみよう

1. 柏崎さんのいう「頭の中での自分との対話」とは、どのようなプロセスを指すのか？あなたは自分との対話から、認知を修正した経験があるか？
2. 柏崎さんは、田嶋さんの認知の歪みを、どのように論駁していただろうか？
3. これまでの物の見方が論駁されたことで、田嶋さんはどのような反応を示しているか？

解説

柏崎さんは、エリスのABC理論を説明した後、それを田嶋さんの経験に当てはめて考えるよう促した。特に、出来事に対する認知の部分（B）に焦点を当て、どんな非合理な考えがあったのかを、思い巡らすように勧めた。

一般に、他人の歪んだ認知は見えやすい。しかし自分の認知の歪みについては、否定的な感情が強すぎると、意識化できないことが多い。

認知（行動）アプローチでは、意識化の難しい認知に焦点を当て、具体的に、相手の発した非合理な考えを含む言葉を取り上げ、「それは本当に真実なのか？」「そう結果づける根拠は何なのか？」と合理的か非合理かを、明確に区別するように論駁する。また同時に、「何か他の考え方はないか？」とより合理的な考えに至るよう導いていく。

もちろん、非合理な認知に対する論駁は、真っ向から異論を唱えることではない。むしろ、理にかなった根拠のある事実や現実を引き出すための意図的なチャレンジである。人には、時間をかけてゆっくりと自分との対話を行い、歪んだ認知を修正していく力がある。しかし田嶋さんのように、その力が弱い場合、対話のプロセスを助ける必要がある。

具体的には、相手の言葉に着目し、質問していく。柏崎さんは、田嶋さんの訴えた『自分はうまくリーダーとしての役目を果たせなかった』『自分には力がなかった』『みんな自分のことを、頼りない人だと考えている』という言葉に焦点を当て、「本当にグループリーダーの役目を果たせなかったのか？ 本当にあなたには力がないのか？」と質問し、時には、「確実な根拠があるのか？」と合理的な事実を求めている。こうした論駁を繰り返し受けることがモデルとなり、いつしか自分と対話する力がついていく。

4. 合理的な考え方を学ぶ

「柏崎さんの考える合理的な考え方って、どんなものですか？」

田嶋さんは、新しい考え方に興味を示し始めた。それに対して柏崎さんは、わかりやすい例を挙げて説明を始めた。

「田嶋さんは、野球観戦が好きだったよね。じゃ打率3割の意味、知ってる？」

「はい。10回打席に入って、3回ヒットを打つと、打率は3割ですね」

「打率3割って、すごい成績だって知ってるよね。でもよく考えれば、7回は失敗してるのよ。内野ゴロ、外野フライ、見逃し三振もある。プロでさえ10回のうち3回成功したら賞賛されるの。田嶋さんだったらどうかしら」

「私なら？」

「10回のチャンスで、7回失敗したことを責める？ それとも3回成功したことを喜ぶ？」

「やっぱり、7回失敗したことを気にすると思います」

下を向いて答えた田嶋さんに、柏崎さんは、ゆっくりと話しかけた。

「現実的な考え方っていうのはね、人間だから、失敗も成功もあって当たり前、それが経験であって、そこから学べばいい、7回、いや8回失敗しても意味がある。そういう考え方よ」

「頭ではわかっています。でも私は、どうしても7回の失敗をくよくよ考えて、落ち込んでしまいます」

「田嶋さん、失敗って何だろう？ 田嶋さんがリーダーになることを買って出て、その難しさを経験したことは失敗なの？ 私には、貴重な成功体験に思える。本当の失敗っていうのは、何もチャレンジしないことじゃないかな。田嶋さんの言う失敗って何？」

短い沈黙があり、その後、田嶋さんが答えた。

「きっと、私の考える失敗は、自分の思い通りに行かないことだと思います。自分の理想に届かないものは、みな失敗だって思っています」

「10打席10安打だけが成功なの？ 3回ヒット打っても、それは失敗なの？」

「心配なんです。いつも周りの人から良く思われたくて、そのためには、10回ヒットを打つしかないって…そうすれば周りの人は認めてくれる。愛してくれる。だからそうできないと失敗で、周りの人は愛してくれない。そんなふうに、心のどこかで考えているんだと思います」

柏崎さんは、静かな声で諭すように言った。

「エリスは、人に愛される、愛されないとは関係なく、私たちは何か行動するべきだって言ってる。もちろん行動した結果、周りの人が愛してくれるにこした

ことはないけど、愛されなくて元々、それが現実的な考え方だって」
　「そんな考え方なら、本当に楽だと思います。でも今の私は、急に自分の考え方を変えることができません。ずっとずっと、そう考えてきたんです。それがどんなに良い考え方でも、私にできるのか、自信ありません」
　下を向いたままの田嶋さんを気遣うように、柏崎さんが言葉をかけた。
　「もちろんそうよ。急に考え方を変えなきゃって思うこと自体、極端な考え方で、現実的じゃない。だから訓練するの、体を鍛えるのと同じように、考え方を鍛えるの。腕立て伏せや腹筋と同じように、繰り返し行うと効果があるのよ」

考えてみよう

1. 柏崎さんは「現実的な考えとは何か」を、様々な例を用いて説明している。もしあなたが田嶋さんに説明するとしたら、どのような例を挙げるだろうか？
2. 田嶋さんは、失敗したくない理由に「周囲から愛されたい」という気持ちがあることを認めている。そのような気持ちになったことがあるだろうか？
3. どのように訓練すると、新しい考え方が習慣となるのだろうか？　経験を分かち合ってみよう。

解説

　歪んだ認知を論駁されたことで、田嶋さんは、これまでの考え方が極端であること、非合理であることを理解し始めた。それに伴い「では一体、合理的な考え方とは何か？」という疑問が心に浮かんできた。そうしたタイミングを見逃すことなく、柏崎さんは、合理的な考え方について、田嶋さんにわかりやすい野球の例を用いて説明した。そこから得られた考えは、「10回のチャンスのうち、3回ヒットを打てるなら、プロの世界では優れている」という教訓だった。それは野球好きの田嶋さんにとっては、明快な答えだった。このように、相手が理解しやすい例を用いて教えることができる。

　もちろん野球の例は導入にすぎず、柏崎さんが本当に伝えたかったことは、「失敗と思うことにも意味がある」「人間であるから失敗することもあるし、たとえ失敗しても、そこから学ぶことに価値がある」「失敗を責め、恐れて何もしないことこそ失敗だ」という教訓だった。このような考え方ができるなら、そこから得られる感情も肯定的なものになることを、今後、田嶋さんは少しずつ経験していくことになる。

　「何が合理的な考え方なのか？」という話し合いは、互いの経験や価値観に基づく議論になる。そこには理想、願望、事実が混じった感情が行き来する。大切なことは、エリスが指摘するように、理想ではなく、あくまで合理的な事実に焦点を当てて教えることである。「絶対に〜ねばならない」という願望的な考え方で生きてきた人々にとっては、「〜にこしたことはない」「〜であれば、なお嬉しい」などの考え方を受け入れることが難しい。

だからこそ、多くの例や経験を交えて、時間をかけて話し合う必要がある。

5. 合理的な考え方を訓練する

　「一人でもできるプログラムがあるからやってみる？　毎日の出来事を記録して、そこから自分の考え方のクセを修正していくのよ」
　柏崎さんは、本格的に田嶋さんの訓練を開始した。まず彼女に、ベックのDRDT（自動思考の記録）を参考につくったワークシートを渡して、項目ごとに説明した。
　「これは自動思考の日常の記録、一日に経験する様々な出来事、そのときの感情を記録してくれる？　そのとき自分と対話して、『どんな自動思考が頭に浮かんできたのか？』『それはどんな認知の歪みなのか？』を考えてほしいの。さらに自分でその歪みに挑戦してみて、どう考えたら合理的なのかを書き込んでほしい。最後に、その結果、あなたの感情がどう変化したのかも教えてほしい」
　「考えるだけじゃだめですね？　書き込むんですね？」
　「そう。実際に時間を取って、考えや気持ちを書き込む習慣をつけてほしい。それが一番、考え方の訓練になるから。特に、「自動思考」「認知の歪み」「合理的な思考」という３つは正確に書いてね。日記のように毎日、書くことが大切」
　「時間はたっぷりありますから、やってみます」
　その後１週間、田嶋さんは記録をつけ、自分の歪んだ認知に挑戦してみた。柏崎さんは、田嶋さんのもとをたびたび訪れ、ノートを読みながら一緒に話し合った。
　２週間後、田嶋さんは、「自分の認知の歪みとネガティブな感情のつながりが、よくわかってきました」と話した。それに対して柏崎さんは、「たとえ自分の考えとの対話ができるようになっても、書くことを続けてね。それが大切な訓練だから」と励ました。
　田嶋さんは、退院までの数週間、柏崎さんと一緒に、ワークシートを毎日やり続けた。彼女のノートには、自動思考、認知の歪み、感情、合理的な思考、自己対話（論駁）、新しい気持ちなどが、イラスト付きで描かれてあった。時々、サボってしまう自分を責める言葉もあったが、そこには、「人間なんだから、時々、できない日があって当たり前、10日に３日、記録できれば素晴らしい成績だ！」と書かれてあった。それを読んだ柏崎さんは、ピンクの蛍光ペンで大きな花まるをつけた。

考えてみよう

1. DRDTに基づくワークシートは、具体的に書き込む必要がある。なぜ考えるだけではだめなのか？
2. 柏崎さんは、何度も田嶋さんのもとを訪れ、励ましを与えている。それはなぜか？
3. DRDTを実行し、その経験を話し合ってみよう。あなたには、どのような認知の歪みがあり、それをどのように修正することができただろうか？

解説

　合理的な考え方の習得は、日々の訓練の積み重ねによって達成される。そのためワークシートへの書き込みは、日記のように、毎日続け、習慣化することで高い効果が得られる。ただ誰にとっても、書き込むという作業は面倒であり、継続することが難しい。柏崎さんは、そのことを理解していたので、常に田嶋さんを動機づけ、継続するよう励ましを与えた。

　記録は、まずは簡単なものからスタートし、慣れてきたら、徐々に詳しくしていく方法が効果的である。また定期的に、書き込みをした記録を一緒に読み、適切な助言を行うならば、よりスムースに合理的な思考の習慣を形づくることができ、やがては記録をしなくても自分自身との対話ができるようになる。

　書き込むことの難しさ、またその効果については、前もって自分で体験しておくことを勧めたい。何事も自分が体験してみて、はじめて理解できることも多い。記録をすることがどんなに大変なことか、それがわかるだけでも、相手に心からの労いと励ましの言葉を伝えることができる。何より体験した者の言葉こそ、説得力ある助言である。

実践へのアドバイス

　認知理論やアプローチに興味をもつ方は、その成り立ちに大きな影響をもたらしたアドラーに学ぶことを勧めたい。彼は「人間は、変えることのできない運命や遺伝、環境に支配される弱い存在ではない」「人間は、あらゆることを自分で決定し、自分の性格も行動も、周囲の環境も、また人生の流れも変えることのできる運命の創造者、主人公である」、そして「自己決定の結果、起こるすべての責任を自分で取ることが大切であり、そのような人が精神的に健康である」と主張した。アドラー心理学は、後に多くの研究者に影響を与えることになったが、その中には、マズローや先に紹介したエリスがいる。

　さて認知理論・アプローチの中心的な概念である「考え方が感情に影響を及ぼす」とい

う公式は、書店で見かける様々なトレーニング教材にも反映されている。それはこの理論が、難解なものではなく、シンプルでわかりやすいからだと思う。しかし理論を単純化しすぎて、単に「ポジティヴに考えればいいんだ！」とか「前向きになればすべて解決する」と捉えることには慎重さが必要である。

　まず、ものの考え方は、「一人ひとりが自分の経験からつくり上げてきた、大切なものである」という認識をもってほしい。たとえその考え方がどんなにネガティブでも、そこには、その人だけが経験した、いくつもの出来事が潜んでいる。だからその考え方を否定された場合、その人は、自分自身を否定されたように感じるものである。またどんなに歪んでいても、それを手放そうとしない人もいる。人の心は複雑であり、ABCのような簡単な図式だけでは説明できない。それだけにソーシャルワーカーは、まず強い信頼関係を築くことに時間を費やし、その関係を軸に、共同作業を行うべきである。

　次に、このアプローチの適用が難しい人々がいることを知っておきたい。例えば、器質的、生理学的、神経学的な原因による感情障害（脳機能障害、麻薬などの有害物質による障害を含む）、統合失調のある人々、喪失体験をした人々には適応できない。特に、喪失体験をした人にとって、落胆や絶望などの否定的な感情は正常であり、むしろ、その体験を乗り越えるために必要なものである。正常な悲嘆反応に基づく感情は、認め、オープンにしていくことが大切である（危機介入理論・アプローチを参照）。

　認知アプローチは、多くの事例に基づく統計学的調査により、うつ症状、パニック障害、強迫性障害、対人恐怖、PTSD、摂食障害などに効果があるとされる。またこのアプローチは、他の理論やアプローチとも結びつき、多様な実践に生かすことができる手法でもある。

第5章 危機介入 理論・アプローチ

人々の危機的状況に素早く介入し、崩れた情緒的なバランスを回復させ、以前の状態にまで近づけるように問題解決を手助けする短期的な支援。リンデマンの急性悲嘆反応やキャプランの情緒的均衡などの研究が根底にある。

全体像を捉える

> 長年、中小企業電機メーカーに在籍し、技術部門の課長として勤務していた坂本さんは、ある朝、人事課に呼ばれ、人員整理の対象であることを告げられた。
> 「不況で会社の業績があまり良くないことは知っていたが、まさか自分が辞めることになるとは思ってもみなかった」「長い間、会社に貢献してきたのに、会社は私を捨てようとしている」「自分と同じ年齢の技術者で、会社に残れた者もいるのに、なぜ私は辞めさせられるのか」坂本さんは激しい怒りを抑えることができなかった。
> しかし会社の決定は覆らず、坂本さんは退職した。すぐ次の仕事を探したが、何度、面接しても、仕事を得ることができなかった。ついに坂本さんは心が折れ、激しい落ち込みのため夜も眠れず、食事も喉を通らず、しだいに憔悴していった。訪れた心療内科のソーシャルワーカーに対して、坂本さんは、「どうしていいかわからない」とつぶやいた。

危機に効果的に介入するには、迅速さと積極性が求められる。アウトリーチ等も用い、すぐに人々のもとへ駆けつけ、その傍で彼らが目の前で起きている現実を認識できるように助ける。そして彼らから表出される様々な否定的感情を受け止めながら悲嘆作業を行い、苦痛を乗り越えた先に何があるのか「見通し」をもたらす。そして可能な限り具体

な人的、物的な資源、情報を与え、家族も含めた社会的なサポート体制を提供する。

坂本さんは、長年働いた会社から退職を強いられ、ショック、怒り、落胆、絶望感に打ちのめされてしまった。彼の情緒のバランスは崩れ、極度の不安、緊張、無力感のため、自分の力だけでは、この危機を乗り越えることができないでいた。

ソーシャルワーカーは、こうした坂本さんの危機に迅速に対応していく。できるだけ素早く坂本さんの感情をオープンにして、悲嘆作業を開始する。まず何より坂本さんが、自分の否定的感情を認め、それを吐露するのを助ける。同時に、「坂本さん自身」と「彼の問題」を正確にアセスメントしていく。特に、「危機を促進している出来事」や「危機の影響度」を探る。そして、均衡を保持できる要因である「知覚」「対処能力」「社会的サポート」を深く探り、それぞれを強めることで、再び以前の均衡状態にまで戻そうとする。

このような危機への介入は、最初の6週間程度の集中的な関わりであり、危機を脱した後は、長期的な支援へと切り替えられる。しかし、悲嘆作業を含めた最初の数週間の介入が、その後の人々の行く先を決めるといわれる。これが危機介入理論・アプローチである。

概念を深く学ぶ

危機理論は、主に、①どのような出来事が危機となるのか、②危機は私たちにどのような影響を及ぼすのか、③危機を軽減するためのアプローチ（危機介入）に関する研究成果をまとめたものである。危機理論は、他の理論に比べて、体系的に実証されておらず、確立途上の理論ともみなされている。

どのような出来事が危機となるのか

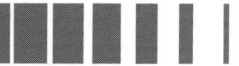

人々を危機に陥れる可能性のある出来事には、逆境的経験と人生の発達過程がある

　私たちは時に、自然災害、戦争、犯罪、事故、暴力、虐待の被害者になることがある。また身体的、精神的な病気を経験し、愛する親や子ども、友人を失うことさえある。こうした悲劇や逆境的な経験が、人々を危機的状況に陥れる。

　もう一つの危機は、誰もが通り抜ける人生の発達過程に潜んでいる。人が誕生を経て、幼年期、思春期、青年期、壮年期、老年期を経験するとき、受験、就職、結婚、出産、子育て、仕事、更年期、退職などはストレスの伴う出来事となり、十分に備えていない場合、適応できないことから危機が促進される。

　坂本さんは、長年働いた会社で、このまま定年を迎えることを想定していたに違いない。それだけに、坂本さんにとって今回の出来事は、災害に等しいほどの危機となった。

危機は私たちにどのような影響を及ぼすのか

回避できないストレスを感じた場合、危機を経験する

　私たちは、日々、情緒のバランスを保ちながら生活している。そのためストレスを感じても、自身の努力や家族、友人の支えにより、可能な限り危機を回避しようとする。そして、一時的に情緒のバランスが崩れたとしても、少しずつ回復へと向かう。しかし回避できないほどのストレスを感じる出来事を経験した場合、人は危機を経験する。

人は危機を経験すると、心身共に深いダメージを被る

　危機に直面すると、ショック、混乱、不安、抑うつ、虚脱感、怒りを伴う悲嘆の感情を経験し、激しい精神的な苦痛や身体的な機能障害に陥る。彼らの社会生活は混乱し、問題解決能力が著しく低下する。それが突然の出来事であれば、なおさら衝撃も大きく、時折、悪夢、フラッシュバックを経験し、失ったものを思い起こす状況を避ける症状が現れる。

こうした危機的状態は、少なくとも6〜8週間続くとされているが、場合によっては長期に及ぶこともある。

苦痛の重さや頻度は、危機をもたらす出来事の性質、その人にとっての意味、さらにその人を取り巻く社会的サポート、資源の有無によっても違ってくる。ただ危機に伴う様々な症状は、異常ではなく、危機に直面するほとんどの人が経験するものである。

もちろん、すべての危機が否定的な結果に至るわけではない。危機は私たちに、他の方法では得られない、成長と発達の機会を提供することもある。いずれにしても、危機に対してどう対処するかが、その後の人々の状態を決める大きな分かれ道となる。

坂本さんを危機に陥れたのは、突然の解雇だった。こうした出来事を、彼は、ほとんど予測しておらず、準備もできていなかった。長年、会社に貢献してきたと自負していた坂本さんにとって、この出来事は、信頼を裏切る行為であると同時に、自分の役割を喪失する脅威でもあった。そのため彼はショックを受け、精神的な苦痛も激しく、自分の努力だけでは、立ち直ることが困難になったのである。

危機の研究は、リンデマンの急性悲嘆反応・悲嘆作業にさかのぼる

危機がもたらす影響についての研究は、リンデマンの急性悲嘆反応にさかのぼる。1942年、ボストンのナイトクラブで悲惨な火災が発生し、493人が死亡した。そのときリンデマンと仲間たちは、愛する人々を失った遺族のもとにかけつけ、心理的な援助を行った。後にリンデマンは、このときの臨床報告を急性悲嘆反応としてまとめた。

リンデマンは、「愛する者を失った人々は、特有な5つの悲嘆の段階を通る」と述べた。

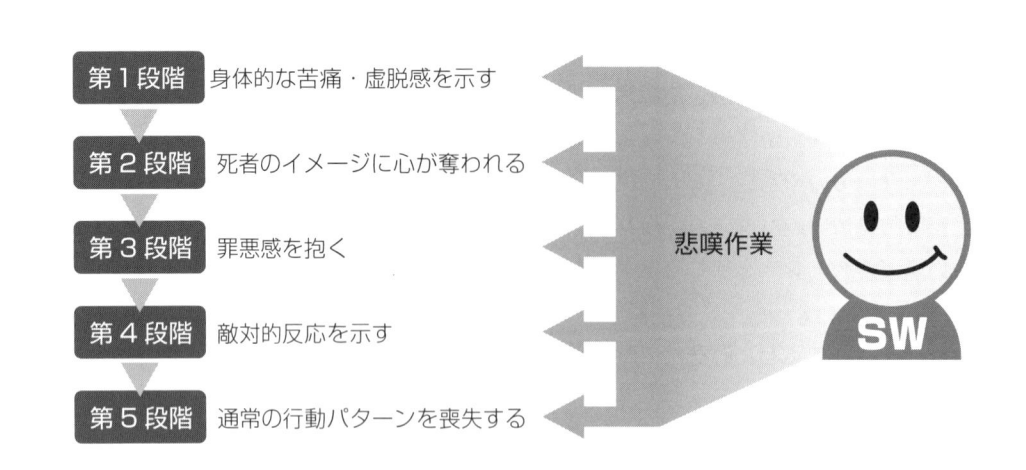

第1段階　身体的な苦痛・虚脱感を示す
第2段階　死者のイメージに心が奪われる
第3段階　罪悪感を抱く
第4段階　敵対的反応を示す
第5段階　通常の行動パターンを喪失する

リンデマンは、喪失を経験した人々が、現実に適応し、立ち直っていくためには、取り組まなければならない共通の悲嘆作業があることを見出した。また支援者が積極的に人々と関わり、一つひとつの段階において十分に悲嘆作業を行うならば、彼らが悲しみの過程を無事に通り抜けることができること、そして喪失感を克服し、後に起こる可能性のある情緒的な障害から、自身を守ることができると考えた。このような急性悲嘆反応や悲嘆作業の研究が危機理論の根底に存在する。

坂本さんは、愛する人を亡くしたわけではない。しかし彼は、大切な仕事を喪失した。そこに彼の悲嘆反応の始まりを見出すことができる。そのため、リンデマンがかけつけたように、迅速に悲嘆作業を始める必要がある。

キャプランは、情緒的バランス（均衡）について指摘した

危機の影響については、キャプランの研究が深い示唆を与えてくれる。キャプランによれば、人は常に自我を働かせ、情緒面でのバランスを保つよう努めながら生活し、かつその力によって様々な問題解決を行っている。

何らかの問題に直面した場合、私たちの情緒のバランスは一時的に乱れる。しかし自我が働き、すぐに元の状態に戻そうとするため、やがてそのバランスは回復する。しかし、これまでに経験したこともないほどの重大な問題に直面すると、情緒のバランスは大きく乱れる。このとき、バランスを保つために習慣的に行ってきた問題解決のレパートリーだけでは解決不可能となり、ついにバランスは崩壊する。

キャプランは、こうした状態が危機であり、結果として、緊張、混乱、不安、恐怖、絶望などの感情が生まれると考えた。キャプランは、危機の考え方を以下の4つの発達段階としてまとめた。

【危機の4つの発達段階】

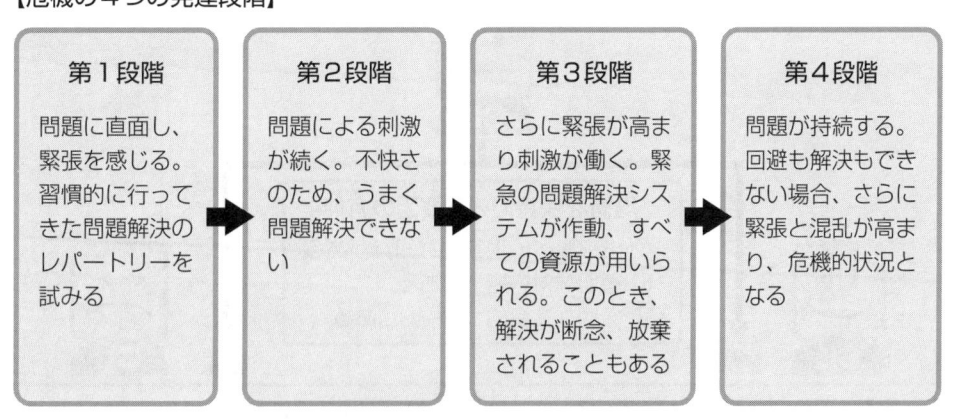

第1段階	第2段階	第3段階	第4段階
問題に直面し、緊張を感じる。習慣的に行ってきた問題解決のレパートリーを試みる	問題による刺激が続く。不快さのため、うまく問題解決できない	さらに緊張が高まり刺激が働く。緊急の問題解決システムが作動、すべての資源が用いられる。このとき、解決が断念、放棄されることもある	問題が持続する。回避も解決もできない場合、さらに緊張と混乱が高まり、危機的状況となる

アギュララは、均衡を保持するための決定要因について述べた

アギュララは、キャプランの危機の発達段階を、さらに細かいプロセスに分けて、人の均衡に影響を及ぼし、保持するための3つの要因について述べた。

① 出来事への現実的な知覚がある
② 適切な対処能力がある
③ 適切な社会的サポートがある

つまり、これら3つの要因をもっているかどうかが、危機への分かれ道となる。以下の図はそれを表したものである。

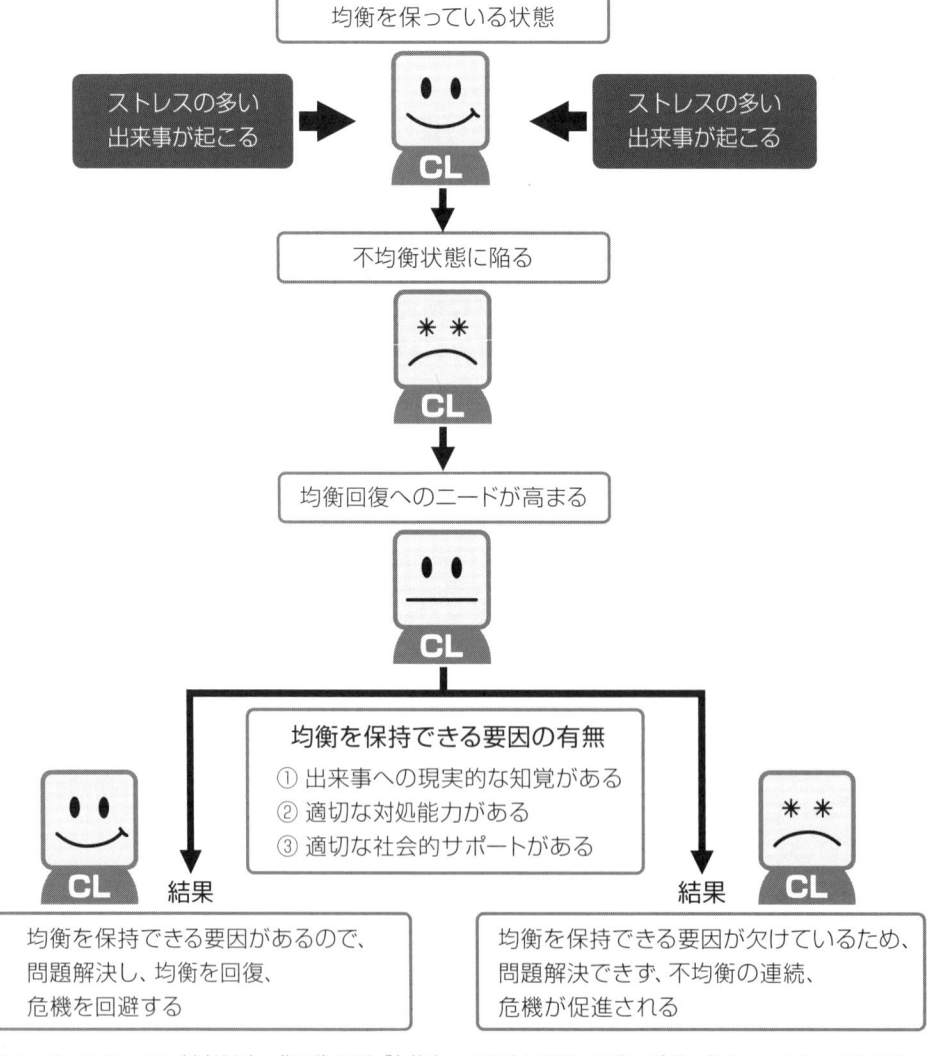

均衡を保っている状態

ストレスの多い出来事が起こる　←→　ストレスの多い出来事が起こる

不均衡状態に陥る

均衡回復へのニードが高まる

均衡を保持できる要因の有無
① 出来事への現実的な知覚がある
② 適切な対処能力がある
③ 適切な社会的サポートがある

結果：均衡を保持できる要因があるので、問題解決し、均衡を回復、危機を回避する

結果：均衡を保持できる要因が欠けているため、問題解決できず、不均衡の連続、危機が促進される

（ドナ・C. アギュララ（小松源助・荒川義子訳）『危機介入の理論と実際　医療・看護・福祉のために』川島書店、1997年、p.25の図「ストレスの多い出来事における問題解決決定要因の影響」を参考に川村が作成）

キャプラン、アギュララの理論から、坂本さんの状態を捉えると、彼は仕事の解雇を告げられた後、急激に押し寄せるストレスの波に対して、緊張しつつも、まずは習慣的に行ってきた問題解決法を試してみた。しかしそれでは解決できず、ますます緊張と不安が高まり危機に至った。つまり先の3つの要因が欠けていたのである。もし彼に出来事への現実的な知覚があれば、もし適切な対処能力があれば、もし適切な社会的サポートがあれば、危機を回避できたのかもしれない。

危機モデルには、共通する段階がある
　危機に遭遇した人々が、衝撃から適応に至るまでに辿る段階は、危機モデルとして表されている。こうしたモデルに共通する段階をまとめると概ね以下のようになる。

第1段階	第2段階	第3段階	第4段階	第5段階	第6段階	第7段階
衝撃	現実認知	防衛的退行不均衡状態	回復への期待取引	悲嘆抑うつ	受容承認	適応

　このような段階を踏まえた支援では、初期段階で主に、情緒的な対応を行い、回復するにつれて、問題解決に向けた対応を優先することになる。
　坂本さんは、現在、第1、第2段階を経て、第3段階におり、情緒のバランスの崩れを経験している。今後、彼は「この解雇は、現実ではない」「私はまた元の職場で働ける」など、回復への期待をもつかもしれない。しかしそれが不可能であると知り、抑うつ状態に陥る。その後、時間をかけて悲嘆作業を進めることで、やがては現実を受容し、最後には、危機に陥る前の状態に戻っていく。危機モデルは、こうした見通しを支援者に与えてくれる。

危機を軽減するためのアプローチ

　アギュララは、リンデマンの悲嘆作業やキャプランの危機の発達段階を基にしながら、さらに均衡を保持できる要因に焦点を当てたアプローチを紹介した。

見極め
　自殺や他殺の可能性があるか、ストレスが今後大きくなるかならないか、どのくらい回復する力があるかなど、専門的な介入の必要度をできるだけ早く見極める。

介入の目標

直面している危機の解決を目標とする。人々を危機以前の心理的、社会的な状態に戻す。

感情のオープン （悲嘆作業）	問題・個人の 正確なアセスメント	危機の影響度 危機と生活上の出来事の関係
感情をオープンにし、抑えている怒りなどの感情を認め、吐露する助け	危機を促進している出来事は何か？　なぜ助けを求めたのか？　どのような助けが必要か？　どのような原因が、その人の問題解決能力に影響を与えているか？	危機はどのくらい生活に影響を及ぼしているか？ （働けるか、学校に行けるか） 一緒に生活している人にどのような影響を与えているか？

3つのバランス保持要因を探り、強める

知覚…出来事の意味を探る。現実的か？　歪んでいるか？　直面している危機を現実的に理解するのを助ける

対処能力…過去と現在の対処方法の検討と探索。個人の強さ、試してきた対処、代わりとなる対処。新しい対処法を探す手助け

社会的サポート…どのようなサポート体制を考えることができるか？　新しい関係の再開、代替、慰める何かをもたらす。周りの人々は何ができるかを模索する

予後計画

将来に対する現実的な目標を立てる。当初の目的は達成されたか？　元の均衡状態に近づいたかのアセスメントや将来への目標とフォローアップを行う。

事例から実践を考える

　洋子さんは、28歳で川上徹さんと出会い、結婚。その後、なかなか子どもに恵まれなかったが、36歳で妊娠した。夫妻は感激し、毎日、生まれてくる子どもを夢見ていた。また家族や友人たちからも祝福され、幸せな日々を過ごした。

　胎児の発育は順調だった。しだいに大きくなっていくお腹のように、夫妻の夢は膨らみ、「どんな子どもだろう？」と日々語り合った。二人の部屋には、やがて生まれてくる赤ちゃんのために、真新しいベッド、着替え、おもちゃが並べられた。

　出産の日を迎えた。分娩室で洋子さんは、陣痛の苦しさに耐え、徹さんは、待

合室で祈るように時を過ごした。数時間後、自然分娩は難しいと判断した医師は、帝王切開に踏み切った。お腹をあけた医師は、子どもが正常な状況にないことに気づき、すぐに応急処置がとられた。しかし医師の懸命な努力にもかかわらず、やがて子どもは息を引き取った。

　子どもの死は、まず徹さんに告げられた。彼は混乱し、何が起こっているのかわからないほどのショックを受けた。安らかな子どもの顔を見つめていると、深い悲しみが襲ってきた。

　翌日、徹さんは、洋子さんに子どもの死を告げた。彼女はショックのあまり、精神的に危険な状態となった。徹さんは、自分もつらく胸が張り裂ける思いだったが、それでも洋子さんを慰めようと必死だった。やがて夫妻の両親、友人らが次々にかけつけ、慰めの言葉をかけた。洋子さんは母親の腕の中で激しく泣いた。

　数日後、夫妻は、医療ソーシャルワーカーの村井さんに助けを求めた。

川上夫妻への危機介入アプローチ

　やっと授かった子を失うという悲劇は、川上夫妻にとって、危機的な状況を促進する大きな出来事であった。夫妻の自我は崩壊し、それまでの問題解決能力のすべてを動員しても、均衡状態を保てないほどの危機を経験していた。

　川上夫妻の情緒的な均衡を保つうえで、重要な3つの要因を探るなら、まず彼らは危機を現実として受け止めることができずにいた。子どもが彼らの希望であるなら、その死は絶望であり、受け止めることは困難である。またこれまでに経験したこともない問題に対して、すでに対処能力を使い果たしていた。社会的なサポートに関しては、今後、詳しく探っていくことになる。

　状況から判断して、迅速に介入しなくては、夫妻にとっての危機的な状況は、さらに悪化することが予測される。またすでに死別に対する悲嘆反応も現れており、適切な悲嘆作業を始める必要がある。

支援プロセス
1. 感情をオープンにする（悲嘆作業）
2. 危機を現実的に知覚できるように助ける
3. 対処能力を探る
4. 社会的サポートを強化し、予後計画を立てる

1. 感情をオープンにする（悲嘆作業）

村井さんに対して、洋子さんは次のように語った。
「今、怒りの気持ちで一杯です。どうしてこんなことが起こるのか、理解できません。世の中には、いい加減な人たちが大勢いて、子どもを堕胎したり、虐待したり、殺したり…そんな人たちに子どもが与えられるのに…私たちは、真面目に生きてきました。子どもを待ち望んでいました。それなのに、どうしてですか？私たちが何をしたというのでしょう？そのようなやり場のない怒りや悲しみが、心に渦巻いています」
話し終えた洋子さんの肩を徹さんが抱きかかえた。二人とも、ひどく疲れ、憔悴しきっているように見えた。
「今、話された怒りの気持ちを、もう少し聞かせてください。その怒りは、誰に向けられているんですか？」
村井さんは、寄り添うような眼差しを二人に向けた。まず徹さんが口を開いた。
「子どもが死んだのは、医師が未熟だったからでしょうか？それなら、子どもが死んだのは、医師のせいということになります。でも医師は最善を尽くしたし、医療的なミスもなかったと言います。では誰のせいですか？」
「誰のせいだと考えていますか？」
「誰のせいでもないと思います。でも…」徹さんが口ごもった。すると洋子さんが話し出した。
「誰のせいでもないというのは、だめなんです。そうなると私のせいなんです。私の体が、子どもをこの世に出すには、未熟だったんですか？」涙まじりの声で洋子さんが叫んだ。村井さんは、心を込めて言葉をかけた。
「子どもが亡くなったのは、自分のせいだと感じているんですか？」
「もし誰も責められないとしたら、私は自分を責めるしかありません」
洋子さんは、声を押し殺すようにして泣いた。部屋中に声が響いていた。長い沈黙の後、村井さんが話をした。
「出産のとき、子どもを失ったほとんどの母親が、原因は自分にあると感じています。皆自分を責めるんです。でもそれは、とてもつらいことだと思います」

考えてみよう

1. 村井さんは、悲嘆作業において、どのような感情に焦点を当てているだろうか？それはなぜか？
2. 感情をオープンにして、外へ押し出すことで、川上夫妻は、どのような気持ちになった

だろうか？
3. あなたなら、夫妻の怒りや悲しみを、どのようにオープンにするだろうか？　洋子さんの感じている罪悪感についてはどうだろうか？

解説

　喪失を体験した川上夫妻の心痛は、様々な感情を伴い、心の奥底に押し込められている。その感情に焦点を当て、オープンにしていくことから悲嘆作業が始まる。ここでは川上夫妻が「怒り」「悲しみ」という言葉を口にしているため、そこが入り口となる。

　村井さんが、怒りや悲しみに焦点を当て、「どのような気持ちですか？」「何に怒っているのですか？」などの質問をすると、相手は、自分の気持ちを言葉にして表してくる。その言葉をしっかりと受け止め、返していく。こうした「言葉のキャッチボール」をしながら、様々な感情を掘り下げ、押し込められた感情を外へ解放していく。

　感情がオープンになるにつれて、夫妻は泣くかもしれない。取り乱すかもしれない。それでも彼らの感情や痛みを、一緒に分かち合い、内から外へと押し出すならば、気持ちは和らげられる。それに伴い彼らは、少しずつ物事を「現実」として捉えることができるようになる。

　夫妻の感情を掘り下げる過程で、「罪悪感」「自分には価値がないという劣等感」「自信のなさ」等、さらに複雑な感情に出会うことがある。しかしここで村井さんは、彼らのパーソナリティを変容させることに深く立ち入るのではなく、あくまで危機介入として、その気持ちを共有することに時間をかけるべきである。

　感情に焦点を当て、痛みをオープンにしていく悲嘆作業は、相手の気持ちをうまく言い当てることではない。これは心対心の真剣な対峙であり、真の受容や共感の精神をもって、相手の痛みをしっかり受け止めることが重要である。特に、危機介入においては、十分な時間をかけて関係をつくることができないため、瞬時に相手の気持ちに共感し、信頼を深めていくスキルが求められる。

2. 危機を現実的に知覚できるように助ける

　「子どものいる家族をもつのが夢だったんです。働いて戻ってくると、家の中が騒がしく、子どもたちが、走り回るような家に帰ってくるのが楽しみでした。娘と一緒にデートしたり、息子とサッカーをしたりするような父親になりたいと思っていました」
　「そうした夢を失ったと感じていますか？」
　村井さんは、徹さんの目をまっすぐに見つめた。
　「確かに、夢が奪われたような気持ちです。でもまだあきらめてはいません」

「洋子さん、あなたも同じ気持ちですか？　あなたにとっても夢でしたか？」

「私は将来、結婚したら、必ず自分の子どもを産んで育てるのが夢でした。女の子だったら、かわいい洋服を着せて一緒に散歩して、男の子だったらキャッチボールして遊んだり…それもすべて消えたような気持ちです」

「誰であっても夢を失うのはつらいことです。その悲しみとつらさが心にあふれてきます。もっと他に失ったと感じるものがありますか？」

「私たちの両親は、子どもが生まれてくるのを、どんなに楽しみにしていたでしょう。私は彼らの期待をも裏切ったような気持ちです」

「両親を喜ばせてあげたいと考えていたんですね。徹さん、あなたも同じ気持ちですか？」

「親の期待が、妻を責めることになってほしくありません。親は私たちと一緒に悲しみ、痛みを分かち合いたいと望んでいます」

夫妻は互いに顔を見てうなずいた。

「お二人の率直な気持ちに感謝します。ところで…少し不思議な質問ですが、お二人は、今回の出来事を現実として捉えていますか？」

洋子さんは、一瞬、唇を噛み、つらそうな表情を見せたが、やがて口を開いた。

「現実だと知っています。でも家で準備していたベビーベッドやおもちゃを目にするとき、これは夢なんじゃないかと思ったりします。それはおかしなことでしょうか？」

すぐに徹さんが話を続けた。

「私は現実として受け入れていますが、本当にそうなのか自信はありません。私たちのような経験をした人々は、どんなふうに感じるんでしょう？」

「誰であっても、つらいことを、現実として受け入れるには時間がかかります。だから少しずつ時間をかけて、痛みに耐えながら受け入れていきます」

「現実として受け入れると、苦しくて泣きたくなります。その感情が止まらなくなってしまいそうで」

洋子さんの肩が小刻みに震えていた。

「それは自然なことです。それほど現実を受け入れるということは、痛みのあることなんです」

そう話すと、村井さんは徹さんのほうに向き直り、再び話し出した。

「時々、私は男性の方を心配します。自分の役目は、伴侶を支えることだと考え、自分のつらさを心に押し込み、サポート役に徹しようとします。しかし悲しいのは女性も男性も同じです。ですから男性であっても、感情を表に出さなくてはなりません」

それが自分に向けられた言葉だと徹さんは気づいた。そしてゆっくりと答えた。

「あなたの言葉で、気持ちが少し楽になりました。私は自分が悲しんではいけ

ないと考えていたかもしれません。私が悲しむことが妻を傷つけると思ったんです。でも私も妻と同じくらい悲しみがあります。それは妻のせいではないんです。どこにぶつけていいのかわからない悲しみです。きっと夫婦として同じ痛みを分かち合いながら、一緒に、乗り越えていくしかないんだと思っています」

村井さんは、改めて夫妻の目を見つめ、静かに言葉を伝えた。

「大切なことがあります。お二人は、すべてを失ったように感じているかもしれません。でも正確には、すべてを失ってはいないんです。子どもの死は、誰かの責任だと感じているかもしれません。でも誰のせいでもありません。このような経験は、自分たちだけに起こっていると考えるかもしれません。でも実に多くの人々が、このような試練と闘っています。そして彼らの多くが立ち直っているんです」

考えてみよう

1. 村井さんは、どのような方法で、失ったものの価値や意味を探ろうとしていたのだろう？またその作業は、どうして大切なのだろう？
2. 川上夫妻にとって、危機を現実に知覚することは苦しいことである。それはなぜだろうか？
3. 川上夫妻は、現実にはすべてを失ったわけではない。そのことを村井さんはなぜ強調したのだろうか？

解説

川上夫妻が、どのぐらい精神的ダメージを受けたのか、その真意は、彼らがこの試練をどう知覚しているかにかかっている。愛する人を失った場合、私たちは、リンデマンの悲嘆のプロセスと同じような反応を示すとされる。しかし、危機が与える衝撃度は、認知の違いにより差が出てくる。そのため村井さんは、まず川上夫妻が、「経験した出来事をどのように捉えているのか？」特に、「失ったものの価値や意味」について理解しようとした。なぜなら、夫妻にとってこの出来事が「全く受け入れることのできない悲劇」なのか、それとも「乗り越えることのできる試練」なのか、つまり知覚や認知の差によって、彼らが情緒的なバランスを回復する道程が変わってくるからである。

村井さんは、まず子どもと一緒に葬られてしまった自分たちの夢、つまり、子どもが無事に生まれていたら叶ったであろう夫婦の夢に耳を傾け、その悲嘆を受け止めようとした。これは悲嘆作業であると同時に、アギュララの示した「出来事を現実的に知覚するのを助ける」ことでもある。村井さんは感情に焦点を当てながら、徐々に、失ったものの意味や価値について掘り下げていった。

夫妻にとって、失ったものの意味を話すことは、自分たちが、今、経験している出来事

を現実として見ているのか、それとも現実を歪めて見ているのかを、自己評価することになる。現実を歪めると、もつべきでない罪悪感を抱く。例えば、洋子さんは「この子が死んだのは、私が高齢で出産したからだ」と考えるかもしれない。それは多くの原因の一つかもしれないが、原因のすべてではない。もし夫妻が、逆境の原因のすべてを理解できないにもかかわらず、自分たちに責任があると歪んで知覚するなら、極端な感情に苛まれ、危機を促進していく可能性がある。

時々、男性は、「感情を表に出してはならない」「夫の役目は、悲しむことではなく、妻をサポートすることだ」と考える。その弊害について、村井さんは率直に警告し、「男性であっても女性であっても、同じ喪失感がある」というメッセージを伝え、徹さんが現実的な知覚をもてるよう支えている。

ショックが大きすぎる場合、起こった出来事をまるで夢のように捉え、いつかはこの夢から覚めると考える人々もいる。これは現実否認の段階における、一種のファンタジーであり、悲しみに直面したときに用いる防衛機制である。こうした状況に対して、思い切って現実を宣言することに、ためらいを感じるかもしれない。しかし遅かれ早かれ、危機が進行すると、人々はそれが現実であることに気づき、強烈な痛みと向き合うことになる。村井さんは、そうした苦痛が起こるのを待っているのではなく、否認している夫妻と素早く向き合い、現実と向き合えるようサポートしたのである。

3. 対処能力を探る

「今回の出来事が起こる前のことを、少し聞かせてください。例えば、これまでで最もつらかった経験は何でしたか？」

洋子さんは、少し考えながら話し始めた。

「高校のとき、大切な友だちが、病気で亡くなったことがあります。そのときは本当につらかったです」

「その経験に対して、どんなふうに向き合ったのですか？」

「どうしていいのかわからず、ただひたすら泣きました。何もできなかった自分を責め、自分が代わりに死ねばいいとさえ思いました。でも担任の先生が助けてくれたんです」

「どのような助けでしたか？」

「手紙を書くように言われたんです。友だちに伝えたかったことを、全部手紙に書きました。来る日も来る日も、気持ちを書いて、それを友だちのご両親に渡しました」

「大切な友だちに、自分の気持ちを伝えたかったんですね。同じように、自分の気持ちを、子どもに向けて書くことができますか？」

洋子さんは一瞬、驚いたが、しかし向き直って答えた。
「今はまだ整理がついていませんが、書いてみたいと思います。書いてみることで気持ちが楽になるし、本当の自分を見つめることができるかもしれません」
　徹さんが話し始めた。
「私は祖母をなくしたときが、一番つらかったです。おばあちゃん子だったので。でも誰にも話すことができませんでした。もしかしたら、今もその気持ちが、胸の奥にあるかもしれません」
「周りの人々を、気遣っていたのかもしれないですね。では今回のようなつらい出来事には、どう対処しますか？　誰にも話さずにいますか？」
「自分の気持ちを、誰かに伝えるのが苦手です。でも私は楽器が好きで、以前はギターを弾いていました。それは心を癒す時間でした」
「子どもを失った悲しみを込めて、ギターを弾くことはできますか？」
「話すよりは楽なことです。でも本当に楽になるかはわかりません」
「誰でもつらさを乗り越えるために、何かを試みます。過去、自分は試練にどう対処してきたのか？　それを振り返ってください。今それができるなら、やってみるようお勧めします。もちろん全く新しい方法でも構いません。」

考えてみよう

1. 村井さんは、なぜ夫妻に過去の経験を問いかけ、対処能力のレパートリーを探ったのか？
2. 対処能力を探ることと、その人のもっている強さを探ることには、どのような関係があるか？
3. あなたは、過去に経験した試練や逆境にどのように対処してきただろうか？

解説

　通常、人々は緊張や不安を和らげるために、対処機制（コーピングメカニズム）を用いる。その場合、人は過去に試して成功した対処を、似たような状況においても試みようとする。友人の一人は、若い頃、つらいことがあると海に行き、波の音を聴いて心を静めた。そのせいか、今でも彼は問題を抱えると、海へ行き波の音を聴くという。つまり、現在の問題への対処を探るには、その人が、過去、問題解決において、どのような対処を試みたのかを知る必要がある。

　村井さんは、川上夫妻に、過去のつらかった出来事について尋ね、そのとき、どのように対処し、乗り越えてきたかを探った。そして手紙や楽器演奏という方法が、過去に試され、効果があったことを知った。これは現在の対処方法への気づきをもたらしただけでなく、夫妻のもつ強さを発見する機会ともなった。もちろん事例には書かれていないが、いまだ経験したことのない「新しい出来事」に対しても、どのように対処してきたのかを探っ

たに違いない。

　もちろん過去の対処レパートリーを探っても、効果のある方法を発見できない場合もある。そのときは、全く新しい対処を考え出すことになる。そのためにも、様々な研究成果に精通しておく必要がある。ある研究には、一緒に陶芸をすることで効果をあげた例がある。また失った子どものために、何らかの儀式を行うことが、気持ちを整理することにつながるという研究もある。そうした研究成果からも、新しい対処を探ることができる。

4. 社会的サポートを強化し、予後計画を立てる

　「お二人は、ご自分の周りに、信頼できる友人や知人がいますか？　つまり今度のようなつらい経験の場合、その気持ちを受け止め、理解してくれる人が必要です。お二人の家族も入ります」
　村井さんが質問すると、まず徹さんが口を開いた。
　「親たちは、私たちをいつも助けてくれます。そのことにとても感謝しています。特に、妻の母は、流産を多く経験した人なので、娘の経験を、人一倍気遣っています。また妻には、親友と呼べる人が多くいます」
　「それは素晴らしいことです。お二人には、つらさを理解してくれる人が必要です。そして助けを受けることは、とても大切なことなんです」
　「私の友人たちは結婚していて、みんな子どもがいます。そのことで、私も気を遣っているし、彼らも同じかもしれません」と洋子さんが小声で答えた。
　「気持ちがわかるだけに、どう励ましていいのかわからないのでしょう。ご両親はどうですか？」
　「母になら何でも話せます。それに夫の母も助けてくれます。とても大変な経験を乗り越えてきた方なので、そばにいるだけで安心します。もちろん夫も信頼できる友人です」
　洋子さんは、徹さんを見つめた。
　「友人たちは、励まそうという気持ちが強いので、明るい話題だけを話そうとするかもしれません。また、いつまでも悲しんでいないで、前に進むように期待するかもしれません。そのようなことがありましたか？」
　「その気持ちはわかります。私だって同じようにするかもしれません。でも私はまだ前に進むことはできません。ずっと同じところで泣いていたいんです」
　「そのような正直な気持ちを、上手に伝えたらいいと思います。またこの地域には、同じような経験をされた人々が集まるサポートグループもあります」
　そう言って村井さんは、パンフレットを一部手渡した。

【予後計画】
　川上夫妻は、最後の話し合いで、これまでのことを振り返った。最初、行き場のない怒りと悲しみが胸に渦巻いていたこと。その気持ちをオープンにすることで、慰めを受け、少しずつ村井さんに対して心が開いたこと。その後、失ったものの意味を一緒に探り、つらい出来事を、現実として受け止めようとしたこと、その過程で何度も励ましを受けたことを思い出した。
　今後、川上夫妻は、サポートグループに参加し、同じ経験に苦しみ、闘ってきた人々と出会い、彼らからもサポートを受けることを決めた。1か月後、夫妻はやってきて、「今もサポートグループに通っているが、将来はサポートする側になりたい」と話してくれた。

考えてみよう

1. 危機にある人々が、信頼できる友人や知人など、周りから支えを得ることが大切なのはなぜか？
2. 村井さんは、周囲の人々の励まそうという気持ちと、それをまだ受け入れられない葛藤にも焦点を当てた。それはなぜか？
3. 地域には同じ問題を経験した人々でつくるサポートグループがある。ここから川上夫妻はどのような助けを受けられるだろうか？

解説

　私たちは、社会の中で孤立して生きているわけではない。周りの人々と共存し、また社会とのつながりをもちながら生きている。社会の中で、信頼できる人々から理解され、評価され、そしてサポートを受けながら過ごすなら、人々は、危機に立ち向かうための強さと自尊心が得られる。そして今、傷つきやすい状況にある川上夫妻には、これまで以上に、温かな支えが必要である。

　村井さんは、川上夫妻に対して、周囲に目を向け、すぐに手を貸してくれる信頼できる人々がいるかどうか尋ねた。それに対して夫妻は、互いの両親と友人たちを挙げた。こうした人々との温かな交わりを再認識することは、立ち直っていくための糧となる。

　また村井さんは、サポートグループについても紹介した。サポートグループとは、同じ問題を抱えた当事者の集まりである。もし川上夫妻が参加できれば、そこで彼らと同じように、大切な子どもを失った多くの人々との出会いがあるだろう。そこから得られる新しい人間関係は、彼らの社会的なつながりを強めてくれるに違いない。

　サポートグループには、同じ苦しみを潜り抜けようとする人々がいて、互いの気持ちを分かち合うことができる。またすでに苦しみを終えて、新しい生活を手に入れた人々がいて、希望と助けの手をもたらしてくれる。こうしたつながりが夫婦に与える力は特別なも

のとなる。

　もしこの夫妻の周りに、信頼できる家族や友人、サポートグループがない場合、村井さんは、自らを社会的サポートの一人としながらも、新しい人間関係を開拓する手助けをすることになる。

実践へのアドバイス

　危機介入は、災害や死別などの緊急事態にだけ行うものではない。人々が人生を過ごすうえで、直面する生活問題の中には、危機をもたらす状況が多々あり、それぞれの場面でこの介入方法を取り入れることができる。

　現代はストレス社会であるが、必要な社会的サポートが失われている。つまりストレスを防ぐための、基本的な役割を担っている家族機能が低下し、地域での人々の信頼関係が薄れている。そのため、本来なら友人や家族の助けによって、情緒的な均衡が元に戻るはずが、そうならず、かえって危機に陥ってしまうことを理解してほしい。

　人々が経験する多くの出来事に、喪失と悲嘆の問題が見られる。それが健康であれ、大切な人間関係であれ、何かを失ったならば、その後にやってくる悲嘆に目を向けてほしい。抱えている問題がどんなに容易に見えても、その衝撃度には個人差があり、軽いとは判断できない。少しでも悲嘆を見出したなら、それを軽減するための作業として、感情に焦点を当て、それをオープンにしていくという介入方法を実践してほしい。ただし危機介入は、パーソナリティの問題に踏み込むのではなく、危機以前の状態まで回復することが目的であることを忘れてはならない。

　キャプランあるいはアギュララの述べた危機介入において、情緒の均衡を安定させる3つの要因は、通常の支援でも理解しておくべき重要な項目である。抱えている問題をどう知覚しているのか、その認知が感情に及ぼす影響については、本書では認知理論で取り上げているので、併せて理解してほしい。また対処機制や社会的サポートという観点も重要なアセスメント項目であると同時に、効果的な介入方法を考えるための情報となる。

　最後に、危機においては、明らかな自殺や他殺、誰かを傷つける可能性が見られる場合、介入よりは医療的な措置が優先すること、また危機に陥ってから介入するよりは、危機に陥らないように、あらゆる面で人々を備えさせることも重要な支援であることを付記したい。

第6章 問題解決理論・アプローチ

1950年代、パールマンという一人の人物によって生み出された手法。主に診断派と機能派の理論が折衷され、自我心理学、社会学の役割理論などの概念も含まれている。ケースワークの理論としてつくられたが、その後、多くの実践者、研究者がこれを発展させ、現在、ソーシャルワークの主要な理論・アプローチの一つとして定着している。

全体像を捉える

> ゴトウマサオ・マリア夫妻は、日系ブラジル人3世、いわゆるニューカマーとして日本にやってきた。夫妻はこの数年間、ブラジル料理店を経営している。長女は19歳、短大で会計学を学んでいる。長男は14歳だが、中学には行っていない。
> 昨年、不況のため、多くの日系ブラジル人が仕事を失った。その影響は、店の客足にも深刻なダメージを与えた。売り上げが急激に落ち、生活が苦しくなり、店舗の家賃を支払うことや学費を工面することも難しくなってきた。そのためマリアは、クリーニング店で働き、娘もアルバイトをしたが、それでも家計の状況は改善しなかった。
> こうした中、不運にもマサオが、バイクでの配達中事故に遭い、腰と肩を痛め、入院した。そのため、すべての重荷がマリアの肩に置かれた。一時はブラジルに帰国することも考えたが、長女は、「あと1年で卒業だから、なんとか学び続けたい」と訴えた。マリアはどう対処してよいかわからなくなってしまい、日系ブラジル人をサポートするNPOのソーシャルワーカーに相談した。

問題解決理論・アプローチは、ソーシャルワークにおける個別支援(ケースワーク)を、ソーシャルワーカーと利用者の関わりの中で行われる「問題解決過程」と捉え、利用者の自我機能を安定させ、問題を小さく切り分け、対処可能なものにしていく。また利用者を

動機づけ、能力の向上を助け、様々な機会を活用することで、ワーカビリティを高め、彼らが主体的に問題を解決できるよう支援する。

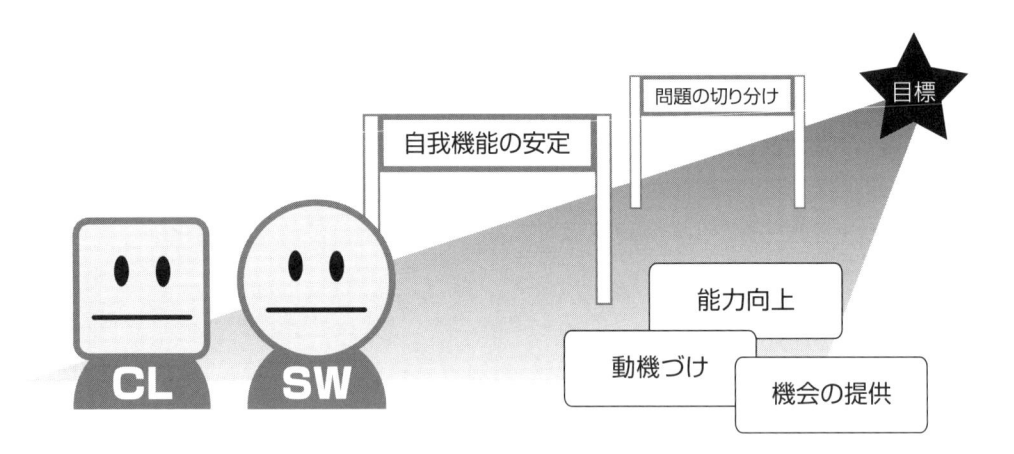

　ソーシャルワーカーは、まずマリアと良いパートナーシップを築くことで、自我の緊張を解き、その機能を回復しようとする。同時に、大きな問題の塊を小さく分割し、対応可能な問題に変えていく。その結果、マリアは目の前の問題に集中し、それを解決できるようになる。そして実際に解決することで、小さな成功体験を積み重ね、さらに彼女の自我機能、つまり問題解決能力が高められていく。ソーシャルワーカーは、上記2つのことを着実に行うために、マリアの話によく耳を傾け、現在の彼女のワーカービリティ（動機づけ、能力、機会）を、繰り返しアセスメントしながら、それらを強めていく。これが問題解決理論・アプローチである。

概念を深く学ぶ

問題・問題解決とは

人生は問題解決の過程である

　私たちは、日々、目の前の問題と向き合い、解決しながら生活している。つまり、この人生を生きること自体、「問題解決の過程」である。皆さんは、これまでの人生において、何らかの問題を抱えてきたことだろう。そして問題と向き合い、もがき苦しみ、解決のために力を注ぎ、そこから学習してきたに違いない。

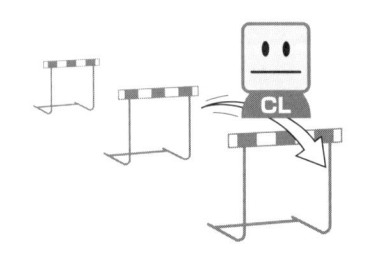

マリアも同じである。彼女はこれまで人生において、様々な問題を抱え、悩み、格闘し、そして解決してきた。そのことを思い出すとき、生きていること、それ自体が問題を解決することの繰り返しであり、過程であることに気づく。

ソーシャルワークもまた問題解決の過程である

人生における問題解決の経験は、人々が今、直面している問題解決過程、つまりソーシャルワークそのものに役立てることが可能である。パールマンは、個別支援（ケースワーク）を、問題（problem）をもつ人（person）とその機能を担う専門職（professional）が、福祉の施設や機関という場所（place）で、関わりをもちながら、一定のプロセス（process）を通して問題を解決する過程であると捉えた。

問題を抱えるマリアのことを考えてみよう。ソーシャルワーカーは、これからNPOという場所において、マリアと関わりをもちながら、問題を解決しようとする。この過程において、ソーシャルワーカーは、マリアがこれまでの人生で経験し、学習してきた問題解決能力を引き出そうとする。

今、利用者が「問題である」と感じているものを問題として扱う

生きている限り、誰もが問題を抱える。問題を抱えることは普通のことであり、何ら異常なことではない。そのことを前提に、問題とは何かを考えてみよう。

問題解決理論・アプローチでは、今、利用者自身が「問題である」と感じているものを扱う。それはおそらく、日々の生活で、絶えず頭から離れず、また重荷に感じていることであろう。

マリアにとっての問題は、レストランの経営難であり、そこから派生した家賃、授業料を支払えないことである。また夫のケガ、学校に行かない息子のことも問題である。こうした、今、現実に支障をきたしているものを問題として扱う。

人は社会で様々な役割を担っている。そこでは、地位に絡んだ人間模様が生まれ、パーソナリティのぶつかり合いが起こるため、問題に発展しやすい。パールマンは、問題の大半が、人々の社会における役割遂行に関連していると考えた。

問題解決の主体は、利用者自身にある

人には生まれつき、問題を解決しようとする力がある。問題に対して、悩みながらも立ち向かう力、工夫しながら、乗り越えようとする動機づけと能力がある。しかしながら、問題を抱えるとき、この力は弱められてしまう。このようなとき、ソーシャルワーカーは利用者を力づけ、問題を解決する主体を、彼ら自身の手に取り戻さなくてはならない。そして、本来、彼らのもっている力を引き出していく必要がある。こうした考え方はエンパワメントに通じるものである。

マリアの抱える問題を解決する主体は、マリア自身にある。このことを十分に意識したうえで、彼女の問題解決能力を引き出していくことになる。

アプローチの焦点・目標・手法

現在のニーズに焦点を当てる

　問題解決理論・アプローチが焦点にしているのは、過去ではなく、現在である。利用者に今、どんな不安や葛藤があり、何が満たされていないのか、つまり今、最も不足していること（ニーズ）に着目する。こうした不安や葛藤、満たされない事柄は、自我機能（内的な力）が弱くなることで、問題に発展していく可能性が極めて高い。

　マリアの内面にも、生まれたときから自我が備わっていて、外的、内的な葛藤に対処している。しかし現在、抱えている問題があまりに深刻であるため、彼女の自我は弱められた状態に陥っている。

目標は現実的な生活が送れるようにサポートすること

　この理論・アプローチにおける目標は、あくまで問題を抱えた人々が、現実的、実際的な生活が送れるようにサポートすることである。そのためには、達成できない理想ではなく、手の届く、現実的な目標を設定する必要がある。そもそも問題解決は、現実との戦いであり、成功することもあれば、失敗することもある。そうした認識に立ったうえで、ソーシャルワーカーは、理想を押しつけず、あくまで現実的な目標達成に向けて、利用者を動機づけながら、ともに近づこうとする。

　また、目標に向かう途中、小目標や中目標を設定することで、利用者は目標を身近に感じ、そこにエネルギーを注ぎやすくなる。身近な目標を一つずつ達成するよう導くことで、ソーシャルワーカーは、利用者のストレスを減らし、代わりに自信と達成感、動機づけを与え、自我機能を強化することができる。

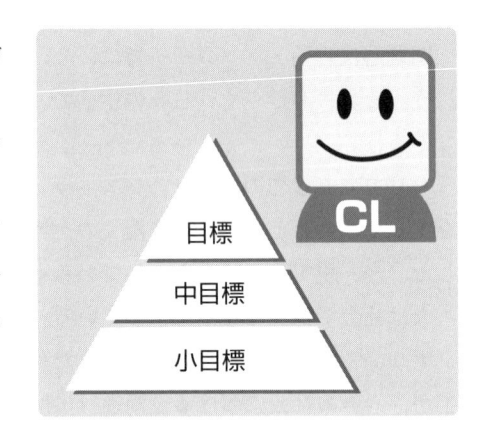

自我機能を安定させ、問題を小さく切り分ける

　問題解決理論・アプローチでは、具体的な手法として、「自我機能の安定」と「問題を小さく切り分ける」という2つのことを行う。これはマリアの弱められた自我機能を回復し、再び、十分に機能するようにサポートすること、そのためにも、大きな問題の塊を、小さく切り分けて対処していくことを意味する。

　自我機能と問題の大きさには関連性がある。問題が対処できないほど大きくなれば、当然、自我機能は弱められる。自我機能が弱まれば、さらに問題が大きく感じられる。逆に、問題を小さく分割すれば、一つひとつが対処可能なものに変化するので、弱められた自我機能でも対処できるようになる。

自我機能の安定

利用者の自我機能が安定し、十分に機能するようサポートする

　ソーシャルワーカーは、自我機能が安定するようサポートする。自我が安定し、十分に機能しているとき、人は問題を解決する能力（問題に対して感じ、考え、実行する力）を拡大していくことができる。

　パールマンは、「自我心理学」における自我の概念を、問題解決理論・アプローチに用いた。私たちの自我は、生まれたときから私たちの内面に備わっており、内的、外的環境によって生じる葛藤に対処し、衝動を安定させ、適応状態を保っている。そして何か問題に直面すると、意識的に、あるいは無意識に、失った精神的安定を得ようとし、問題を解決しようと機能する。自我機能は、利用者の問題解決能力に多大な影響を与えるものであり、問題解決能力そのものと捉えてもよい。

パートナーシップを強めることで、自我の緊張を解く

　ストレスにさらされると、自我はうまく機能しなくなる。これを安定させるには、自我の緊張を解くことが必要になる。ソーシャルワーカーは、主に利用者との関係性を強めることで、自我を安定させようとする。

　ソーシャルワーカーが利用者を受け入れ、その話に耳を傾け、受容と支持的な態度で関係を築こうとするとき、情緒的な満足感を与えることができる。それによって、彼らの自我の緊張が解かれ、機能が強められる。

　特に、関係を築く初期において、自我は傷つき、弱められているので、励まし、受容などが必要となる。この時期は、利用者がソーシャルワーカーの温かな力を借りて、傷ついた自我を癒す時期である。

自我機能に刺激を与える

　自我機能の回復に応じて、徐々に刺激を与えることができる。例えばソーシャルワーカー

は、マリアに全く新しい仕事にチャレンジするよう勧めるかもしれない。そこから得られる自我への刺激は、今後、起こりうる問題への対処法を学習する機会をもたらす。

問題の切り分け

利用者の問題を小さく切り分け、集中して対処する

　利用者の自我機能は、問題を抱えた当初、ひどく萎縮している。この自我を守るために、大きな問題を細かく分け、自我への負担を最小限に抑える。また、切り分けた小さな問題に集中することで、より解決が容易になる。これを部分化・焦点化の原則という。

　たとえ大きなストレスの固まりであっても、小さなものに切り分けるなら、弱くなった自我機能でも、継続した対応が可能となる。まずは小さな成功体験を積み重ねることで、自我機能は少しずつ回復していく。

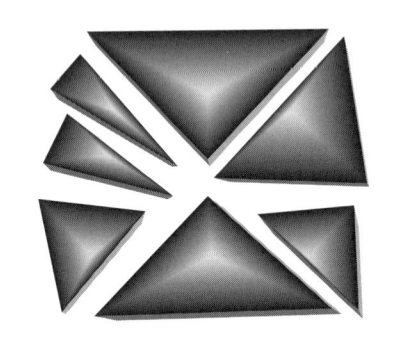

問題や利用者を詳しくアセスメントする

　問題を効果的に切り分けるためには、まず問題に対して、利用者がどのように見て、感じ、解釈し、望み、反応しているかを知る必要がある。また問題に立ち向かう利用者の思い、動機づけ、強さ、自我機能、能力評価、能力の発揮を妨げる要因、活用できる機会（サービス、環境）なども調べていく。

切り分けた問題に対して、達成可能な目標と課題を設定する

　切り分けた問題に対して、取り組むべき事柄を決め、計画する。その際、どのような資源やサービスを、誰が、いつ利用するのかを明確にするなど、ソーシャルワーカーと利用者の役割を決め、実際に課題を割り当てる。

リハーサル体験を繰り返す

　切り分けた小さな問題に対して、あるいは、今後、予測される問題に対して、リハーサルという形での体験を提供できれば、利用者は、問題により順応し対処する力が得られる。またリハーサルを繰り返すことで、問題解決に向けての自信を積み上げることもできる。さらに、将来のニーズとニーズを満たす社会資源についても予測できる。

課題や目標が達成できたかを評価する

　切り分けた問題に対して、取り組んでみた課題の達成状況を評価する。また、達成したことで得られた力を、今後、どのように維持できるかについて話し合う。このような評価を繰り返すことで終結に至る。

動機づけ・能力向上・機会の提供

利用者のワーカービリティを高める

　問題解決理論・アプローチでは、パーソナリティの変容を主眼としない。むしろ、問題解決に取り組む利用者の可能性を信じ、彼らのワーカービリティを高めようとする。ワーカービリティを高めるには、「動機づけ」「能力向上」「機会の提供」という3つの要素が重要になる。

　誰であっても、問題解決への動機づけが不足していれば、その人は取り組む力をもてない。また、実際に能力を向上させないと、たとえ取り組んでも達成できない。さらに機会が与えられないと、能力を発揮する場所がない。これら動機づけ、能力向上、機会の提供のうち、一つでも欠けると問題は解決されない。

　今、大きな不安を抱えているマリアを動機づけ、勇気をもって問題解決に取り組めるよう励ます必要がある。また確実に問題解決できるよう、彼女の能力を高め、同時に、その能力を実際に発揮する機会をつくる必要がある。このような関わりによって、マリアのワーカービリティは高まっていく。

事例から実践を考える

　西村望さんは、17年の結婚生活が破綻する危機に直面していた。夫婦ともに忙しく、小さなすれ違いが、長い時間を経て家族の崩壊を招いた。夫は家を出て離婚調停を起こし、家の中には、西村さんと反抗期を迎えた15歳、13歳の息子たちが残った。

　西村さんは、押し寄せる不安感に滅入っていた。何よりも、家族を壊してしまったという後悔の念に苛まれた。これから離婚の調停に立ち会うことになる。もし

離婚が成立すれば、女手一つで反抗的な息子たちを育てていくことになる。果たして、そんな力が自分のどこに残っているのだろう。仕事の悩みも尽きない。これから子どもたちの学校や近所で、様々な視線や噂にも耐えなくてはならない。

このように悩んでいたとき、一人暮らしの父親が癌で倒れ、緊急入院、手術をすることになった。手術が成功しても、一人での生活は難しく介助が必要になる。

西村さんは、まるで大きな問題の塊が、人生の道をふさいでいるかのように感じた。彼女は、心配する友人の紹介で、女性相談センターのソーシャルワーカー緑川さんを訪れた。

西村さんへの問題解決アプローチ

西村さんは、今、大きな問題の塊に圧倒されている。そのため、彼女の自我は機能せず弱められている。そして大きなストレスが生み出され、否定的な感情に取り巻かれている。

問題の中で最も優先するべきは、父親の癌の手術と、それに伴う在宅介護の行方である。父親との絆が強ければ、それだけ娘のショックも大きい。こちらに関しては、医師やケアマネジャーなど、専門家からの情報とサポートが必要になる。

離婚調停に関しては、専門的に支援する人々に委ねることになるが、調停についての明確な情報をもたらすことができれば、余計な不安をぬぐうことができるし、問題解決への見通しも与えることができる。離婚が子どもたちに与える影響は強いが、家族の問題は、家族で話し合いながら決断していくことになる。

支援プロセス

1. パートナーシップを確立する（自我機能を安定させる）
2. アセスメントを行う（問題・利用者）
3. プランニングを行う（問題の部分化と達成課題）
4. 実行する
5. 終結と事後評価を行う

---

1. パートナーシップを確立する（自我機能を安定させる）

ソーシャルワーカーの緑川さんは、まず西村さんの話に耳を傾け、十分に問題を理解し、しっかりとした信頼関係を築くことを目指した。互いのパートナーシップを十分に確立することが、西村さんの自我機能を安定させるからである。

西村さんは、うつむきがちな表情で、終始、自分自身を責めるように語った。
　「私に原因があるんです。夫は何度か、私に仕事を辞めて、家庭に入ることを提案しました。でも私は、仕事を手放すことができなかったんです。私は雑誌の編集をしているので、締め切り前は、かなり忙しくなります。そんなとき彼は、家で食事をつくり、子どもの世話をし、いつも私を助けてくれました。考えてみれば、彼も仕事を持ち帰っていて、夜遅くまでこなしていました。私はそれが、普通のことと済ませていましたが、彼は無理をしていたんだと思います。それが何年も続いて、疲れてしまったんです」
　　西村さんが一息ついたとき、緑川さんは、言葉を選びながら、次のように話した。
　「お二人は、とても忙しかったので、時間のやり繰りは難しかったでしょう。仕事をしながら、お互いに支え合ってきたことは、きっと二人にしかわからない苦労があったと思います。西村さんは、今、自分を責めていますが、17年もの間、仕事と家庭を両立するために、最善を尽くしてきました。それだけに今回の問題を、何よりもつらいことと受け止めていると思います」
　　緑川さんの言葉を聞いた西村さんは、「私も努力したんです」と言った後、涙がこぼれて、何も話すことができなくなった。
　　少しの間、沈黙があった。
　　それから西村さんは、ゆっくりと顔をあげ、離婚調停に至る経緯、それに伴う後悔の気持ち、夫がいなくなったことでの、子どもたちの問題について語り始めた。さえぎられることなく、また何一つ批判されることなく、自由に話すことができたことで、彼女は、自分が受け入れられている気持ちになった。
　　話し合いは、今後の調停への不安、仕事の重荷、父親の手術とその後の在宅介護のことにまで及んだ。西村さんは、自分の問題が十分に聴かれ、受け止められたことで、心が温まっていくのを感じた。こうして西村さんと緑川さんの間に信頼が築かれていった。

考えてみよう

1. 緑川さんは、西村さんの話を聴くにあたり、どのようなことを大切にしようと考えていたのか？
2. 事例では、最初の話し合いのすべては描かれていない。この後、話し合いはどのように続いたと思うか？
3. 問題を抱えると、自我機能が弱められる。あなた自身、自我が弱められた経験があれば分かち合ってみよう。

解説

　西村さんは、離婚の危機とそれがもたらす様々な問題に直面し、精神的な苦境に陥った。また父親が倒れたことで、問題はさらに大きく膨らんでいった。そのため、西村さんの自我は傷つき、機能が著しく低下した。こうした西村さんを、温かく受け止め、話に十分耳を傾け、共感することで、緑川さんは、彼女の自我を安定させつつ、しっかりとしたパートナーシップを築こうとしている。

　問題解決アプローチは、自我の機能に焦点を当てる。問題を抱え、押しつぶされそうになっている時期、人々の自我は弱められている。それを回復するには、緑川さんが行ったように、支持的な関係を築きながら、自我の緊張を解いていく。ここで効果的なのは、クライエント中心アプローチの手法である受容や共感、そして傾聴を意識することである。つまり、西村さんを受け止め、尊敬の気持ちを示すなど、温かな援助関係を提供することで、パートナーシップを強めるならば、彼女の自我は癒されていく。また自我が安定することで、緑川さんとの信頼関係はさらに密接に築かれることになる。

2. アセスメントを行う（問題・利用者）

　緑川さんは、引き続き話に耳を傾け、一つひとつの問題に対して、西村さんがどのように感じているのかを尋ねた。
　「西村さんの心を悩ませている問題が、いくつかあるように感じます。例えば、ご主人との関係、子どもさんとの関係、仕事の悩み、お父さんの病気のこと。これらはお互いに絡み合っています」
　「そうですね。ただ私には、今は大きな問題の塊が、目の前に立ちふさがっているようにしか見えません」
　「その大きな問題の塊について、どう感じていますか？」
　「恐怖を感じます。大切なものを失いそうで怖いんです。どんなに不完全な家族でも、私にとっては、唯一、確かな心の支えだったし…うまく言えませんが、家庭という支えの上に、私自身が成り立っていて、その支えが崩れるようで、怖いんです」
　緑川さんは、西村さんのつらさを思いはかろうとしていた。「家族—それは確かに心の支えだった」という彼女の言葉を心に留め、質問を続けた。
　「お父さんの問題については、どういうお気持ちですか？」
　「泣きっ面に蜂、という言葉がピッタリです。父の存在は特別なんです。父を失うことは、私という土台が、すべてなくなってしまうことです。これはあまりにもつらいので、考えないようにしています」

西村さんの体が、少しだけ小刻みに震えたように見えた。緑川さんは、別の方向に質問を向けることにした。
　「誰の人生にも問題は尽きません。西村さんも、これまでの人生で、問題を抱えたことがあったと思います。そうした問題とは、どのように向き合ってきましたか？」
　「私は仕事で忙しかったので、あまり深く考えず、可能な選択肢を書き出し、そのときできる最善を選んできたつもりです。もちろん部下にも、そのように助言してきました。でも今回は、私自身の根幹にかかわる問題で、選択肢を考える力もありません。選び間違えて、大切なものを失いたくないんです」
　「時々、頭では理解できても、心がそれに同意しないことがあります。やるべきことはわかっているけど、気持ちが前に出ないというか…それだけ深くダメージを受けたんだと思います。でも私は、西村さんの中に『何とか前に進みたい』という強い気持ちを感じます」
　　緑川さんには、西村さんの問題の塊の正体が、少しずつ見えてきた。また、その問題に対する思いも確認することができた。誰であっても、大切なものを失うことはつらい。彼女にとっての父親と夫、そして子どもたち、その存在の大きさを理解した。しかし彼女には、これまでも問題と向き合い、乗り越えてきた経験と力がある。今は弱められてしまったその力を、今後、どう取り戻していくのかが鍵になる。そう緑川さんは感じていた。

考えてみよう

1. 緑川さんは、西村さんのどのような点について、アセスメントしているだろうか？　またそれは、どのような質問からわかるだろうか？
2. 緑川さんは、西村さんが、これまで問題とどのように向き合ってきたのかを聞いた。それはなぜか？
3. アセスメントによって、緑川さんは、西村さんのどのようなことを理解しただろうか？

解説

　緑川さんは、まず「問題についてどのような気持ちを感じているか」をアセスメントした。もちろん、問題が何であるかを示す必要があるため、4つの事柄「ご主人との関係」「子どもたちとの関係」「仕事の悩み」そして「父親のこと」に分割して示した。それに対して西村さんの見方は、これらを認めつつも「まるで一つの大きな問題の塊のようだ」と述べ、ストレスと恐怖心を表した。それは彼女自身にとっての心の支えである家族が、崩壊していくことへの恐怖であった。一つひとつの問題が幾重にも重なり合い、大きな問題の塊となって彼女に脅威をもたらしていたのである。

緑川さんは、西村さんに父親のことも尋ねた。そして、父親が彼女にとって非常に大切な人物であり、心の支えであることを知った。西村さんの存在基盤である「父親」、そして「自身の家族」、この2つを失うことへの恐怖が、大きな問題の塊の中心に存在していた。

　次に、緑川さんは、西村さん自身についてアセスメントした。彼女に問題を解決する動機づけがあるのか、また、これまでの生活で、問題をどのように解決してきたのか、その能力についても探ってみた。その結果、現在の西村さんが、問題に圧倒され、解決に必要な動機づけを十分得ていないことを知った。しかし同時に「大切なものを守りたい」という強い気持ちをもっていることを感じた。また西村さんは、これまで家庭や会社で、多くの問題に対処してきており、問題解決の経験と能力をもっていることも理解した。ところで西村さんは、仕事についての悩みを口にしなかった。他のことに比べ、まだ対処ができるということだろう。

　アセスメントを通して、緑川さんは、西村さんの問題に対する動機づけ、能力、機会を探っている。こうした作業は、支援の最後まで継続していくべきものである。またアセスメントは、単に調べるだけに止まらない。もっと大切なことは、アセスメントをしながら、実際に彼女を動機づけ、励まし、能力を高め、様々な機会をつくり出すことである。

3. プランニングを行う（問題の部分化と達成課題）

　「まず大きな問題を、小さく切り分ける必要があります」
　緑川さんが話を切り出すと、西村さんは、不安そうに一瞬目を閉じ、それから尋ねた。
　「問題は小さくなるんでしょうか？」
　「問題の塊を解き、小さなものにして、目の前に置くことはできます」
　「どの問題を解くんでしょうか？」
　「急ぐのはお父さんのことですね。もうすぐ手術と伺いました。もうお父さんには会われましたか？」
　「来週、会いに行きます。それまでは、叔母が何かと世話をしてくれています。彼女の話では、癌はそんなに悪くはないこと、ただ切り取りにくい場所にあるので、開けてみないことにはわからないそうです。それに手術後は体力がなくなるので、自宅での介助も必要になります」
　「そうですか。では来週、病院でもっと詳しい話が聞けますね。その間、私はお父さんの住んでいる地域の包括支援センターに連絡しておきますから、立ち寄って、在宅での治療や介護相談をしてみてください。まずはこの2つのことを課題にしましょう」

「話を聞くのは、仕事で慣れているので大丈夫です。ただ自分の家族のことなので、緊張するインタビューになりそうです」

西村さんの顔に笑顔が戻っていた。

「ところで、離婚の調停はいつから始まるんですか？」

「来月です…この調停はどうなるか全くわかりません。子どもたちにもまだ話していません」

西村さんの顔が曇り、うつむいたように見えた。それを気遣うように、緑川さんは話しかけた。

「子どもたちには、お二人のことを話しますか？」

「大切なことですから、つらくても、話さなくてはなりません。ただ彼らがどう感じるのか、全くわからず不安です」

「お子さんたちは、15歳、13歳という難しい年頃ですね。話すにあたっては、どのような心配がありますか？」

「長男も次男も、今は主人に反抗的ですが、二人ともかわいがってもらったんです。たくさん思い出もあるし、ショックを受けると思います。そして私を責めるかもしれません。そのことを考えると、上手に説明できる自信がありません」

「もしよろしければ、ここに家族でいらして、私と一緒に伝えることもできますよ」

緑川さんの申し出に、西村さんは、何かを考えている様子で、口を開いた。

「時間をください。考えてみます。もしかしたら、第三者が入ったほうが、息子たちも、落ち着いて話を聞いてくれるかもしれません。ここに連れてこれたらの話ですが」

話し合いの最後、緑川さんは机に戻り、封筒を差し出して言った。

「これは離婚調停の基本資料です。読んでみてください。調停は、話し合いであって、裁判ではありません。第三者を交えて、冷静に話し合うことができます。出席することで、必ず離婚に至るわけではありません」

西村さんは、感謝してそれを受け取り、「大きな問題の塊が、少しだけ解けたように感じます。まずは、父のことに集中してみます」と話し、丁寧にお辞儀した。

考えてみよう

1. 緑川さんは、どうして問題を小さく切り分けようとしたのか？　それによってどのような効果が期待できるのか？
2. 緑川さんは、お父さんの問題を、西村さんが取り組むべき最初の課題とした。それはなぜか？

3. 大きな問題の塊を小さく切り分けたことで、西村さんの自我の機能はどう変化したか？
また彼女の動機づけ、能力、機会は、今後、どのように変化していくだろうか？

解説

　緑川さんは、西村さんが「問題の塊」と呼んだものを、小さく分けることにした。そして、その一つひとつに対して達成可能な課題を設定し、彼女が集中して取り組めるよう励ました。西村さんは、目の前に、以前よりは小さくなった問題が置かれたこと、またそれが確かに、自分の能力で達成できること、さらに具体的な機会も与えられたことで、「取り組めるかもしれない」という強い動機づけを得た。

　問題解決アプローチにおけるプランニングでは、大きな問題を部分化して、達成可能な目標と課題を設定する。そのうえで、利用者ができること、ソーシャルワーカーがサポートすることを分担し、それぞれが役割を果たすことで、共同で問題解決するように計画する。そして、ここでも重要なことは、「動機づけること」、「相手の能力を引き出し、問題解決に用いること」、そして「その機会をもたらすこと」である。

　お父さんのことは、西村さんにとって、緊急を要する問題であった。手術はすぐにせまっていて、その後の生活をどうするのか、早急に決めなくてはならない。緑川さんも西村さんも、まずこの問題を優先させた。もちろん父親の詳しい情報は、娘である西村さんが聞くべきことであり、彼女にはそれに対処する力がある。必要なのは、励まし、見守るなどの精神面でのサポートであると緑川さんは判断した。

　今後、緑川さんは、父親が退院後、直面する在宅での治療や介護について、西村さんが必要な情報を得られるように、地域包括支援センターに連絡することになる。またすでに離婚調停に関する情報提供も行った。このように緑川さんは、すべてのプランにおいて、西村さんが自分の能力を活用できるよう、機会をもたらし、そのうえで必要なサポートを提供した。

　プランニングはあくまで青写真であるが、西村さんにとって、問題が小さくなり、対処可能になればなるほど、それを達成できる可能性が高まる。そして実際に行動を開始し、達成していくならば、彼女の自我はさらに機能していくことになる。

4. 実行する

　西村さんは、病院で父親に会い、元気な様子に喜んだ。手術前に心配をかけたくないので、離婚のことは話すまいと決めていた。しかし話題が家族のことに及ぶと、自然と涙が出てしまい、隠し通すことができなかった。
　父親は、黙って聞いた後、「あまり心配するな、いざとなったら子どもたちと一緒に家に戻ってくればいい。お前のことが心配で、俺もまだ死ねない。癌だろうが

何だろうが、早く切ってもらって元気になるよ」と笑った。父親を元気づけに行ったはずの西村さんは、逆に父親から励まされ、大きな力をもらうことになった。

その後、西村さんは、執刀する医師から詳しい説明を聞いた。難しい手術になりそうだった。また手術後は、介助が必要になること、またリハビリを行うことで、元気になる可能性もあることを知った。

地域包括支援センターは、病院からさほど遠くないところにあった。そこでは手術後、在宅生活に活用できる介護保険制度を含め、必要な情報を多く得ることができた。緑川さんから連絡を受けた主任ケアマネジャーが、訪問看護、訪問入浴、リハビリ、家事援助、デイサービスなどについて教えてくれたので、西村さんは、何もかも背負わなくても、やっていけそうな気持ちになれた。

翌日、手術が行われた。長い時間がかかったが、危険な部分はすべて切除された。1か月ほど入院し、その後、自宅に戻ることができると聞き、安堵した。

帰りの新幹線で、西村さんは「離婚調停の冊子」に目を通し、今後のことに思いを馳せた。緑川さんと決めた課題に取り組み、目標を達成していたので、気持ちは少しだけ落ち着いていた。

帰宅した西村さんは、子どもたちに「大切な話があるので、一緒に緑川さんのところに行ってほしい」と頼んだ。しかし彼らは、それぞれ「忙しい」「なんでわざわざ行くの」と不満をもらし、計画は頓挫した。

西村さんの報告を聞いた緑川さんは、「お父さんの手術が無事に終わって良かったですね。また他のことにも、よく取り組んでくれました。元々、西村さんは、問題を解決する力をもっています。だから少しずつ取り組んでいけば、他の問題も解決していけると思いますよ」と言葉をかけた。

その後、子どもたちのことが話し合われた。西村さんは「自分で子どもたちに離婚のことを伝えるつもりです。でもうまくできるかわかりません」と不安気な表情だった。緑川さんは、「ではここで、上手に伝える練習をしましょう」とロールプレイを提案した。それから二人は、真剣に練習を繰り返した。

考えてみよう

1. 西村さんは、切り分けた問題一つひとつと向き合い、最善を尽くしている。この経験から、彼女は何を得ていっただろうか？
2. 在宅介護に関する情報、離婚調停に関する情報を得たことは、西村さんにどのような力をもたらしただろうか？
3. 西村さんは、子どもたちに上手に伝えられるよう、緑川さんと一緒にリハーサルを行った。そこからどのような力を得ただろうか？

解説

　あらかじめ計画したように、西村さんは、まず父親の手術のことに集中して、問題を解決しようとした。父親と会って元気づけ、医師から詳しい情報を得て、必要な対処を行うつもりだった。もちろん父親は喜び、元気が出たに違いない。しかし父親は、病気であっても娘のことを心配した。その深い思いやりに、西村さんは大きな慰めを得た。そしてこのことは、西村さんの自我をさらに強めることになった。

　医師から父親の手術について、また地域包括支援センターから在宅介護の可能性について、それぞれ的確な情報を得られたことで、西村さんは、より専門家を信頼することを学んだ。さらに離婚調停についても、詳細な情報が得られたことで、不安が少しだけ収まってきた。

　解決に向けた自分の小さな努力に伴い、これまで漠然と抱えてきた不安やストレスは、より細分化され、専門家に任せる部分と、自分が集中するべきことを、分けて考えることができるようになった。また一つひとつの問題解決に関わることで、小さいけれど、達成感と自信を得ることができた。

　子どもたちに離婚について話すことは、最後に残った大きな問題であった。これに対しても、西村さんは最善を尽くしたが、彼らを連れ出せなかった。そこで緑川さんは、西村さんと一緒にロールプレイを行い、自分の気持ちを、きちんと子どもたちに伝える訓練を行った。

　この時期、あらかじめ決めた目標や課題に、利用者が取り組めるよう、ソーシャルワーカーは、あらゆる面でサポートを行う。時々、問題が大きすぎて、また恐れのため、うまく対処できないこともある。その際、問題をさらに切り分けるべきか、あるいは自我の機能を高めることが先決か等、判断しなくてはならない。自我の機能を高める際は、これまでの関係を用いて、さらなる動機づけを行い、必要な能力を訓練し、解決のための機会をもたらすことになる。その結果、問題を解決する成功体験が得られるならば、自我がより回復されるため、人々は、自信をもって、さらに大きな問題に取り組めるようになる。

5. 終結と事後評価を行う

　数日後、西村さんから電話があった。受話器の向こうの声は、少しだけ明るかった。彼女は次のように話した。
　「子どもたちに、離婚に至るまでのことを話しました。私にとって、本当につらく、恐ろしい瞬間でしたが、練習した通り、気持ちを抑え、できるだけの説明をしました。息子たちは、説明が終わっても、何も言わずに黙っていました。彼らも予感していたんだと思います。二人にはつらいことだったと思いますが、そ

れでも私のことを慰め、励ましてくれました。『お母さんだけが悪いんじゃないよ』そう言ってくれました…」

　それから先は涙声だった。泣き続けて、言葉にならなかった。しかし最後は気を取り直し、「近いうちにきちんと報告に参ります」とだけ告げ、電話を切った。

　数日後、西村さんがやってきた。緑川さんと西村さんは、この日、これまでのことを振り返る時間をもった。

　西村さんは、次のように話した。

　「私は、何もかも自分だけで背負わず、周りの人や専門家を信頼することを学びました。どんなに心配しても、手術は医師が行うもので、任せるより他はありませんでした。介護にしても、専門家が私たちの必要を知り、プランを提案してくれました。父親や息子は励ましてくれました。何もかも自分一人でやらなければという気持ちより、周りの人々を信頼して、助けてもらうことで、問題に立ち向かうことができました」

　西村さんの目をまっすぐに見ながら、緑川さんは話し始めた。

　「問題に囲まれると、自分と問題しか見えなくなるので、つぶされそうになります。でも問題は、小さく解いていくことができます。そして必要なら、助けを受けることもできます。でも西村さんは、ずいぶん努力しましたね」

　笑顔になった西村さんは「父の手術は成功し、回復も順調です。すでに地域包括支援センターでは、在宅介護をプランしてくれて、私は息子たちと週末だけ戻るようになります。私にとって、父を介護できるのは嬉しい時間です」と話した。

　「最後に残ったのは離婚の調停ですね。この問題に向き合うことができますか？」

　西村さんは小さくうなずいた。

　家に戻る車の中で、緑川さんは、西村さんへの支援を振り返っていた。

　「私の支援は、西村さんにとってどうだったのだろう？　他にもっと良い方法があっただろうか？」

　頭の中には、まだいくつかの問いが残されていた。

　緑川さんは、車を降りて家に入り、ソファーに腰かけた。そして西村さんが最後にくれた、お花とカードを取り出した。そこには次のように書かれていた。

　「来週から離婚の調停が始まります。子どもたちが私を支えてくれます。私たちは、1人では弱いですが、この問題に3人で向かっていきます」

考えてみよう

1. 緑川さんは、西村さんへの支援の終結で、どのようなことを行っただろうか？
2. 切り分けた問題が、解決されていく過程で、西村さんはどのようなことを学んだか？また、どのような力を得ていったか？
3. これまでの取り組みを振り返り、評価することで、西村さんや緑川さんは、どのような力を得ただろうか？

解説

　電話での報告を聞いた緑川さんは、西村さんが多くの問題に立ち向かい、そのほとんどを乗り越えたと感じた。確かに、まだ離婚調停の問題は残っているが、これについては、家族の力で解決できると判断した。そこで緑川さんは、支援の関係を一旦終結し、課題の達成状況を評価することにした。

　緑川さんの促しに応じて、西村さんは、自分が取り組み、達成できたことを振り返ってみた。そして学んだことは、何もかも自分一人で背負う必要はなく、専門的な支援や親しい人々からの助けを受けることができるということ。このことに気づくならば、達成した事柄を、この先も十分に維持していくことが可能となる。

　問題が塊のときには見えなかったが、小さく切り分けたとき、自分でやれることと、支援を受けられることが、もっと見えてくる。そして誰であっても、集中して取り組むことがわかれば、それに向けて努力できる。

　問題解決は、人生における主な仕事であり、成功も失敗も経験する。もちろん私たちは、これからも新しい問題を抱え、それとも格闘していかなければならない。このことが、極めて普通であるという認識に立って、何事も評価するなら、現実に即した振り返りができる。

　終結においては、今後、どうしたら自我の機能が守られ、新しい問題に対処できる動機づけ、能力、機会が得られるのか、その見通しについても、話し合う必要がある。そうした見通しが得られてはじめて、人は自分で問題を解決する自信をもつことができる。

実践へのアドバイス

　問題解決アプローチは、一人の人物によってつくられ、その後、多くの支持者の手によって発展し、ソーシャルワークの根底に存在する手法となった。そのため、このアプローチとソーシャルワーク（ジェネラリストアプローチ）の見分けが難しいかもしれない。

問題解決アプローチで、何より大切なのは人間観である。私たちの人生において、問題を抱えるのは普通のことであり、解決するにあたって、私たちは、決して初心者ではなく経験者である。人々をそのように捉えるならば、彼らのもっている経験や力をソーシャルワーカーとの関係の中で十分に引き出すことができる。またその力は、個人の自我機能と密接に関係している。つまり人の自我の存在を認め、その機能を温め、回復していくことで、問題解決の能力をさらに強くすることが可能となる。

　もう一つ大切なことは、大きすぎる問題の塊を切り分け、小さな課題を目の前に置くという作業である。これによって、たとえ傷ついた自我であっても、問題解決できるようになる。問題を抱えている人々は、強いストレスや不安のため、目の前の問題が途方もなく大きな塊にしか見えない。しかしこの塊は、もともとは小さな問題が絡み合ったものである。小さく解き、対処可能にできれば、彼らは、自分で解決していくことができる。

　このアプローチは、一般に広範囲に活用できるが、特に、人生の中で、ごく通常に生活し、様々な問題解決を経験してきている人々に適用しやすい。それは彼らの問題解決の経験と力を、支援過程の中で活用できるからである。

　ただこのアプローチは、重い障害を抱えている人々については限界がある。また過去の未解決な事柄を探るような支援を期待する人々にも効果は薄い。それはこのアプローチが、あくまで現在の問題解決に焦点を当てているからである。また愛する人の死など、喪失と悲嘆が絡む問題については、悲嘆作業を補う必要が出てくる。

　問題解決アプローチは、関係を築き、自我をサポートし、問題を切り分ける。そして小さくなった課題を達成できるよう動機づけ、能力を強化し、機会を与えていく。このような支援の考え方に合致するならば、他の支援方法、スキルを組み入れることもできる。動機づける方法、能力を高める方法、機会をもたらす方法は、たくさんあるので、効果があれば自由に取り入れてほしい。

第7章 課題中心理論・アプローチ

　1970年代の初め、リードとエプスタインによって体系化された。理論的な基盤に心理社会モデル、問題解決アプローチ、行動理論などの影響がある。利用者が、現在、解決を望んでいる問題を取り上げ、短期的な時間の中で、具体的な課題を設定して取り組むことで、問題を解決する計画的な手法である。

全体像を捉える

> 　真弓さんは、非行に走り、たびたび問題を起こしたことで高校を退学した。その後は家を飛び出し、同棲、妊娠に至ったが、相手の男性は行方不明となり、結局、結婚しないまま男児を出産した。アパートに一人残った真弓さんは、何とか子どもを育てようとするが、初めてのことでうまくいかず、育児ノイローゼとなった。
> 　出産後、訪れた保健師に対して、真弓さんは次のように話した。
> 　「私の実家は他県にあり、勘当状態で飛び出してきたので、援助は求められない。アルバイトも辞めたので、貯金はほとんど残っていない。できれば子どもを預けて働きたいけれど、何をどこから始めたらいいのかわからない。子どもの父親は行方不明で、他に頼れる友人もいない。でも自分の子どもが本当に可愛くて、なんとか頑張って育てたい」

　課題中心理論・アプローチは、人々が直面する問題を小さく切り分け、解決可能なものとして据え、それらに対して、ソーシャルワーカーと利用者が契約の中で、目標を定め、解決に至るための適切な「課題」を設定し、限られた時間枠の中で取り組んでいく手法である。

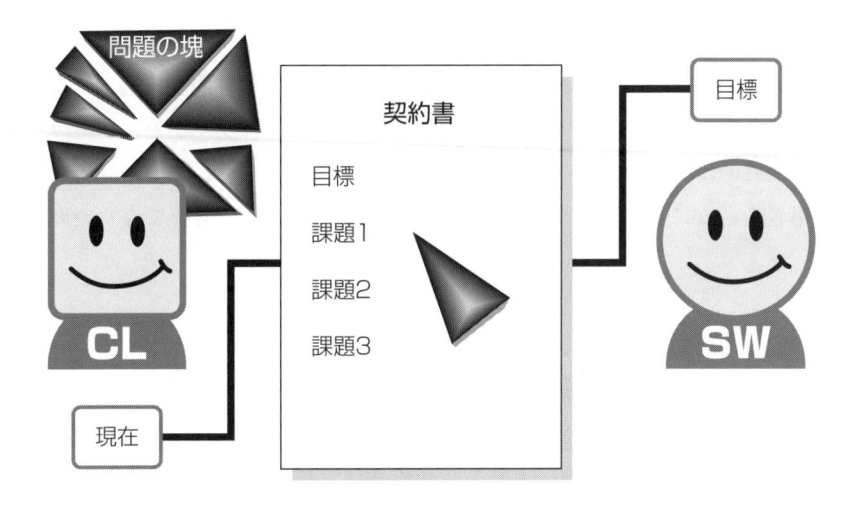

真弓さんが、現在、置かれている状況に目を向けてみよう。彼女は、「家族からの勘当」「お金がない」「働きたいがどうしてよいかわからない」「子どもの父親が行方不明」「頼れる友人がいない」「育児ノイローゼ」などに苦しんでいる。こうした山積みの問題を解決したいと望むが、多くの問題をどう整理したらいいのか、また何をどこから始めていいのかわからず途方にくれている。

　このような真弓さんと一緒に、ターゲットとするべき問題を選ぶことからアプローチが始まる。例えば、「働きたいけれど、どこから始めたらいいのかわからない」という問題を焦点にするなら、「就職する」という最終目標を据え、そのために真弓さんが、「まず来週までに、履歴書の書き方を覚える」「面接の訓練をする」などの、課題を盛り込んだ短期の計画を立て、契約を行う。その後ソーシャルワーカーは、真弓さんが、課題を遂行しながら目標に近づけるよう、動機づけ、課題と能力のバランスを継続的に評価していくことで、達成に導いていく。これが課題中心理論・アプローチである。

概念を深く学ぶ

ターゲット問題

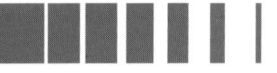

　課題中心理論・アプローチは、以下の3つの原則に沿って、解決したい問題（ターゲット問題）をソーシャルワーカーと利用者が協働で選ぶことから始まる。

利用者が認める問題である

あくまでも、利用者が問題であると認識し、訴え、解決を望む問題を選ぶ。これは最初に相手が訴えた問題という意味ではない。十分に検討した後、ソーシャルワーカーの見解も含めて、最終的に利用者が解決したいと望む問題を指す。なお、この理論・アプローチでは、利用者の過去に戻り、原因を探ったりしない。また自分で意識できない問題も対象としない。

利用者が、自分の努力で解決できる問題である

努力すれば解決できる問題を選ぶ。自分の問題解決能力を超えた問題は、小さく切り分けることで、解決できるものに変えることができる（詳しくは、問題解決理論・アプローチを参照）。問題を解決する経験によって、利用者は、次の問題にも熱意をもって取り組むことができるようになる。多くの場合、問題解決は、セッションとセッションの間、自分自身で取り組むことになる。そのためにも、自分の力で解決できるものとする。

利用者にとって具体的な問題である

問題は、一般的、抽象的なものではなく、自身の言葉で説明でき、数値で表せる具体的なものが望ましい。問題が具体的であれば、それだけ達成状況を明確に評価できる。

真弓さんが、今、直面している問題に目を向けてみよう。彼女はいくつもの大きな問題に囲まれている。家族との関係を修復すること、働くこと、子育て、どれもすぐに解決できるものではない。そのため、まず大きな問題を小さく切り分け、自分の努力で解決できる、具体的で小さなものに変えてから、ターゲット問題を決めることになる。たとえ小さな問題であっても、それらを解決できるならば、その後、残りの問題を解決していくことにつながっていく。

目標・課題設定・契約・障害

ターゲット問題を選んだ後、ソーシャルワーカーと利用者は、目標と目標を達成するための課題を一緒に考える。そして達成に向けて、より具体的な計画（誰が、何を、いつまでに、役割、期間、面接回数など）を決め、契約によって合意を得る。その後、課題を実行し、その達成状況への評価を繰り返すことに力を注ぐ。

目標を設定し、課題に取り組むことで変化を起こす

問題を抱えている現在が【スタート地点】とすれば、問題が解決された状態が【ゴール地点】、つまり目標地点となる。スタートからゴールまで一足飛びにはいけないため、間

に達成可能な課題を置き、それらに取り組み、着実に遂行していくことでゴールに近づき、最終的に問題を解決できるように計画できる。つまり課題は目標でもあり、かつ目標を達成するための手段でもある。ソーシャルワーカーは、利用者が課題に取り組めるように、気づかせたり、励ましたり、方向づけたりして、様々な面から助け、双方の協働によって変化を起こそうとする。

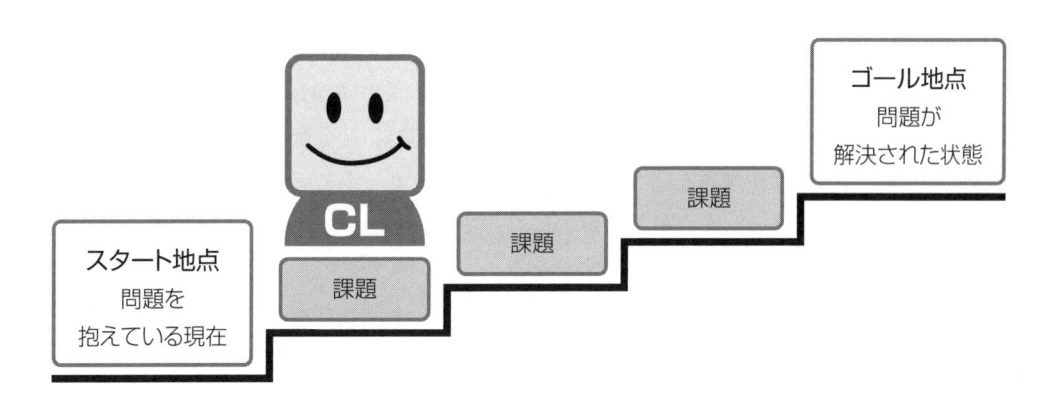

なお、課題は、一方的に「割り当てる」のではなく、ソーシャルワーカーと利用者が、一緒に考えて選び出す。最初は小さなものから始まり、少しずつ動機づけが高まるように課題を計画する。セッションとセッションの間には、前回の課題の達成状況について話し合う。

例えば、真弓さんが「働きたいが、どうしてよいかわからない」というターゲット問題を選んだとすると、文字通り、それが彼女のスタート地点となる。そして彼女のゴール地点は、毎日、元気に働いている状況である。このゴールに近づくために、いくつかの課題を設定する。そこには履歴書の書き方、面接の受け方、仕事に関する具体的なスキルの習得から、子どもを保育園に預ける手続きまで、数多くの課題が想定される。これらの課題を一つずつ達成していくことで、真弓さんは目標に近づいていく。

短期介入で効果をあげるには、綿密な計画が必要である

この理論・アプローチは、通常、4か月間で、6～12回のセッションという短期介入を目指している。短期介入で効果をあげるには、綿密な計画が必要となる。ソーシャルワーカーと利用者は、目標を達成するための課題を設定し、「いつまでに」「誰が」「何をするのか」を明確にして契約をする。その後は互いが契約に沿って、計画した通り介入を遂行していく。「時間的な制限」「焦点とする問題」があることで、ソーシャルワーカーと利用者の双方が、課題に対して力を結集しやすくなる。

例えば、真弓さんの課題として、「来週の月曜までに保育園の申請書を書いてくる」「来月9日に、保健

所主催の子育て講座を受講する」「子どもの３か月健診を受ける」「今週金曜までに求人先に電話連絡し、面接の約束を取る」などが設定されるかもしれない。時間が限られているからこそ、真弓さんは目の前の課題に力を注ごうとするだろう。その結果、達成できたならば、彼女は、また一つ目標に近づいたという気持ちを感じるに違いない。

障害となるものを明確にし、解決する

利用者の問題解決を妨げる「障害」を明確にし、それらを解決する必要がある。障害には、利用者の内的なもの（動機が弱い、考え方が消極的、スキルが足りない、身体機能等）と外的なもの（サービスを提供する組織や地域資源の不足、社会制度の不備等）がある。内的な障害に対しては、課題を通して、ソーシャルワーカーがモデリングやリハーサルを通して利用者に訓練する。また外的な障害に対しては、ソーシャルワーカーが働きかけ、改善できれば、課題はより遂行されやすくなる。

真弓さんが課題を遂行する過程で、いくつかの障害が予測される。例えば彼女は、申請書や履歴書など、書類の書き方がよくわからず、くじけてしまうかもしれない。その場合ソーシャルワーカーは、時間を取って、書き方を教えることができる。また子どもを預ける場所が地域に不足しているかもしれない。その場合、様々な方法で近隣の代替資源を開拓することで、真弓さんが課題を遂行していく環境をサポートできる。

課題遂行

ソーシャルワーカーと利用者は、計画通り、協働で課題を遂行する。ソーシャルワーカーは、リハーサルなどを通して、利用者が課題を遂行する動機づけや能力を高め、かつ障害となるものを分析する。また課題の達成状況を検討し、課題と能力のバランスについて、現実的かつ継続的な評価を行う。必要に応じて課題を見直し、課題遂行に必要な資源を開拓し、活用できるよう支援する。

問題解決の主体は利用者である

問題解決の主体は、あくまで利用者である。利用者が自分で解決を望み、意志をもって、主体的に行動を起こすことで問題が解決する。ソーシャルワーカーは、このことを心に留め、パールマンの問題解決アプローチでも重要とされた①動機づけ、②能力向上、③機会の提供を、信頼と協働の関係の中で行う。

この理論・アプローチが、課題設定を強調するのは、次のような確信からである。

> 人には課題が与えられると達成しようとする主体的な能力がある

　真弓さんはまだ若く、様々な面で未熟で、頼りないかもしれないが、それでもなお、彼女が問題解決の主体である。だからソーシャルワーカーは、彼女が仕事を探し、働いていけるよう動機づける。そして彼女のもっている能力を引き出し高める。必要であれば、面接の練習、履歴書の書き方、電話の応対スキルなどを、一緒にロールプレイで訓練するかもしれない。また保育園への手続きを助け、課題を達成していく真弓さんを支えることになる。

ソーシャルワーカーは、契約に基づき、利用者をサポートする

　ソーシャルワーカーは、あらかじめ同意された契約の中で、利用者と一緒に課題を選定し、彼らが実行していく過程をサポートする。また実行を妨げる障害を想定し、必要な話し合いを行う。両者の間には信頼関係があり、常に必要な情報を共有しながら進んでいく。

　一旦、契約を交わした課題について、利用者は遂行責任を負う。しかし契約だけの力で課題に取り組める人は少ない。そこでソーシャルワーカーはセッションの中で、利用者を動機づけ、課題に取り組むよう励まし、期待していることを伝える必要がある。そして変化や成果は、セッションの外で、利用者が確実に自分の課題に取り組むことで起こっていく。

　真弓さんと保健師との間に、まず信頼関係が築かれる必要がある。その関係の中で、一緒に問題を探り、ターゲット問題が選定される。その後、目標と課題が設定され契約に至る。契約の後、保健師は、常に真弓さんを動機づけ、課題に取り組むよう期待し、彼女を励ます。そうした期待や励ましに応えようと真弓さんが行動し、課題を遂行することで変化が起こり、また同時に両者の関係も強くなっていく。

契約通りに問題が解決したかどうかを評価する

　終結作業は、あらかじめ決めた通りの方法で、目標が達成できたかを確認するだけとなる。そこには、終結に伴う感情的なやり取りはなく、課題を遂行できた達成感が存在する。残された問題や引き続きの問題があれば、再び契約を行い、新しい課題に取り組むことになる。

課題中心アプローチは、折衷的な枠組みを提供する

　課題中心理論・アプローチは、問題に対する課題の選定と遂行についての枠組みを提供する。しかし実際に課題を遂行していく際、用いる援助方法については、自由に選択、活

用できる。つまり、問題を選択し、目標と時間制限を決めたならば、何を課題に設定するか、またその課題をどのような方法で達成するかは、自由に組み合わせることができる。

　例えば、真弓さんの問題が「子育てのストレス」だとすれば、認知行動アプローチを用いて、「母親は何もかも完璧にこなさなくてはならない」という歪んだ認知を改善するような課題を設定してもよいし、あるいは応用行動分析を用いた課題を設定して、「まずは時間通りにミルクをあげられたら自分にご褒美を準備し、少しずつ行動を強化していく」という課題でもよい。

事例から実践を考える

　　障害者自立支援センターの熊沢大地さんのもとに、20代後半と思われる若者が、母親と一緒にやってきた。名前を尋ねると、彼が答える前に母親が「成瀬亮介です。よろしくお願いします」と答えた。

　　成瀬さんは、小さな声で「ちゃんと自分でしゃべるから…」と煩わしそうにつぶやいた。しかし母親は、平然とした様子で「実はこの子は小さいときから、知的障害の他にてんかん発作があり、学校は休んでばかりでした。数年前、新しい薬に変えたら、発作もかなり落ち着きましたので、どこかで働ければと考えているんです。でも何しろ、まったく経験がないもので、まずはご相談をと思いまして…」とまくしたてた。

　　母親があまりに一気に話すので、熊沢さんは呆気にとられ、「ああ、そうですか、要するに就労の相談ですね。わかりました」と自分に納得させるように答えた。そして「これまでのことを伺いたいのですが…できれば亮介くんご本人から話を伺ってもいいでしょうか？　働くのは彼ですから」と言葉を続けた。母親は不満そうだったが、同意した。そこで熊沢さんは笑顔で感謝を述べ、成瀬さんのほうに向き直り、ゆっくりと話しかけた。

　　「どんなことで相談に来たのかな？」

　　「働きたいんですが、自分にできる仕事、どんなのがあるかとか、知りたくて、あとできれば…将来は、一人暮らしもしたいです」

　　自信なさそうにしていた成瀬さんの目が、少しだけ輝いたのを熊沢さんは見逃さなかった。近くにいた母親は、驚いた様子だったが、何も言わなかった。

　　「働くのはいいことだね。それに一人暮らしも。応援したいな」

そう言うと熊沢さんは、大きな手で彼に握手を求めた。
「熊沢と申します。じゃあ、小さい頃から今までのことを、話してくれるかな」
成瀬さんはうれしそうにうなずいた。
話は次のような感じだった。
成瀬さんは、小学校低学年にてんかんを発症。その後、通院と服薬が始まった。時々、発作が激しくなり、薬の調整のために入退院を繰り返した。中学、高校と特別支援学校へ通学したが、相変わらず症状は不安定で、思うような生活ではなかった。しかし1年前、薬の調整で発作もかなり治まったので、いつまでも家にいないで、社会に出て働き、自立したいと考えるようになった。

成瀬さんへの課題中心アプローチ

知的なハンディはあるものの、成瀬さんには、十分な意思決定能力と問題解決能力があり、課題中心アプローチを適用できる。

成瀬さんは、障害や不安定なてんかん発作のため、幼少期から行動がかなり制限され、学校や地域社会での経験も少ない。高校では、仕事に役立つ多くの機会が提供されたと想定するが、障害や病気のため、そうしたスキルを十分に得られていない可能性がある。また親から多少、過保護に育てられてきた。ただこのような環境から彼は自立したがっている。

成瀬さんの認める問題は、おそらくは、自立できていない現在の自分自身であり、最終的な目標は、地域で一人、あるいは仲間と生活し、そこから仕事に向かう自分ではないかと思う。そのためには、獲得するべきいくつかのスキルがある。それらの課題に取り組むことで、徐々に目標に近づくものと考える。

支援プロセス
1．ターゲット問題を選択する
2．目標と課題を設定する（契約）
3．課題を遂行し、アセスメントを行う
4．終結を行う

1. ターゲット問題を選択する

「働くうえで、どんなことが心配なのかな？」
　数日後、一人でやってきた成瀬さんに、熊沢さんが尋ねた。
　「どうしていいのかわからないんです。仕事をみつけるのも、するのも、まだ経験がないから…」
　ゆっくりと話す成瀬さんの目を、熊沢さんはまっすぐに見つめて言った。
　「高校でさ、何か作業訓練みたいのやってなかった？」
　「あっ、やりました。木工班に入って、いろいろつくってました」
　「じゃ、俺よりできるかもね、他には？」
　「機械の組み立てとか…でも休んでばっかで、あんまり覚えてないです」
　「どんなところで仕事してみたいの？」
　「できれば、普通のところ、施設みたいなとこじゃなくて、ちゃんとした給料もらって生活できるところ。でないと自立できないし」
　成瀬さんは、少しだけ下を向いて答えた。熊沢さんは、座っていた脚を組み直し、微笑みかけた。
　「働きたいっていう気持ちが、すごく伝わってくるね。でも不安はあるだろう。どんなことが一番問題だなって思う…これから働くうえで」
　「やっぱり、人ときちんと挨拶したり、上手に話したりできないし。何か急に聞かれても、なんて答えたらいいかわかんない」
　「コミュニケーションのことだね。他にあるかい？」
　「うちは…母親が心配性で、小さいときから、何もやらせてもらえなかったんで、もっと掃除や洗濯とかやりたいし、食事をつくったり、買い物なんかも必要だと思う、自立するためには」
　「偉いじゃない。うちの息子にも聞かせてやりたいよ」
　熊沢さんは、大きな声で笑った。それにつられて、成瀬さんも笑いながら言った。
　「あと、問題ってほどじゃないけど、仲間っていうか、友達が欲しい」
　「全部、大切なことだね。よしわかった」
　熊沢さんは、笑顔で大きな手を差し出した。

考えてみよう

1. 熊沢さんは、成瀬さんのこれまでの作業経験、将来の仕事、また不安について尋ねた。どのようなことを探ろうとしていたのか？

2. 成瀬さんは、働くうえで、どのようなことが問題だと認めているだろうか？　それはなぜだろうか？
3. 熊沢さんは、最初のセッションにおいて、どのようなことを達成したいと考えていたのだろうか？

解説

　前回、会ったときに、基本的な信頼関係を築くことができていたので、熊沢さんは、成瀬さんが取り組むべき「ターゲット問題」の選択に取りかかった。熊沢さんは、とても率直な質問を通して、成瀬さんが現在認めている問題を探ろうとしていた。それに対して成瀬さんも、率直に自分の言葉で答え「コミュニケーション能力」「基本的な生活スキル」の両方が不足していること、そして「友人」が欲しいということを伝えた。

　問題解決アプローチは、まず利用者との信頼関係を築き、「何を問題だと認めているのか」「何を訴えているのか」に耳を傾けるところから始まる。その際、ソーシャルワーカーは、自身が問題だと考えていることも自由に伝えることができる。このような話し合いを経て、ターゲット問題を選択する。

　ターゲット問題の選択には3つの原則がある。それは「自分の認めているもの」「努力して解決できるもの」「具体的な問題」である。成瀬さんが選んだものは、いずれの原則にも合致しており、かつ彼が今、最も高い関心を寄せている問題だった。

　時々、利用者のもち込む問題や目標が大きすぎる場合がある。例えば、成瀬さんが今すぐ「働くこと」や「自立した生活を始めること」は、今の彼にとっては現実的ではない。こうした場合、目標や問題を小さく分割して、目の前に提示する必要がある。「コミュニケーション能力の獲得」や「生活スキルの向上」は、そうした切り分けたターゲット目標ともいえる。まずは小さな目標に取り組むことで、少しずつ最終的な目標にたどり着けることを、利用者に伝える必要がある。

2. 目標と課題を設定する（契約）

　ゆったりとした椅子にもたれたまま、熊沢さんは、成瀬さんが話してくれた問題をノートに書き留めた。そしてそれを復唱するように読み上げ、成瀬さんに聞いてもらった。それが一通り終わった後、熊沢さんが尋ねた。
「上手に挨拶したり、話したりできないのが問題だとしたら、一体、どうなることが亮介くんの目標？」
「まあ、誰とでも挨拶できて、何か適当な話もできるようになるっていうか」
「そうだよね。当然、それが目標だよね。でも一気にそうならないでしょう？」
「ええ、急にはちょっと…難しいです」

「そこで課題が必要になるんだ。階段みたいなもの。一気に家の1階から2階に飛んでいけないから、階段を一つずつ上っていく。それが課題！まあ宿題のようなもんかな、わかる？」

熊沢さんは、階段の絵を描いて見せた。

「はい、わかります。その課題を全部やれば、挨拶とか話ができるようになるってことですね」

「そういうふうに考えてもいいよ。それで課題だけど、何をしたら挨拶とか話ができるようになると思う？ 少し考えてみて」

熊沢さんに促されたことで、成瀬さんは考え始め、あれこれと提案してみた。熊沢さんは、それを楽しむように書き出していった。ある程度のアイデアが出ると、熊沢さんは、次の問題へと移った。そして、掃除、洗濯、食事、買い物、友達のつくり方についての課題案へと移っていった。

最後の問題について話し終えた頃、熊沢さんは、一枚の新しい紙に「けいやく書」という文字を書いた。そして、そこに成瀬さんの問題、目標、課題などを、文章でわかりやすく書いた。

けいやく書

目標1「だれとでも、あいさつ、話ができるようになる」
課題1-1　かがみにうつる、自分を見ながら、あいさつの練習10分
課題1-2　家の中で家族にあいさつした後、会話を3分する
課題1-3　センターのピアグループかつどう（話し合い）にさんかする

目標2「そうじ、せんたく、食事、買い物がじょうたつする」
課題2-1　「部屋のそうじ、せんたく、食事、買い物の方法を母親から学び、ノートに書く」
課題2-2　「1週間に、さいてい1度は、そうじ、せんたく、食事、買い物を自分でたいけんする」
課題2-3　「センターのピアグループかつどう（清掃ボランティア）にさんかする」

目標3「友だちを作る」
課題3-1　「じこしょうかいを練習する」
課題3-2　「新しいしゅみを始める」
課題3-3　「センターのピアグループかつどう（しゅみ）にさんかする」

考えてみよう

1. 熊沢さんは、目標と課題の関係を、家の1階と2階の関係を用いて説明した。あなたなら、どのような喩えを使って説明するだろうか？

2. 熊沢さんは、課題について自由に考え、アイデアを出すよう成瀬さんに促した。それはなぜだろうか？
3. 最終的に決定した課題についてどう思うか？　あなたならどのような課題を提案するだろうか？

解説

　熊沢さんは、成瀬さんが問題として認識したものを、文章にして読み上げ、今後、解決に向けて取り組むべき共通の目標を決めた。またその後、問題のある現在地点を確認させ、そこから目標とする状態までの道のりを示した。当然、そこには距離があり、すぐには到達できない。そのために「課題」が必要なのだと伝えた。現在地点を家の1階に、そして目標地点を2階に、そして課題を階段に喩えて示したことで、成瀬さんはよく理解できた。

　その後、熊沢さんは3つの問題に対して、それぞれ目標と課題を定め、文章にして契約書を作成した。ここが課題中心アプローチの本格的なスタートラインになる。

　課題中心アプローチによる契約とは、課題に取り組むことへの同意である。これは書面にすることが望ましい。契約書には、解決したい問題、また取り組むべき具体的な課題が書かれている。熊沢さんは契約書を説明しながら、「成瀬さんがやるべきこと」だけではなく、「自分がやるべきこと」も伝えていたのだと思う。

　契約が成立すれば、双方とも守るよう努力することになり、計画された時間制限の中でのインセンティブが高められる。契約という意味は、秘密は何もないということでもある。セッションの回数も時間も限度も、あらかじめ決められることになる。通常、3〜4か月間に8〜12回のセッションを行うことが多い。

　課題を決めるにあたっては、ソーシャルワーカーと利用者の双方から、意見が自由に提案されることが望ましい。そして最終的に話し合った後、利用者が決めることが大切である。特に事情がない場合、一方的に課題を割り当てることだけは避けたい。

　ただし、契約すればそれですべてうまくいくということにはならない。契約以上に大切なことは、動機づけである。取り組んでいる課題がいかに小さくとも、それが大きな目標に続いているということを繰り返し伝え、課題に取り組むよう励ますべきである。

3. 課題を遂行し、アセスメントを行う

　取り交わされた契約に従い、成瀬さんは課題に取り組み始めた。まず朝起きて、鏡の中の自分に挨拶をしてみた。最初は頑張って続けていたが、10分もやっているとばからしくなり、結局、これは数日で止めてしまった。家族への挨拶は、むしろ課題を知っている母親や父親のほうから挨拶をしてきて、やたら話しかけてくるため、話は続くが、ほとんど彼らの話だけを聞かされているような感じだった。

こうした様子をセッションで報告すると、熊沢さんは大声で笑った。
　「そうだな、もう高校生でもないから10分も鏡見てらんないよな。それに親はやっぱりだめだな。すぐ協力しちゃうから。でもセンターのピアサポート活動はどうだった？」
　「最初は緊張したし、話し合いもずっと聞いてただけ、でもちゃんと挨拶もできたし、楽しかったです」
　「それはいい感じだ。もっともっと良くなるよ。続けていこう。じゃ掃除関係はどうだったかな？」
　「母親がかなり細かい人で、やり始めたら、それは違うだの、もっときれいにだの、うるさくて大変だったけど、でも一応、覚えたことはノートに書きました」
　成瀬さんが、報告後、1冊のノートを見せると、熊沢さんはそれを手に取りながら、再び話し出した。
　「絵っていうか、イラストかな、ずいぶん上手だね。わかりやすく書いてある。こういう才能があるんだ」
　「漫画ばっかし読んでたんで…あと掃除と洗濯は大丈夫だけど、料理は結構、難しかった。買い物もヤバくて、店のどこに何があるか全くわかんないから、目がクラクラしちゃって…」
　「そうか。掃除や洗濯は、学校でも少し訓練してたと思うけど、料理は難しいよね。それと買い物も、若い男は、スーパーなんてあまり行かないからな…そうだ、センターの清掃ボランティアが今度あるから、一緒にやってみよう。これはどちらかと言うと、公園なんかの清掃なんだけど、みんなでやるから楽しいよ。友達もできるしね。そう友達といえば、自己紹介とか趣味とかの課題はどうかな？」
　「自己紹介の練習がよくわかんなくて、それと趣味は、漫画とか書くのが好きなんで、それをまた始めようかなって思って」
　「いいね。あるよ、ピアグループ活動にもいろんな趣味活動が、それを通して友達もできると思う。今日、少し時間あるから、自己紹介の練習、一緒にやってみようか」
　熊沢さんは、机の中から一枚の用紙を取り出して手渡した。そこにはイラストで自己紹介のステップが書かれていた。それに沿って成瀬さんは、熊沢さんと一緒に練習を開始した。その後、何度か成瀬さんは、センター主催のピアグループ活動に参加し、スポーツや映画、ゲームなどを楽しんだ。

🔘考えてみよう

1. 熊沢さんは、成瀬さんからの報告を、どのような気持ちで聞いていただろうか？　また成瀬さんは、どのような気持ちで報告していただろうか？
2. 熊沢さんは、成瀬さんの絵の才能に目を留めた。どのようなことに活用しようと考えたのか？
3. 成瀬さんは、自宅での取り組みより、熊沢さんとの練習やピアグループ活動を楽しんだ。それを知った熊沢さんは、今後、課題をどのように修正するだろうか？

🔘解説

　熊沢さんは、成瀬さんからの報告をとても楽しんだ。それは彼が、熱心に課題に取り組んでくれたからである。また成瀬さんも、熊沢さんに報告することが楽しかった。それは報告しながら、自分が確かに課題に取り組み、達成していることを確認できたからである。これが課題の遂行とアセスメントである。

　成瀬さんの場合、最初に設定した自宅での課題が成功しなかった。そのため、今後、自宅での課題は、センターでのピアグループ活動の時間に振り分けられ、そこで仲間たちと一緒に、コミュニケーションを学び、友人を得る機会が与えられた。

　通常、課題の遂行は、主にセッションとセッションの間に利用者が行うことになる。また時にはセッション中に、利用者を訓練することもある。一方、ソーシャルワーカーは、活用できる社会資源を探し、それらを十分に活用することで、利用者の力を引き出し、新たな能力を開発する機会を提供しようとする。またセッションにおいて達成された課題の評価を行い、うまくいかない課題の修正や障害物への対応についても話し合う。

　必要であればソーシャルワーカーは、モデリングやリハーサルを利用者と一緒に行う。これらは模擬の練習といえる。熊沢さんが、成瀬さんと自己紹介の練習をやろうとしたのがこれにあたる。もちろん練習ではなく、実際の場で課題に取り組ませることにより、利用者の能力をさらに高めようとすることもある。

　障害物が予測されるときは、それを取り除く方法もあるが、資源を導入して、積極的に向かっていく方法を取ることもある。

4. 終結を行う

　熊沢さんは、セッションのたびに成瀬さんからの報告を聞き、それに合わせて少しずつ課題を修正していった。予想通り、成瀬さんはセンターにやってきて、熊沢さんと練習し、ピアグループ活動に参加するのを楽しんだ。そしてそのほうが、目標を達成するのに役立っているようだった。

3か月が過ぎ、あと数回のセッションを残すまでとなった。そこで熊沢さんは成瀬さんと、これまでの課題の達成状況について評価を始めた。

　最初の目標とした「挨拶」と「会話」については、ずいぶんぎこちなさがとれてきた。会話が弾むというほどではないが、相手の話に関心をもち、自分からも共通する話題を質問できるようになった。それに伴って、主にセンターにやってくる仲間たちと友達になれたようだった。これも達成した目標の一つである。掃除、洗濯、食事、買い物については、まだ少し買い物と料理に苦戦しているらしかった。

　熊沢さんは、これらを評価し、当初、問題と考えたものがかなり解消されてきたので、そろそろ次のステップである就労や自立生活について、本格的に取り組むことを提案した。そして、ハローワークと連携して行う、就労移行支援事業の制度について説明し、「そのための課題を一緒に考えよう」と提案した。

　成瀬さんは、課題に取り組んだことで、自分でも様々なことができるようになり、少しだけ働くことや自立生活への希望が見えてきたように感じた。

考えてみよう

1. 目標のいくつかを達成できたことで、成瀬さんは、どのような気持ちになっただろうか？
2. 就労移行支援事業とはどのようなものだろうか？　この事業に成瀬さんが取り組めるように、熊沢さんはどのような課題を考えているだろうか？
3. 課題中心アプローチを試してみた経験があれば話し合ってみよう。課題を達成することで、私たちはどのように成長できるだろうか？

解説

　契約した内容を基に、熊沢さんと成瀬さんは課題に取り組み、少しずつ階段を上がることができた。時々、階段の高さを調節したことで、より確実に目的地に到着できそうだった。この地点で、熊沢さんは、契約した項目がどの程度、達成できたのか、成瀬さんと話し合った。

　課題中心アプローチにおける終結の主な作業は、あらかじめ決めた通りの方法で、目標が達成できたかを確認することである。短期の計画的な介入である課題中心アプローチでは、終結での作業は明快である。セッションの回数も時間も期間も決まっているため、終結を計画する必要もないし、終結する理由を告げ、それに伴う感情を処理する場面も少ない。もちろん人間同士であるため、関係を解消するにあたっては、様々な気持ちも現れるが、目標を達成できたという達成感のほうが大きく、終結は肯定的なものとなる。そして残された問題や引き続きの問題があれば、再契約を行い、改めて新しい課題に取り組むことになる。

実践へのアドバイス

　課題中心アプローチは、これまでの多くの実践から、有効性が検証されている手法である。当初このアプローチは、夫婦や親子の問題解決に用いられたが、発展するにつれて、より大きな家族、グループへと実践が拡大していった。

　このアプローチは適用範囲がとても広い。問題を抱え、その問題を解決する動機と能力があるほとんどの人々に、解決のための枠組みと道筋を提供する。ただ例外として、援助をあまり積極的に望まない利用者には、動機づけが弱いという点で、効果をあげることが難しい。また問題を明確に定め、具体的に解決するよりは、問題をより深く考え、意味を問いかけることを志向する利用者には向かない。また障害については、問題解決能力に応じたアプローチの対応が必要になる。

　なお、このアプローチは、実践研究の結果、「問題が改善している」という肯定的な報告がある一方で、改善した状態が永続するかどうかは、様々な議論に分かれる。それは課題中心アプローチが、問題の原因を探るものではなく、「今、ここで」の問題を取り上げ、それを緩和していくことに焦点を当てているからである。

　ただこのアプローチは、計画された短期間の介入であり、課題への取り組みという具体的な行動を通して、利用者の問題を解決していくため、評価しやすく、また達成感も得やすい。枠組みの中では、自由に手法を折衷させることもできるので、可能性は広がっていく。

　また個人や家族だけではなく、グループワークへの適用も可能である。グループワークの場合、ソーシャルワーカーがリーダーとなり、メンバー個々が自分のターゲット問題を選び、それに対する課題を、メンバー同士の知識や経験から助言し合うことができる。またリハーサルとしてメンバーでロールプレイし、一緒に課題を達成できるという利点もある。グループのダイナミクスを効果的に用いることで、より独創的なアプローチを創り出すことも可能である。

第8章 エンパワメント 理論・アプローチ

エンパワメントの根底には、セツルメント運動や公民権運動などの社会改革の精神が息づいている。それはこの理論・アプローチが、社会に存在する不平等や不正義に着目し、抑圧、排除されてきた当事者たちのパワーを取り戻そうとするからである。

全体像を捉える

> 佐知子さんは、風邪をこじらせたことが原因で、ウイルスによる感染症を起こし、両方の聴覚を失ってしまった。人生を襲った突然の出来事は、生きる気力を奪い、彼女を絶望の淵に落とした。周囲の人々は手話を覚えることを勧めたが、その気持ちにはなれなかった。
>
> 大学に復帰したものの、コミュニケーションが難しく、授業についていけなくなり、友人とも距離を置くようになった。周りの景色は以前と同じなのに、音のない世界は佐知子さんを孤独に追いやった。
>
> 彼女は中途の聴覚障害者であり、話す言葉は普通である。そのため耳が聞こえないといっても、周りの人々からは信じてもらえない。また生まれつきの聴覚障害者のように、手話で話せるわけではなかった。そのため自分のことを、完全に理解してくれる者などいないように思われた。佐知子さんは、こうした苦悩を通院先であるリハビリテーション病院のソーシャルワーカーに相談した。

誰もがこの人生において、加齢や病気、時には障害をも経験する。また様々な境遇から、偏見、差別、阻害、抑圧された状態に陥ることもある。そのようなとき人々は、混乱や葛藤、時には、深い孤独を経験し、生きる力を奪われた無力な状態（パワーレス）になる。エンパワメントとは、こうした状態を断ち切り、当事者を主体として、奪われた力を取り

戻していくことである。

　ソーシャルワーカーは、まず当事者とパートナーの関係を築き、彼らの自尊感情や他者と協働する力を回復しようとする。また問題を生み出す社会構造に目を向けさせ、当事者が自分たちの権利を見出し、それらを自分たちで主張していける力を強めようとする。こうしたエンパワメントは、主に個人、対人、組織、社会という4つの次元を進みながら、広がりをもって展開される。

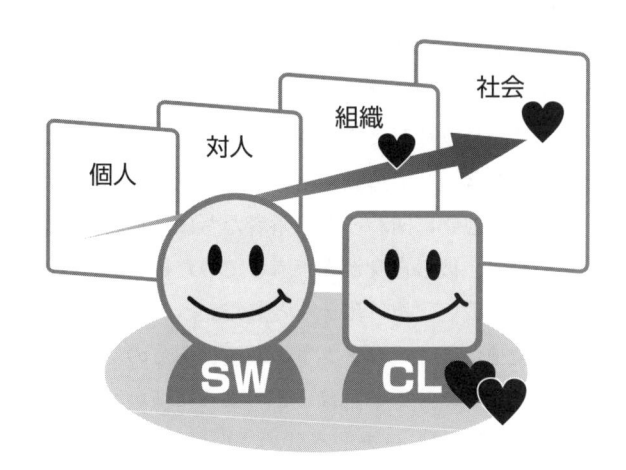

　佐知子さんを突然襲った病気は、彼女の聴覚を奪い、不自由な生活をもたらしただけでなく、中途障害者としての疎外感や抑圧をもたらし、生きていく気力をも失わせてしまった。ソーシャルワーカーは、このような無気力な状態の彼女と、その周りの社会システムに働きかけ、次第に彼女が本来もっていた力を取り戻していくことを目指す。

　まずソーシャルワーカーは、佐知子さんと向き合い、彼女の問題に耳を傾ける。彼女のありのままを受け止め、気持ちを理解し、信頼関係を築いていくことで、彼女は自分自身を信頼し始め、それによって少しずつ力を得ていく。

　佐知子さんは、障害を負ってからは、常に誰かに助けてもらう立場である。そのことが彼女の力を奪うことになる。しかし同じような問題を抱えた人々のグループでは、彼女は他の人を助ける立場に立つこともできる。また彼女の助言から力を得る人々もいる。こうした経験から佐知子さんは、さらに力を得ることができる。

　佐知子さんは、必要な情報を得るにつれて、主体性を少しずつ取り戻す。そして現在、通っている大学において、聴覚が失われていても学ぶ権利があることを発見し、その権利の保障を求め、主張していくことになるだろう。

　さらに佐知子さんは、今後、自分の権利だけでなく、自分と同じような障害や問題を抱えた人々の利益を求め、彼らと連帯して、社会に働きかけることができる。このような支援がエンパワメント理論・アプローチである。

概念を深く学ぶ

エンパワメントの成り立ち

エンパワメントの基盤には、社会運動の精神がある

　エンパワメントの理論・アプローチは、1980年代の後半に体系化されたが、その基盤はセツルメント運動まで遡る。この運動における支援者たちは、抑圧された人々とともに生活し、彼らを強め、また社会を改革しようとする精神をもっていた。

　また欧米を中心に行われてきた社会運動も同様である。民族独立運動や公民権運動、フェミニズム運動、セルフヘルプ運動に関わった当事者たちは、社会的な弱者とみなされていたが、これらの運動を通して、彼ら自身が本来もっていた権利に目覚め、それを社会に向けて発信し、抑圧的な環境と戦い、抜け出そうとした。

　このような社会運動の精神がエンパワメントの基盤にあるのは、元々、このアプローチが、アメリカ社会に見られる不平等や不正義とどのように戦い、改革していけるのか、また抑圧された個人やグループのパワーをどう強めていけるのかに着目してきたからである。

　佐知子さんは、障害を負う以前、社会の多数派に属していた。しかし障害を負ってからは、少数派となり、「障害者」という括りの中での影響を受けることになった。それまで無関係と考えていた障害者への不平等な法律、制度、政策などが、一変して自分に対するものとなった。佐知子さんは、今まで当たり前に行使していた権利というものが、障害を負った人々にとっては、長い戦いの末に獲得してきたものであることを知り、改めて社会の不平等さを痛感したに違いない。

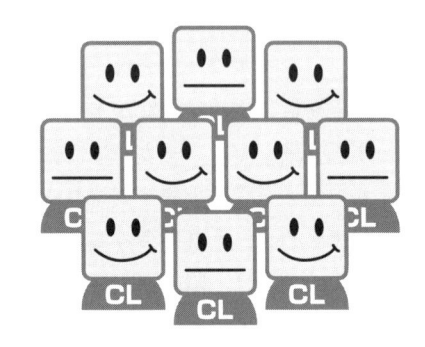

ソロモンはソーシャルワークの分野で初めてエンパワメントの概念を述べた

　ソロモンは『黒人へのエンパワメント』という著作によって、ソーシャルワークの分野で、初めてエンパワメントの概念を述べた。彼女は、問題が個人の病理であり、それを専門家が助けるという医学モデルでは、貧困や犯罪が満ちている地域で起こる問題には対処できないこと。むしろ抑圧された人々が主体となり、無力な状態から抜け出していくことが重要だと説いた。ソロモンは黒人の問題に限定してエンパワメントを論じたが、後にこの考えは、他の人々や分野にも発展していくことになる。

ライフモデルやフェミニストソーシャルワーク、ストレングス視点が影響をもたらした

　エンパワメントは、人と環境という二つの視点で起こる交互作用に着目しつつ、人々をエンパワーしていくという、ジャーメインとギッターマンのライフモデルに影響を受けている。ライフモデル同様エンパワメントは、個人の問題解決と社会正義の実現（社会改革）という二重の焦点をもち、人々をエンパワーすると同時に、不正義な社会構造に対して働きかけようとする。

　またエンパワメントは、抑圧された女性の解放を志向するフェミニストソーシャルワークの考え方、さらに人々の強さに焦点を当てて支援するコンピテンスやストレングス視点からの影響も強く受けている。

　障害を負ったことで佐知子さんの環境は、以前とは全く異なるものとなった。そうした佐知子さんをエンパワーするためには、彼女が暮らす社会を、差別や偏見がないように改善すると同時に、異なる環境の中で格闘する彼女の自信を回復していく。そのためには、積極的に彼女の強さに焦点を当てる必要がある。

パワー・パワーレス・ストレングス視点

パワーとは、個人から対人、組織、そして社会へと広がる領域における能力である

　まず【個人】の領域において、私たちには、自分の価値を尊重し、表現する力が必要である。また【対人】【組織】の領域では、自分の人生に必要なものを、自分で得る力、他の人々と協働する力（協働しながら、他者から影響を受け、他者に影響を与える力）が必要である。さらに【社会】の領域では、存在する様々なシステムと関わり、資源の配分に影響を与える力（問題解決に必要な資源にアクセスするための知識やスキル）が必要である。こうした力が奪われると人々は、パワーレスな状態になる。つまり各領域において、これらの奪われた力を獲得させ、さらに強化していくプロセスがエンパワメントである。

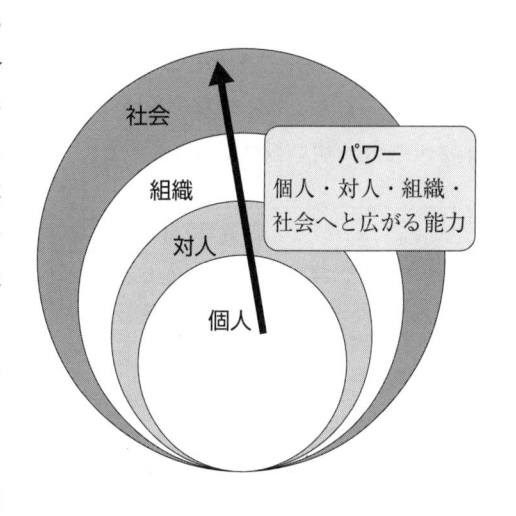

パワーレスな状態は、内面化され悪循環を引き起こす

　社会的な不正義から、抑圧、阻害などの問題が起こると、人々は、資源や機会の不平等さからパワーレスに陥る。こうした状態は、個人と社会システムの交互作用によってさら

に深まり、否定的影響が個人に内面化される。この内面化は、不信感、自己嫌悪、あきらめなどを引き起こし、ひいては個人の問題解決能力を奪い、さらにその人のパワーを奪うという悪循環を引き起こす。

　佐知子さんには、障害を負ったことで失ってしまった能力がある。決定的なものとして、まず個人、対人の領域では、コミュニケーション能力である。今後、彼女の障害を補うために、何らかの力が必要となる。また大学という組織では、特別なサービスを求めるために、自分の権利を主張する力が必要となる。また社会においては、今後、仕事をしていくうえでの不利益を補う力が必要となる。こうした力が奪われ続ければパワーレスが内面化し、強化できればエンパワメントに向かう。

エンパワメントは、ストレングスに焦点を当てる

　エンパワメントの理論・アプローチは、すべての人、環境は、強さや可能性をもっていて、たとえ困難な状況に陥ったとしても、その強さと可能性を高めることができると捉えている。そのためアセスメントにおいて、ストレングス、つまり個人のもつ目標、強さ、才能、力、熱意などに焦点を当てて探り、その後、それらを強化しようとする。エンパワメントにおいて、このストレングスへの着目は非常に重要である。

　以下、ストレングス視点について、医学モデルとの比較も含めて、整理する。

医学モデル　VS　ストレングス視点

　問題を抱える人々を理解する場合、これまで伝統的なケースワーク理論（診断派など）において長く用いられてきた視点として「医学モデル」がある。このモデルは、精神分析

	医学モデル	ストレングス視点
焦点	異常性、疾病、失敗、欠陥に焦点を当て、個人の回復力、生活対処能力は無視する。利用者の話を欠陥の集まったものとみなす。	人々のもつ豊かな能力、活力、知恵、信念、確信、望み、成長、可能性、自然治癒力などの強さに焦点を当てる。
支援内容	利用者を診断することによって、問題を特定し、それにラベルを貼り、原因を導き、治療する方法。人は、貼られたラベル（病理）そのままになってしまい、その人の豊かな経験、知識、願望、可能性がラベルに隠れてしまう。	利用者を自分の問題から学んでいるエキスパートであると捉え、彼らの強さを引き出すために、彼らの説明、経験の解釈に関心をもって関わる。彼らの話す物語を修正せず、そこに強さを発見しながら、新たな物語を一緒につくり上げる。
支援者	支援者が、権威的で、説得したり、見下した話し方をする（パターナリズム）ことで、離れた上下関係にある。	利用者と支援者の対等な関係、協働を重視し、利用者の希望や価値を引き出せるような姿勢によって信頼関係を築く。

学への偏重から、人間の弱さや欠陥、失敗、異常性に焦点を当ててきた。

一方、医学モデルへの批判が起こり、近年、もっと人々のもつ強さや良い部分に焦点を当てようとするストレングス視点が注目を集めてきた。表はこの2つの比較である。

エンパワメントを可能にするには、ストレングス視点が不可欠である。問題を抱える当事者には、強さも弱さもある。もし支援者が権威者として、彼らの失敗や欠陥を探り、それを治療、改善しようとするなら、当事者は、主体的になって問題と向き合うことはできなくなる。そして自尊感情を取り戻すことも、他者と協働する力も得ることができない。まして無力な状態を断ち切り、自分の権利を見出し、それを社会に発信することは不可能である。

医学モデルによる支援は、無力な人々を、さらに無力へと押し戻すことになる。しかし当事者の強さを見出し、それらに焦点を当てるならば、彼らは主体的になり、自分と他者を信頼する力、協働する力、自分の権利を発見し、社会に発信する力さえも獲得できる可能性がある。つまりエンパワメントは、ストレングス視点による関わりができるかどうかにかかっている。

今後、ソーシャルワーカーは、佐知子さんがこれまでの経験から獲得してきた様々な能力、活力、知恵、信念などの強さを発見し、活用していく。そのためには、何が彼女の強さなのかを見極める力―つまりストレングス視点が求められる。

エンパワメントアプローチの4つの次元

パートナーシップを媒体として、利用者の価値や信念に影響を及ぼす

利用者とソーシャルワーカーは、信頼に基づく対等なパートナーとしての関係を築く。この関係を媒体として、両者の協働によりアセスメントを行うが、主体は利用者にあり、何が問題であるかを決めるのも利用者自身である。

ソーシャルワーカーは、利用者の属する環境や階級、そこで経験しているパワーレスな状態を見極めると同時に、彼らの強さに着目し、利用者の価値や信念に影響を及ぼそうとする。また利用者が他者を通して、自分の力を自覚できるよう、セルフヘルプグループを活用し、その中で相互支援、他者との協働の体験、問題解決スキルの習得を行い、能力を強化するとともに、社会資源を活用し、権利擁護を行おうとする。

エンパワメントアプローチの4つの次元の中でソーシャルワーク技法を統合する

コックスとパーソンスは、エンパワメントアプローチを4つの次元に分類して説明している。

個人のステージ―自己信頼

このステージでは、利用者が自分自身と向き合い、「価値ある存在、信頼できる存在」であるという気持ち（自尊感情）を感じられるような支援を目指す。具体的には、カウンセリングによる受容や共感、傾聴という技法を用いて、利用者の抱える問題や心の重荷に耳を傾け、それらを受け止め理解していく。このような支援を通して、利用者は次第に自分を信頼する力を得、自身の生活をコントロールできる現実的なパワーをもつことができる

対人関係のステージ―相互支援

このステージでは、利用者が他者との安心できる相互支援の経験を通して、仲間意識がもてるように働きかける。特にグループを用いて、共通の問題を抱えた人々との出会いや語らいにより、互いの問題を共有し、自己主張し合い、助け合う機会をもたらすことで、利用者に自信を与えることができる

環境・組織のステージ―権利の発見と主張

このステージでは、利用者は自分を取り巻く環境や組織との関係を考え、そこで弱められ、ともすると侵害されてきた自分の権利に気づき、主張し、サービスの向上や社会資源を確保するための機会や力を得る。つまりセルフアドボカシーの力を取り戻すことに焦点を当てる

社会・政治のステージ―社会への働きかけ

最後のステージでは、利用者が市民の意識を喚起し、政治、法律、社会制度、政策まで提言し、あらたに社会資源をつくり出す活動への参加を通して、パワーの配分に影響を与えるために、必要な知識とスキルを強化することを目指す

　エンパワメントアプローチには、特別な技法があるわけではない。4つの次元のそれぞれの枠の中で、個人・家族、グループ、コミュニティへのソーシャルワーク技法を統合し、支援を進めていく。

事例から実践を考える

　後藤芳治さんは、脳血管障害に倒れ、片麻痺と言語障害が残った。入院中、リハビリを開始したが、思うように話せず、また身体が動かないことにいらだち、積極的に取り組まなくなった。現在は介護老人保健施設に入所しているが、ここ

では自力で歩くことよりも、むしろ車椅子での生活を望んでいる。
　後藤さんは78歳。警察官として永く勤めた後、定年退職となり、その後は、夫婦二人で暮らしていた。しかし8年前、妻が心筋梗塞のため亡くなってからは一人暮らしとなり、何かと不便な生活が続いていた。家族は長男夫婦、次男夫婦が他県に在住しているが、年に1、2回、帰省する程度である。
　施設での後藤さんは、決められた食事と入浴以外は、部屋に閉じこもっている状態が続いている。言語障害のためか、人と会話することを避けていて、他の利用者との交流はほとんどない。また、これといった仲間や話し相手もいないため、一人で食事を済ませると、すぐに居室に戻ってしまうことが多い。

後藤さんへのエンパワメントアプローチ

　後藤さんは、これまでの長い人生で、自立した主体的な生活を送ってきたが、突然、脳血管障害に倒れ生活は急変した。社会における健常者という多数派の世界から、一気に障害者という少数派に身を置くことになった。後藤さんは、特に、身体面での不自由さに加え、言語でのコミュニケーションがうまくいかないことに苦しんでいた。それを改善しようとリハビリに挑んだが、思うように進まなかったことに落胆し、次第に人との接触を避け、孤立、疎外へと向かっていった。こうした否定的な環境は、後藤さんから生きる気力を奪い、パワーレスな状態にしていった。

　後藤さんが本来もっていた力を取り戻し、自立への意欲を高めるには、自分を信頼する力、他者を信頼し、協働していく力、自分や他者の権利を発見し、それを組織や社会に向けて主張するセルフアドボカシーの力を取り戻していくことが必要である。

支援プロセス
1. 自己信頼のステージ
2. 相互支援のステージ
3. 権利の発見と主張のステージ
4. 社会への働きかけのステージ

---

1. 自己信頼のステージ

　ある日の午後、後藤さんは施設のリビングルームで、昨年行われた地域の祭りの映像を熱心に見入っていた。ソーシャルワーカーの瀬川さんは、後藤さんの変

化に気づき「お祭り好きですか？」と聞いた。すると後藤さんは「昔、よく踊ってた」と不自由な言葉ではあるが、はっきりと話してくれた。

そこで瀬川さんは、事務所から「うちわ」を数本持ってきて、熱心にお祭りに見入っている後藤さんと他の利用者たちに手渡し、自分でもその「うちわ」を上に掲げ、お祭りのかけ声をはり上げ「みんないっしょに踊ろう」と誘った。その声に活気づき、後藤さんや他の利用者たちは「うちわ」を片手に、楽しそうにお祭りに参加し始めた。

瀬川さんは、後藤さんが積極的に他の人と交わる姿を初めて見た。それはいつもの無口でおとなしい後藤さんではなく、社会で活躍していた、在りし日の姿のようだった。そのとき瀬川さんは、後藤さんの強さを発見できたことを喜んだ。そして今後、その強さに焦点を当て、かつてもっていた彼の力を取り戻してみたいと強く感じた。

「後藤さん、けっこう踊り上手だったね」

瀬川さんは、後藤さんの居室を訪ね、声をかけた。すると後藤さんは、「まあまあだ」とうれしそうに笑って応えた。それから少しの時間、瀬川さんは椅子に腰かけ、お祭りの話題をもちかけた。

「後藤さん、昔は結構、お祭りに出てたの？」

「毎年だよ。若い頃から毎年！」

「じゃあベテランじゃない。教えてよ。難しいよね。この踊りは」

「今はもう駄目だ。何年もやってないし」

「やっぱこの町じゃあ、お祭りで踊れる人は人気者だよね」

「昔はさあ、人気あったよ。踊りも自信あったし…写真もあるよ」

後藤さんは、不自由な言い回しではあったが、うれしそうに、お祭りで踊っていた若い頃の写真を見せてくれた。その様子は、これまでの後藤さんの姿とは見違えるほどで、施設に来てから、これほど生き生きとした姿はなかったほどであった。

瀬川さんは、後藤さんと一緒に踊ったり、話したりしたことで、良い信頼関係が築けたと感じた。また後藤さんも昔の自分を思い出し、少しだけ自信を取り戻したように感じた。

考えてみよう

1. なぜ瀬川さんは、後藤さんや他の利用者たちに「うちわ」を手渡し、一緒に踊ろうと誘ったのか？
2. なぜ瀬川さんは、その後、後藤さんに、昔のお祭りの話題をもちかけたのか？
3. 後藤さんは、昔の話をしながら、何を思い出していたのだろうか？

解説

　瀬川さんは、後藤さんが、どうしたら力を取り戻せるかを考えていた。そのようなとき、ふとしたきっかけで、彼がお祭り好きであることを知った。そこで瀬川さんは、すぐに一緒に踊り、関係を深めた。瀬川さんは、その瞬間「お祭りで踊ること」が、後藤さんの強さ（ストレングス）であることを確信し、今後、その強さに働きかけることで、エンパワメントを行いたいと考えた。

　早速、瀬川さんは、後藤さんの昔話に関心を向け、彼のライフヒストリーの中での、お祭りの存在や意味に耳を傾けようとした。またその過程で後藤さんを受容し、共感を示し、彼の自信と自尊感情を回復しようとした。

　エンパワメント最初のステージは、自己信頼の力を取り戻すことである。人は否定的な環境に取り巻かれると、問題に対処できなくなり、本来もっているはずの内的な力が奪われたパワーレスな状態に陥る。そのようなとき人は、自分を「価値のない存在」であると捉え、自分を認めることも信頼することもできなくなる。この時点でのその人の力は、限りなくゼロ、あるいはマイナスに近い。こうした状態から、徐々に自分自身を信頼できる地点までつれていく。

　具体的には、カウンセリング技法、つまり受容や共感を基盤にした傾聴を駆使しながら、後藤さんに深い関心を向け、パートナーとしての関係を築き、彼の自尊感情を回復しようとする。その過程で後藤さんは、自分が価値ある存在であると感じ、次第に自分の存在を受け入れ始め、やがて自信と自己信頼を取り戻し、支援を受けて変化したいという望みをもてるようになる。

　利用者が自分を信頼できるようになるには、まずソーシャルワーカーが利用者を信頼しなくてはならない。ソーシャルワーカーがするべきことは、どのような形であっても「あなたを信頼している。あなたはそれに値する人である」というメッセージを利用者に送り続けることである。このような温かな態度と声かけにより、利用者の心に自己への信頼感が一滴ずつ溜まっていく。

　後藤さんは、昔のお祭りの話をしながら、かつて自分が活躍していた頃を思い出した。そのとき瀬川さんは、後藤さんの話に耳を傾けながら、「あなたを信頼している。あなたはそれに値する人だ」とメッセージを送り続けた。このことにより、後藤さんは、少しずつ自分への信頼を取り戻していたし、聞いてくれた瀬川さんに対しても信頼を寄せるようになった。

2. 相互支援のステージ

　瀬川さんは、後藤さんも含めた何人かの利用者が、近づいてきた今年のお祭りに参加することを考え始めた。そしてそのことをカンファレンスで提案し、施設長や他の職員に相談した。施設長は「これまでお祭りを、見に連れていくことしか考えなかったが、車椅子であっても参加できるなら、より楽しめるだろう」と瀬川さんの提案に理解を示した。

　後藤さんを含む6名の利用者が、お祭りへの参加を申し出た。これに加えて、家族、ソーシャルワーカー、看護師、介護福祉士、作業療法士、理学療法士らで「祭りを踊ろう会」を発足し、練習と準備を開始した。主に、練習は利用者たちが自主的に行うこととし、家族やスタッフは、彼らが安全に参加できるよう側面から支援した。

　後藤さんは、練習に欠かさず参加し、囃子に合わせて熱心に体を動かしていた。また仲間の踊りを熱心に指導することもあった。あれほど気にかけていた不自由な言葉もあまり気にせず、他の仲間と心が通じあっている様子だった。

　その日も車椅子に乗ったメンバー6名は、「うちわ」を持ち、囃子に合わせて声をそろえて踊っていた。瀬川さんは、後藤さんたちの様子を観察しながら一緒に参加していた。後藤さんは、うまく体が動かせない人に話しかけた。

　「俺もそうだけどさ、手動かなきゃ、こんなふうにやったって大丈夫なんだよ」

　「そうかい。でもさ、同じように手が動かなくても、後藤さんの手さばきは見事だよな」

　「ようはさ、自分が楽しめばいい。何も他の人みたいにできなくてもいいわけだよ」

　「そうだな。われわれは、参加することに意義があるってこと」

　「そうそう」

　他のメンバーを励ますときの、後藤さんの表情は真剣であり、また楽しそうだった。会話を聞いていた瀬川さんは「後藤さんは本当に踊りが上手だね」と言葉をかけた。すると後藤さんは「上手じゃなくて、好きなだけ」と笑いながら答えた。この言葉が以前より明瞭だったことにも驚かされた。メンバー6名の間には、しだいにグループとしての仲間意識が芽生え、食事の後、居間で団らんする姿を見かけることができた。

考えてみよう

1. 瀬川さんが、利用者たちをお祭りに参加させたいと思ったのはなぜか？

2. 後藤さんは、グループでの練習から、どのような力を得ていっただろうか？ それはなぜだろうか？
3. 瀬川さんは、あくまで利用者が主体的に練習していくグループを志向していた。それはなぜか？

解説

　瀬川さんは、後藤さんたち利用者が、今年のお祭りに参加することを提案した。メンバーは少し不安を感じたかもしれないが、目標意識は高まった。瀬川さんは、参加が実現するよう、関係機関との調整を行った。やがて参加する6名のメンバーが確定し、グループ活動として、本格的な踊りの練習を開始した。この活動は、後藤さんたちに、自分を信頼するだけでなく、仲間をも信頼する力をもたらすことになった。

　後藤さんは、日々、熱心にグループに参加し、率先して練習し、また他のメンバーたちの踊りを指導した。それによって他のメンバーたちは、後藤さんを受け入れ始めた。メンバー同士は、互いに親しくなり、一緒にお祭りに参加するという目標に向かって動き出した。

　このステージでは、グループワークを通して利用者たちが、仲間意識をもてるように働きかける。特に、同じ問題を抱える人々と問題を共有し、互いに助け合える機会をもたらすことで、ともに力を得ようとする。

　後藤さんには仲間が必要である。特に、同じような問題を抱えた仲間との出会いや語らいから「問題をもっているのは自分だけではない」こと、そして「問題を共有し、互いに助け合うことができる」ことを知り、大きな慰めと力を得ることができる。またこれまで助けられる立場だった後藤さんも、グループという限られた人間関係ではあるが、他のメンバーの問題に目を向け、共感し、助ける立場に立つことができる。もちろん、他の利用者も同様に、助けたり、助けられたりすることを体験できる。こうしたグループ活動により、後藤さんも他の利用者たちも、仲間意識をもち、自己信頼から他者信頼へと向かっていった。

3. 権利の発見と主張のステージ

　ある日、瀬川さんは、後藤さんから相談と要望を受けた。
　「お祭りが近くなり、みんな張り切っている。こういう施設からの参加だから、適当でいいと思われたくない。できるだけ立派な踊りを披露したい。もう少し手足が細かく動くように、これまでより長い時間、自分たちをリハビリに参加させてほしい」
　後藤さんの話す言葉には、これまでにないほど熱がこもっていた。

「担当するスタッフのスケジュールや、他の利用者との調整をしてみましょう」
　瀬川さんは、後藤さんの話を受け止め、要望がかなえられるよう努力することを伝えた。
　さらに後藤さんは「お祭りが近くなったら、浴衣を着て、一度、施設の中で披露してみたい」とも話し、その機会がもらえるかどうか尋ねた。そこで瀬川さんは、次回の誕生会で壮行会を行うよう提案した。
　壮行会では、6名の利用者の決意表明がなされた。後藤さんは次のように挨拶した。
「私たち6名は、今年の祭りに参加するため、一生懸命に練習してきました。その踊りを、今日は皆さんに披露したいと思います。ただその前に、私たちを助けてくれた人たちに一言、お礼を申し上げたいと思います」
　それから後藤さんは、施設長をはじめ、応援してくれたスタッフ、浴衣を仕立ててくれた地域の婦人会の方々の名前を呼び、お礼の言葉と、みんなで準備したという花束を贈呈した。その後、後藤さんたちは、囃子に合わせて踊り始め、会場内には大きなかけ声がこだました。こうして祭りのムードは高まっていった。
　いよいよお祭りの本番を迎えた。後藤さんたち6名とその家族、スタッフらは、大勢の見物客が見守る中、堂々と踊り始めた。後藤さんたちのグループが桟敷席に近づくと、観客から一層の拍手と歓声が送られた。
　後藤さんは、満面の笑みを浮かべ、一番、声を出して踊っていた。不自由な手を少しでも高く、また遠くへ挙げようとしていた。瀬川さんは、華麗な手踊りを披露する後藤さんを見ながら「これが部屋に閉じこもりがちで、生きる意欲すら失っていた人なのか」と、改めて力を取り戻していく人間の可能性に感激していた。
　最後まで踊りきったとき、後藤さんと他のメンバーたちは、互いに集まり、握手をしたり、肩をたたきあったりして喜びを分かち合った。後藤さんの目には、少しだけ涙が光っていた。しかしその表情は喜びで溢れていた。

考えてみよう

1. 利用者にとっての権利の発見や主張は、ともすると苦情やわがままととられることもある。それはなぜか？
2. 後藤さんが、自分の意思で要望を述べたことを、瀬川さんはどのように受け取っただろうか？
3. 実際にお祭りに参加した経験から、後藤さんや他の利用者たちは、どのような力を得ただろうか？

解説

　グループでの一致と仲間意識を感じた後藤さんは、確実に力を得て、次の「権利の発見と主張のステージ」へと進んだ。後藤さんの権利の発見と主張は、「もっとリハビリを受けたい」という小さな要望にすぎなかったが、瀬川さんは、それは小さなことではなく、大切なことであると受け止め、しっかりと対応している。もしそれを「わがまま」や「苦情」と扱っていたら、結果は違ってくる。ここがエンパワメントを知っているかどうかの分かれ道である。

　このステージでは、これまでのような内的なエンパワメントの領域から抜け出て、もっと外的なものに対する力を強める。つまり後藤さんに「自分の権利とは何だろう？」ということに気づかせようとする。そして後藤さんが、自分の所属する環境や組織、地域に目を向け、そこでの自分の権利や要望を発見し、自分の力と方法によって主張できるよう支援する。つまりセルフアドボカシーを体験させようとする。

　施設で暮らす後藤さんの生活は、日課やプログラムが決まっていて、行動が制限されていることも多い。治療やリハビリにしても、きちんと説明を受けていない場合もある。こうした環境では、自分で決め、意見を言うことをしなくなるし、また選択できる部分がないため、「何をしても変わらない」という無力な気持ちに陥りやすい。

　これに対して、エンパワメントを志向していた瀬川さんは、後藤さんらのリハビリについて詳しい説明を行い、可能な限り自分で選択し決定する機会と、自分たちの声で主張する経験を与えようとした。もちろん彼らだけで難しいことは、自治会や当事者グループを組織することで、連帯しながら行うよう促すことも視野に入れていた。

　ところで利用者に「権利を発見し主張する」よう促すことは、組織に対する苦情を拾い上げることになり、直接、経営側に対して物申すことになる。しかし利用者本位のサービスを考えるならば、自治会などの活動、オンブズマン活動などは、利用者、家族、地域社会の評価を得るというメリットもある。そのことを経営側に示しておくならば、理解が得やすくなるだろう。

4. 社会への働きかけのステージ

　後藤さんたちがお祭りに参加した様子は、地元のテレビで放映され、新聞でも取り上げられた。取材した新聞記者から、他の施設の利用者たちが「自分たちもお祭りに参加したい」と話していたことを知った。それを聞いた後藤さんは瀬川さんに相談した。
　「私はもうすぐ自宅に戻れるけど、デイサービスには通ってくる。だから仲間たちと来年もお祭りに参加したい。できれば来年は、このあたりの他の施設の人

たちとも一緒に踊りたいんです」
　瀬川さんは、少し考えた後、後藤さんに自分の考えを伝えた。
「施設を通して、私たちが働きかけることもできるけど、後藤さんたちが中心になって、他の施設やデイサービスの人々に声をかけてみたらどうでしょう？」
　それを聞いた後藤さんは、驚いた様子で答えた。
「やり方がわからないし、他の施設からは、反対されるんじゃないですか？」
　瀬川さんが話を続けた。
「そうかもしれないけど、もし本当にみなさんが一緒に参加したいのなら、その願いを直接、話してみたらどうでしょう。場を設定することは可能ですよ。お祭りの練習や参加は、介護予防のプログラムとしても、広めていけるんじゃないですか」
　このような会話を受けて、後藤さんたちメンバーは、話し合いを開始した。そして来年、自分たちだけではなく、他の施設にいる方々も誘うことに決めた。もちろん自分たちだけの力でそれは実現しないが、瀬川さんやデイサービスの職員たち、地域の人たちの助けがあれば、実現できると感じていた。後藤さんたちの夢は、いつまでも自分たちの踊る姿を、地域の人々に見てもらうことだった。
　自宅へ戻る日、後藤さんは瀬川さんに挨拶した。
「瀬川さんが、祭りに誘ってくれたおかげで、こんなに元気になりました。本当に感謝しています。世の中には、かつての私のような方々もたくさんいると思います。だから私は、これからも踊りに参加する仲間を増やし、年をとっても、いつまでも社会に参加できるんだということを示したいと思っています」
　後藤さんは、瀬川さんの言葉に感謝し、心が喜びで満たされた。
　そして強さを見出し、その強さに焦点をあてるエンパワメントの素晴らしさを心から確信した。

考えてみよう

1. 後藤さんが、同じ病気の患者たちに、もっと声をかけたいと考えたのはなぜか？
2. 瀬川さんは、後藤さんたちメンバーが主体となるように提案した。それはなぜか？
3. 後藤さんたちの行おうとしたことが、なぜエンパワメントの社会への働きかけのステージといえるのか？

解説

　テレビや新聞の取材をきっかけに、後藤さんたちは、さらに広い社会的な視野をもつに至った。そして「地域で暮らす、同じような脳血管障害の患者が、来年、一緒にお祭りに参加できないだろうか」と考えるようになった。それを聞いた瀬川さんは、「当事者であ

るがゆえに、社会に発信できることがある」と強く感じ、後藤さんたちメンバーの力を使って、彼らが主体的に活動していくように勧めた。そして自らは後ろへ下がり、良きパートナーとして、側面からサポートしようとした。つまり当事者にやってもらうこととソーシャルワーカーがするべきことを分け合いながら、脳血管障害の患者たちの社会参加を実現させたいと考えたのである。

　エンパワメントの最後のステージは、社会への働きかけ、つまり当事者が市民の意識を喚起し、政治や社会制度、政策に提言し、社会資源をつくり出す活動への参加を通して、自らの力を強化していくことである。もちろんすべての当事者が、このステージまでたどり着けるわけではない。しかし可能性をもっていると捉えるべきである。

　このステージのエンパワメントを実現するには、コミュニティワークやソーシャルアクションというスキルを駆使する。その際、主体をあくまで当事者に置き、パートナーとして後方から支援する。例えば、瀬川さんたちに、地域に存在する当事者団体や支援団体、NPO、専門職団体、社会資源などを紹介し、これらが互いに連携していく方法を教えることができる。また後藤さんたちの活動が、もっと新聞やテレビで取り上げられるように、マスコミを効果的に活用するよう助言できる。

　瀬川さんは、自分で社会に働きかけるのではない。あくまで後藤さんたち当事者が連帯して、また他の機関とネットワークを組み、組織化しながら、広がりのある社会運動にまで発展させていけるようサポートするのである。

　後藤さんたち当事者が、もし他の施設の利用者たちに声をかけるなら、お祭りへの参加者は増えていくだろう。また彼らを支える家族や地域住民たちも、組織化されるに違いない。高齢になり、障害を負った人々が、お祭りに参加し、自らの力で踊る姿は、地域の人々の心を捉えるだろう。それに伴い地域には、彼らを支える組織や社会資源、制度が生まれていくかもしれない。たった一人の当事者の小さな強さを見出し、それを引き出そうとする働きかけは、その始まりは小さいが、後に社会を変える大きなエンパワメントへと発展する可能性をもっているのである。

実践へのアドバイス

　エンパワメントアプローチは、人々をパワーレスにさせる多くの問題に適用可能である。特に、現代社会においては、経済的な格差が広がり、貧困に苦しむ人々が激増している。また高齢のため、病気や障害を負う人々も増えている。さらにアルコール依存に苦しむ人々、児童虐待、いじめ、不登校、DVの犠牲者も増えている。さらに少年犯罪、疎外されていく外国人たちの問題もある。これらの問題の多くは、歪んだ社会構造がもたらし

た負の遺産ともいえる。こうした問題に向き合おうとするとき、エンパワメントの思想、理論・アプローチが生きてくる。

　他の理論・アプローチは、比較的、人に焦点が向けられ、パーソナリティを探り、現在の問題をどう解釈するか、あるいはどう行動を変化させていくかということを扱う。しかしエンパワメントアプローチは、人が社会から疎外され、抑圧され、力を奪われていく構造に目を向け、人だけではなく、社会に対して立ち向かっていこうとする。それも当事者が自分の声で主張していけるように助けていく。また人々のもつ力や強さに焦点を当て、自分自身の価値を高め、人々と協力する力をもたらす。またその人々の所属する環境の中での「権利」に目を向けさせ、それを自分の力で発見し、主張できるよう強めていく。さらに可能であれば、その力を社会へと向けさせる。

　エンパワメントアプローチを用いる際、ソーシャルワーカーは、何よりも倫理綱領にある「人間の尊厳」「社会正義」また「ソーシャルインクルージョン」などについての深い理解が必要である。そしてマイノリティの側に立ち、彼らの権利を、どう擁護するのかを常に考えていくべきである。

　エンパワメントアプローチには、ステージの枠組みと方向はあるが、決められた手法があるわけではない。そのためソーシャルワーカーは、それぞれのステージで用いる手法を、自由に組み合わせることができる。またすべての人々が、社会のステージまで進むわけではない。それはあくまで目標地点である。多くの場合、自己信頼と他者信頼というステージで終わるかもしれない。そうだとしてもソーシャルワーカーは、いつも最終目標を見つめているべきだと思う。

第9章 システム（家族療法）理論・アプローチ

個人や家族、社会をシステムとして捉え、それらシステムのもつ独自の特性や力を活用して問題を解決する手法。近年、システムアプローチは様々に変化し、多岐の手法が存在するが、ソーシャルワークの領域では「家族療法」という形での適用が多い。

1 全体像を捉える

> 山下家族は、父、母、長女（大学1年）、次女（高校1年）、祖父の5人で暮らしていたが、長女がこの春、大学進学で一人暮らしとなったことをきっかけに家族に変化が表れ始めた。
> 　長女がいなくなったことで、父は「寂しさ」を口にするようになり、これまで控えていた酒を飲み始めた。そして、酔っ払って妻と口論することが増えてきた。母は夫婦間のストレスを、介護する祖父に向けるようになり、時折、暴言を吐くようになった。こうした状況が数週間続いた頃、突然、次女は学校へ行かず、部屋に閉じこもるようになった。母は次女の不登校について、スクールソーシャルワーカーに相談した。

　システム理論・アプローチは、家族の誰かが問題を抱えた場合、その人だけに原因があるとは捉えない。むしろ家族システム内に、不適切なコミュニケーション、役割、力関係等があり、そのために問題が維持されていると考え、家族システムを変容させることで問題解決を図ろうとする。

　ソーシャルワーカーは、まず家族メンバー同士のコミュニケーションを観察し、サブシステムや同盟関係に着目する。そして過度に依存的な関係は遮断し、また交流が少ないメンバー同士は、関係を修復、創造する。こうした部分的な変化が家族に起これば、システ

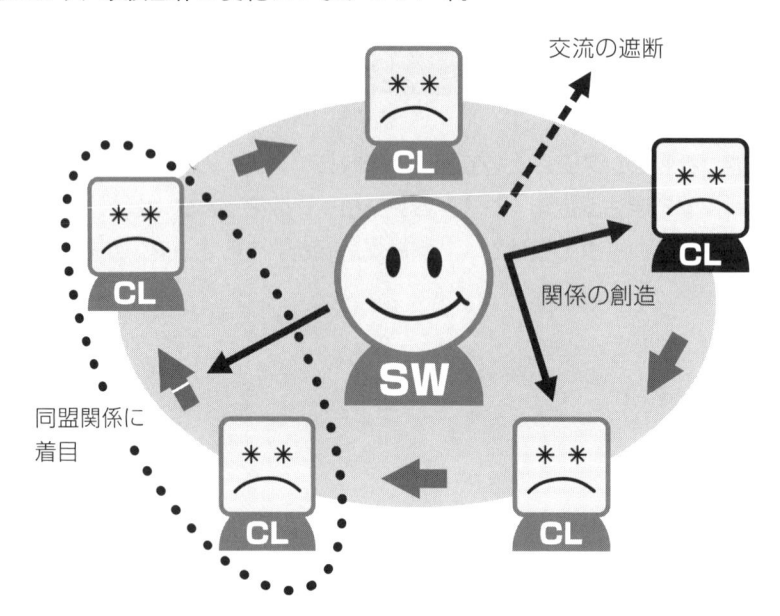

ムの特性により、家族全体の変化につながっていく。

交流の遮断
関係の創造
同盟関係に着目

　山下家族に対してソーシャルワーカーは、まず部屋への入り方、座り方を観察し、ジョイニング（家族の交流に加わる）を開始する。また自己紹介や簡単な社交を経て、話題を主訴に向ける。まず父、母、祖父、次女がそれぞれ問題をどう見ているのか、また誰が影響力をもっているのかを観察するが、おそらくこの時点では、不登校の次女だけが問題とされるだろう。当面その考え方を理解しつつ、メンバー各々のコミュニケーションに注目し、サブシステム同士の境界、同盟関係を観察する。その後、もし次女と父の会話がほとんどみられないなら、父を次女の隣に座らせ、二人だけで会話するよう促し、交流を創造する。母親が娘の問題を代弁するようなら、それを遮断する。家族全員での交流が少ないと判断したら、全員で外出するよう提案する。このような家族関係への働きかけにより、家族内に円環的な作用が起こり、家族システムに変化が起こる。これがシステム（家族療法）理論・アプローチである。

概念を深く学ぶ

システム

システムとは、互いに影響を与え合う要素で構成された集合体である
　私たちの周りに多くのシステムが存在する。人間の細胞や体はシステムである。また家

族、学校、職場などもシステムと捉えることができる。さらに地域社会、国も一つのシステムである。私たちは何らかのシステムに属し、その中で役割をもち、他の要素とコミュニケーションをとりながら、互いに影響を与え合っている。また他のシステムとも影響を与え合っている。

システム理論には、主に一般システム理論と一般生命システム理論がある

　一般システム理論は、ベルタランフィらによって提唱された科学理論で、ミクロからマクロの分野に至る、様々な現象をシステムとして捉え、説明しようとした。この理論をミラーは、後に精神医学の領域にも適用させ、一般生命システム理論を提唱した。こうしたシステムに共通する特徴について「家族システム（山下家族）」を例に挙げて説明する。

システムの全体と部分は、相互に影響を与え合いながら目標に向かう

　部分への影響は全体への影響、また全体への影響は部分への影響である。そして全体は、部分の単純な合計ではない。

　山下家族という全体は、構成メンバー一人ひとりと相互に影響を与え合う関係にある。例えば、父親が酒を飲んで妻と口論するとき、その影響は夫婦だけでなく、家族全体に及ぶ。また家族全体が問題を抱えたことで、その影響が次女に及んだものと考える。

　山下家族の構成は、父、母、長女、次女、祖父という5人の部分である。単純な足し算で考え、一人の力を1とすると全体は5になる。しかしシステム理論ではそうならない。調和と一致の程度によって、5以上の力を出す場合もあれば、5以下になることもあり得る。

　このように考えると、家族システムは、単なるメンバーの寄せ集めではない。全体としての働きをもつ集合体である。だから長女が家を出て一人暮らしをしたこと、つまりメンバーが一人欠けてしまったことで、家族全体が影響を受けたし、父、母、次女、祖父という個々にも影響が及んだ。

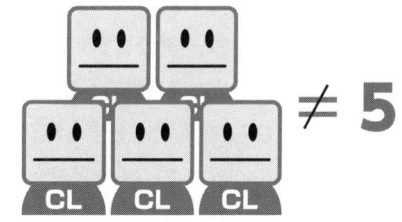

システムには、入力・出力を通したフィードバック機能がある

　家族は開かれたシステムとして、次頁の図のような入力（インプット）と出力（アウトプット）を通して行われるフィードバック機能をもつ。また家族システムは、境界線（バウンドリー）によって内側（家族メンバー）と外側（他の人々）とを区別している。

　家族は外の上位システム（学校、職場など）と影響を与え合う。例えば、長女が家を出たという出来事は、入力（原因）を通って家族システムに入り、家族全体や構成メンバー（父、母、次女、祖父）と円環的作用を起こし、何らかの形で出力（結果）され、他のシステム（例えば、父の職場、次女の学校など）にも影響をもたらす。またそこでの出力（結果）は、フィードバックとして入力（原因）にも戻ってくる。

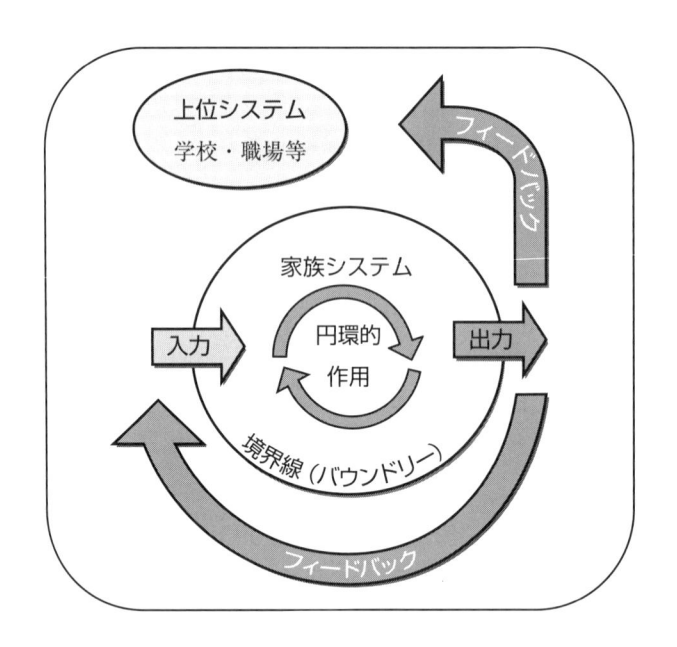

ただし家族内のメンバー同士の影響は、単純な原因―結果という直線的なものではなく、むしろ円環（ループ）的になる。

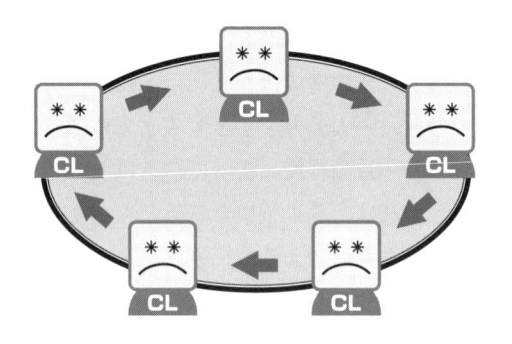

山下家族では、父親が酒を飲み、妻にストレスを発散し、妻はそのストレスを祖父の介護にぶつけた。祖父が虐げられているのを見て、次女は悲しみ、学校に行けなくなったかもしれない。次女の不登校はそのまま父に影響を与え、さらに酒を飲ませる原因になるかもしれない。こうして、もともと父親が持ち込んだストレスが、自分に戻ってくることもある。私たちの日々経験していることは、原因にも結果にもなり得るのである。

システムのフィードバックは、様々なレベルで行われる。家族は構成メンバーや地域や職場、学校などのシステムともフィードバックを行いながら、それぞれの状況に適用するために、家族という形態を維持しつつ変化に対応しようとする。

システムは、均衡を保とうとする（ホメオスタシス）

生命体には、内外の環境の変化や影響を受けながらも、形や性質を一定に保とうとする性質（ホメオスタシス：恒常性）がある。この性質は人の体にも備わっている。私たちの体は、外の刺激にさらされたとき、自分の意思とは無関係に、一定の性質に保とうとする機能があり、この状態が崩れると病気になる。

このホメオスタシスは、家族システムにも当てはまる。たとえ家族が問題を抱えていたとしても、そのままの状態でバランスが取れていれば、その状態を維持しようとする。

山下家族は長い間、5人で過ごしてきた。つまり5人で全体のバランスを取ってきた。しかし長女が家を出たことで、そのバランスは崩れ始める。一人のメンバーの変化が、家族全体の変化につながっているからである。こうした変化に対してシステムは、家族全体としても、また一人の構成員としても、友人、家族、職場、学校などとフィードバックを試みながら、家族の現状を保とうとする。それは父が酒を飲み、母が祖父に暴言を吐くなどの、個々のストレスの発散という形で現れている。

　しかしこうした機能不全は、弱い個人に転化されやすく、次女が学校に行けなくなるという問題につながった。表面的な現象にだけ目をとめると、次女だけに問題があることになるが、そうではない。「次女に問題がある」という状態を維持することで、不安定ながらもこの家族は、全体としてのバランスを保っている。そしてその背景には、メンバー一人ひとりの機能不全が隠されている。

システムには、「はじまりはどこでも、同じ結果がもたらされる」という性質がある

　家族の問題は、構成員の相互関係によって起こるため、抱えている問題が誰から出発しても、同じ結果が生じる。山下家族の問題は、長女が家を出たということに始まり、それがきっかけとなり、父や母、祖父、次女間に不適切なコミュニケーションが起こり、結果として次女が学校に行かなくなった。しかしこの家族には、長女がいるときから問題は潜在化していたのであり、長女の出来事は単なるきっかけに過ぎない。仮に父の失業がきっかけであっても、そこから次女が学校に行かなくなる可能性もある。

システムは、時間の経過とともに構造、機能、発達面で変化する

　家族は開かれたシステムとして、内外のシステムにフィードバックを続け、時間の経過とともに構造、機能、発達という面で変化していく。

　家族の「構造」は、構成員の役割によって定まる。時間が経過するごとに構成員は、様々な役割を引き受ける。そうすることで変化に対応しながら、全体としてのバランスを保っている。

　またどの家族にも一貫した「機能」が見られる。これは構成

員同士の規則的な行動やコミュニケーションである。これらが時間とともにパターン化され、連鎖が繰り返される。

さらに家族は、様々な「発達」を経験する。子どもが生まれて、増えていく時期があり、進学、結婚、死別により減っていく時期がある。このような発達状況に対処するために、家族の構造や機能は変化を余儀なくされる。

山下家族について考えてみると、長女は、他の構成員をつなぎとめる役割があった。彼女を中心にして家族は構造され、機能していたのかもしれない。その彼女が家を離れたことで、夫婦間の不適切な行動やコミュニケーション不全という問題が露呈したように思える。

家族療法

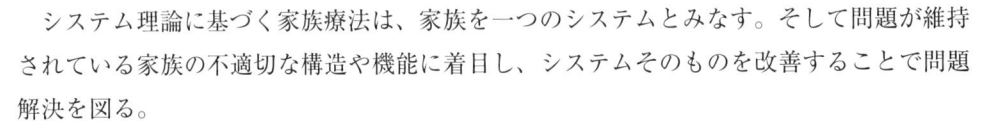

システム理論に基づく家族療法は、家族を一つのシステムとみなす。そして問題が維持されている家族の不適切な構造や機能に着目し、システムそのものを改善することで問題解決を図る。

具体的には、家族内で起こっている連鎖的なコミュニケーション（つまり、構成員間の役割、力関係、コミュニケーションの一部）に介入することで、家族内の全体のコミュニケーションパターンを改善しようとする。

家族療法の特徴

- 問題を単純な因果関係（原因⇒結果）ではなく、円環的（ある現象が原因にも結果にもなり、円のように回り相互に影響を及ぼし合う）に考える
- 一人の変化が家族全体の変化を起こし、家族全体の変化が一人の変化をもたらすと考える
- 原因探し（悪者探し）をしない
- 個人の人格を変えることに深く関わらない
- システムの変容の結果、問題の解決を目指す
- 現在、そして今後のことに目を向ける
- 家族の問題解決能力を引き出す

ミニューチンの構造的家族療法

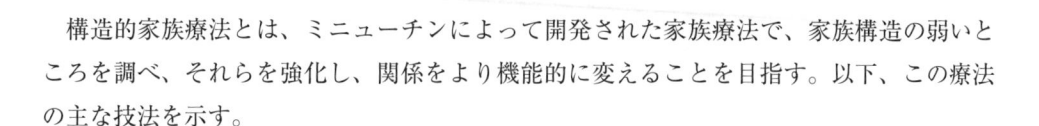

　構造的家族療法とは、ミニューチンによって開発された家族療法で、家族構造の弱いところを調べ、それらを強化し、関係をより機能的に変えることを目指す。以下、この療法の主な技法を示す。

パートナーシップを強める
　家族がすでに努力してきた対処方法を十分理解したうえで、家族とのパートナーシップを強めながら取り組む。

主訴を尊重し、十分に対応する（IPの確認）
　家族は、「自分たち家族の特定の個人が問題をもっている」と考える（悪者探し）。その結果、「○○を助けてください。私は大丈夫ですから」と訴える。ここで問題があるとされる人は、IP（Identified Patient：患者とみなされた人）と呼ばれる。
　一方、家族療法は「問題は家族間の不適切な構造」の結果と捉える。つまり最初の時点では、両者に考え方の隔たりがある。そこで初期段階においては、家族との信頼関係を築くために、相手の主訴を尊重し、彼らの言い分に耳を傾けるところから始める。

ジョイニング
　ジョイニングとは、支援者が家族に対して、システムの一部として積極的に参加し、問題が維持されているコミュニケーションパターンを把握し、介入していく技法である。必要以上に情緒面には深く立ち入らず、今、目の前で起こっているコミュニケーションパターンに適用しようとする。
　ジョイニングでは、家族システムを急に変化させず、まずは家族との信頼関係を築きつつ、家族システム全体やメンバー個々のルール、コミュニケーションパターン、慣習、文化などを観察し理解することが大切である。ジョイニングを通して、家族のサブメンバーとしての地位が得られれば、その後、効果的な働きかけができる。

エナクトメント
　実際の家庭でのコミュニケーションの場面を再演してもらう方法。例えば、母親に「子どもとどのような会話をしていますか？」と尋ねると、その回答には、どうしても母親の主観が入る。そこで母親と子どもに「普段、どんなふうに会話しているのか再現してもらえますか？」と依頼する。

家族療法は、循環プロセスを辿る
　家族療法は、循環プロセスを辿る。家族システムにジョイニングした後、目の前で展開

されるコミュニケーションについての情報を収集する。その後、そのコミュニケーションがどうして起こっているのか仮説を設定し、変化させるための働きかけを行い、結果を情報収集する。その後は、こうした作業を繰り返す。

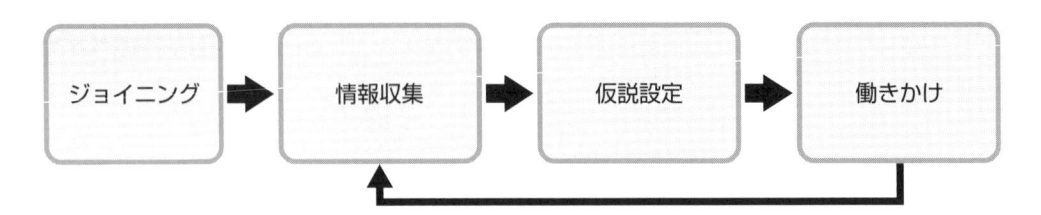

ジョイニング → 情報収集 → 仮説設定 → 働きかけ →（情報収集へ戻る）

　働きかけは、システムの一部、あるいは全体に対して行う。例えば、セッション内における面接での座り方、話し方、話す順番を変更する。またセッション外での課題を通して、新しいコミュニケーションパターンを創造し、家族の構造（役割、力関係、コミュニケーション）が変化するよう働きかける。たとえ少しの変化であっても、家族システムのもつ力によって、その影響は大きくなっていく。

　ソーシャルワーカーは、まず山下家族の部屋への入り方、座り方を観察し、その後ジョイニングを開始する。自己紹介や簡単な社交を経て、話題は問題の主訴へと移る。まず父、母、祖父、次女がそれぞれ問題をどう見ているのか、また誰が影響力をもっているのかを観察する。おそらくこの時点では、次女の不登校だけが問題であり、彼女はIPとなる。当面その考えを理解しつつ、家族のメンバー各々のコミュニケーションに注目しながら、サブシステム同士の境界や同盟関係についても観察する。

　こうして得た情報には、次のようなものが含まれるかもしれない。

・長女が家を出た後、家族間のコミュニケーションがうまく機能していない
・特に次女（IP）を見ていると、父との会話はほとんどなく、母とばかり会話する
・次女（IP）は、母の隣にばかり座りたがる。父も次女（IP）の近くには座らない
・祖父は父の話にだけ反応している

　この情報は、ファミリーマップ（家族構造図）によって以下のようにまとめられる。

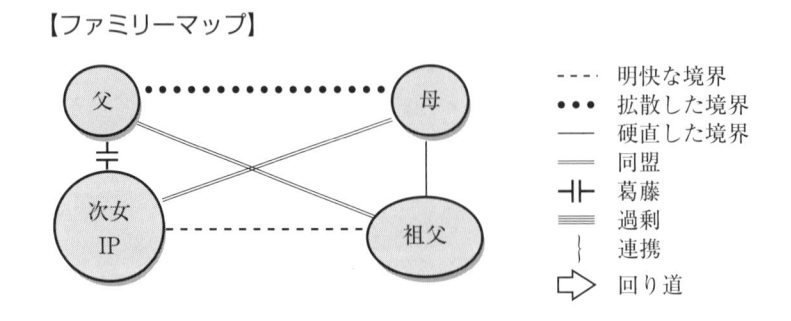

【ファミリーマップ】

凡例：
- - - - 明快な境界
・・・・ 拡散した境界
──── 硬直した境界
＝＝＝ 同盟
─╫─ 葛藤
≡≡≡ 過剰
─│─ 連携
⇨ 回り道

得られた情報から仮説を設定すると、長女が家を出たことで家族システムのバランスが崩れ、父親の飲酒が深まり、夫婦の口論にまで発展した。その結果、妻はストレスが増し、介護する祖父への暴言が増えた。こうして不適切な円環的作用の影響が次女に及び、不登校という結果に結びついた。この仮説に基づき、ソーシャルワーカーは、次のような働きかけをプラン立てることができる。

> ・父親を次女の隣に座らせ、二人だけで話すように促す。（交流の創造）
> ・母親が娘を代弁するのを止めてもらう。（交流の遮断）
> ・父親と母親と娘の3人で遊びにでかけてもらう（システムの再編成）
> ・父親と祖父で話し合ってもらう。（交流の合流）
> ・祖父も交えて一緒に食事をしてもらう。（システムの再編成）

　働きかけの結果は、次回のセッションで報告してもらい、再度、情報収集する。そして新たな仮説設定を行い、問題が解決あるいは消失するまで働きかけを続ける。
　もし山下家族のシステムの構造が、適切に機能するようになれば、その影響は家族全員に現れる。おそらく父と母の口論は止み、それに伴い、母のストレスも軽減され、暴言もなくなる。その結果、次女のストレスも減り、不登校が解決されることになる。

事例から実践を考える

　「先生、だめです。酒が止められません。入院させてください」
　中野勇さんは妻に付き添われ、頭痛、吐き気、不眠などの症状を訴え、アルコール専門病院にやってきた。そのわずか一月前、入院の勧めを断り「私はアル中ではありません。いつでも酒は止められます」と豪語し、通院治療を始めた矢先のことだった。
　「末期じゃないけど深刻な状態だよ。死にたくなかったら、酒を止めるしかないね」
　医師はこうなることがわかっていたかのように、淡々と入院の指示を出した。それから3か月の入院治療が進んでいった。
　ようやく退院が近づいた頃、ソーシャルワーカーの白井さんは、勇さんと妻の朝子さんに今後のことを伝えた。

「これまでの入院は、断酒のための生活訓練期間に過ぎません。今後、ここでの生活パターンを、家でも継続していくことが何より重要です。これまで退院した患者さんを見ていると、断酒が続いた割合は3割を超えていません。それほど難しいのです。そのため家族の助けが必要になります」
　不安そうに聞き入る朝子さんに向けて、白井さんが話した。
　「アルコールを飲み続ける人がいるということは、その人の周囲に、手助けしている人がいるということですよね」
　「私がお酒を飲ませているということですか？」
　朝子さんは驚いた表情で答えた。
　「そうではありません。お酒を買ってきて、勧めはしないでしょうが、飲み続けることを可能にした人や環境があったかもしれません。酒を飲んで問題を起こしても、その不始末を尻拭いしたことがありますか？」
　一瞬、朝子さんは返答に困った。考えてみれば、若い頃から、夫が酒を飲んで暴れ、会社を休んだとき、母親が尻拭いしたことを聞いていたし、結婚後は、それが自分の役目になっていた。
　白井さんは続けた。
　「大変な問題が起こっても、お酒を手放さないでいられる環境が家族にあるのかもしれません。アルコールの問題は、家族の問題でもあるんです。ですから今後、勇さんが再び飲まないように、家族全員がカウンセリングを受けることをお勧めします」
　朝子さんは、問題は夫だけだとずっと考えていた。それだけに、白井さんの言葉にショックを受けた。

中野さん家族へのシステムアプローチ（家族療法）

　アルコール依存症患者への主たる治療は断酒である。専門病院への入院も、断酒を継続するための生活訓練が中心となる。退院後、患者は自宅に戻る。そこから断酒への厳しい戦いが始まる。そのとき、患者にとって家族は、適切に機能するならば大きなサポートになり、そうでないならストレスの源になる。白井さんが、家族というシステムに目を向けたのは当然のことである。つまり白井さんが家族療法を選択したのは、勇さんが戻っていく家族システム全体の役割や機能を強め、彼が断酒を継続できるような環境をつくりたかったからである。
　もともとアルコール依存症の患者が家族にいるということは、その人が酒を飲むことを可能にする人（イネイブラーと呼ぶ）や環境（維持システム）が家族にあるという証明である。そのシステム自体を変えなければ、どんなに勇さんが自助グループ等に参加したとしても、断酒の継続が難しくなる。このような考えから白井さんは、家族全体への働きか

けを選択した。
　以下、中野勇さんの情報を記す。

入院時の聞き取り

【氏名】中野勇　【年齢】45歳
【職歴】大学卒業後、自動車販売会社に就職、現在、営業所課長
【家族構成】妻（朝子42歳）、長男（武史17歳）、長女（美穂13歳）、母（小夜70歳）
【入院までの経過】3か月前、妻から医師に入院依頼があった。本人が来院、入院を勧めるも、通院治療を希望する。その後、体調不良により、本人より入院希望。
【飲酒の理由】車の販売台数のノルマ達成が、常にストレスであった。朝早くから夜遅くまで働き、土日も忙しい。仕事のストレスを発散するために毎晩、酒を飲んだ。

入院中の参加プログラム

内科的検査と治療・開放病棟での再飲酒予防プログラム・患者会ミーティング・自助グループ参加・個別面談

入院中、個別面談での勇さんのコメント

・自分の人生を振り返ると、いつも酒に逃げていた。そうしなければ働き続けられなかったし、家族だってどうなっていたかわからない。
・子どもたちが小さい頃、よく一緒に遊んだ。でもここ数年は仕事に忙殺され、その時間も取れない。子どもたちは思春期の難しい年頃で、言葉を交わすことも減ってしまった。
・家に居場所がない。長男の武史は、酒を飲んで手をあげる私を軽蔑し、何もできない母親を憐れに思っている。長女の美穂は、酒臭い父親が嫌いだと思う。そして文句を言えない母をもどかしく感じている。
・この家族で問題があるのは私一人だ。私が酒を飲み続け、問題を起こすたびに、家族はおかしくなっていく。
・酒を飲む人も、飲ませておく人たちも、両方に問題があるというのは本当だ。母と妻は、結局、私を放置していた。

> **支援プロセス**
> 1. ジョイニングにより関係を形成し、主訴を確認する
> 2. 情報収集と仮説設定を行う
> 3. 働きかける
> 4. 再情報収集・仮説設定・働きかけの循環を行う

1. ジョイニングにより関係を形成し、主訴を確認する

　退院2週間後、白井さんのもとに中野家族全員が訪れた。白井さんは、彼らがどのように席につくのか興味深く観察した。最初、席についたのは母の小夜、そのすぐ隣に勇が座った。妻の朝子は向かいの席のはじっこに、武史、美穂と一緒に座った。子どもたちは、ここにいるのがひどく気乗りしない様子だった。
　「ソーシャルワーカーの白井です。よろしくお願いします。ええと…じゃ皆さんに自己紹介してもらっていいですか。どなたからでも結構です」
　「息子がお世話になっております。母親の小夜でございます」
　「素敵なお洋服ですね。センスもよくて」
　「ありがとうございます」小夜が笑顔で答えた。
　「妻の朝子です。いろいろお世話になっています。（子どもたちのほうを向いて、目で合図を送る）武史、帽子を脱いで挨拶しなさい。美穂もちゃんとこっち向いて」
　「美穂です。中1です」「武史。高校2年です」と気乗りのしない声が続いた。
　「もしかして、二人とも陸上やってる？」
　「どうしてわかるんですか？」驚いた様子で美穂が聞いた。
　「ジャージの着こなしでわかるよ。私もハードルやってたんだ。今日は貴重な練習休んできてくれてありがとう」
　一瞬、二人の表情が和らいだように見えた。白井さんは、手元の書類を見ながら質問を始めた。
　「ところで皆さんは、今日どんな問題でここにいらしたと考えていますか？」
　一瞬、沈黙があったが、すぐ小夜が答えた。
　「息子の問題解決です。お酒で人様に迷惑をかけてきましたから」
　「私は正直、主人が酒を止めさえすれば万事うまくいくと思っていました。でもこの前白井さんから、これは家族の問題でもあると言われて…」
　朝子の言葉に小夜が割って入った。

「母親の私にも多少の責任はありますが、勇ももう40過ぎの大人ですから。ただ朝子さんは妻として、どうして勇がお酒に走るのか考えないと…」
　「結局、親父が一番問題なんじゃん。なのに、何で関係ない俺や美穂までここにいないとだめなわけ？」と武史は迷惑そうに答えた。
　「あなたたちの父親が苦しんでるのよ。何で関係ないの」と小夜。
　「俺たちが酒飲ませたわけじゃないし」武史が反論すると勇が口を開いた。
　「俺はお前たちのために働いてきたんじゃないか」
　「まあまあ、とにかくお父さんは今、お酒を止めようとしているの。もしまた飲むようになると、私たち家族全員、大変なことになってしまうのよ。だから協力しなさい」
　朝子は間に入り、双方をなだめようとした。
　「大丈夫です。皆さん、違ったことを話してくださっていいんですよ。美穂さんは、どう思う？」
　「えっと、ところでお父さんは、どうしてお酒を飲むわけ？　何で止められないの？」
　「うん、まあいろいろあって。でももう今は止めてるし、大丈夫だよ」
　突然、核心をつかれて勇は口ごもったが、すぐ小夜が助け船を出した。
　「勇は仕事で大変なのよ。そのことは、皆もわかってるでしょう？　朝子さんも子どもばかりに時間をかけてないで、これからは勇の愚痴も聞いてあげてほしいわ」
　「お母さん、私はずっと子どもの世話で忙しかったんです！　それにお母さんが、お酒ぐらい大目に見てあげなさいって言ってきたから、息子がこうなったんじゃないですか」
　武史が中に割って入った。
　「止めなよ、みっともない。結局、親父の問題にみんな巻き込まれてるのに、なんで親父は何も言わないんだよ」
　「だから俺はもう大丈夫だって…」勇は弱々しい声で答えた。

考えてみよう

1. 白井さんは、なぜ、家族が席に着く様子を観察していたのか？　どのような意図があったのか？
2. 白井さんは、なぜ小夜の洋服を褒め、子どもたちに陸上の話をしたのか？
3. 白井さんは、「今日、どんなことでここにいらしたと考えていますか？」と聞いた。どういう意図があったのか？　集まったメンバー一人ひとりが考えている家族の「問題」とは何か？

解説

　白井さんは、まず家族が部屋に入る様子、着席する順番などを観察した。こうした何気ない行動が、家族の構造を表すからである。白井さんは着席の様子から、勇と小夜、そして朝子と子どもたちに同盟関係があると考えた。また子どもたちは、嫌々来ているのだと理解した。

　次に白井さんは、この家族と信頼関係を築こうとした。最初に発言したのは小夜であり、彼女がこの家族で影響力があると認められた。そこで彼女の洋服のセンスを褒め、良い関係を築こうとしている。また子どもたちと共通の話題を話すことで、面接の場の雰囲気を和ませようとしている。

　ある程度の関係が出来上がったと感じた白井さんは、そのままジョイニングに入り、すぐに主訴について取り上げた。つまり何が問題だと考えているのか、一人ひとりの考えを聞いた。もちろん家族は、問題のある人（IP）は勇であり、彼を助けるために集まっていると捉えていた。白井さんはそれを肯定も否定もせず、家族の会話に参加し、システムの一部として、家族同士のコミュニケーションのやり取りを体感している。

　ジョイニングの結果、小夜と勇、朝子と子どもたちの同盟関係がより明らかになった。また母が息子に過干渉で、朝子と勇のやり取りが、小夜によって中断されることも理解した。また武史は父親に不満があるが、美穂は中立である。朝子と小夜は、勇に対してイネイブラーの役目として、共通する苦労を背負ってきたものの、互いに反目し合っている。結局、勇は小夜への依存を断ち切れず、しかし朝子と子どもの関係にも入れず、酒に逃げていたのかもしれない。

　このようなジョイニングを通して、白井さんは、中野家族の役割、構造、機能を確認できた。

2. 情報収集と仮説設定を行う

　白井さんは、さらに話し合いを促すことで、一人ひとりの問題解決への関心、アイデア、そして相互関係を知りたいと思い、次のように尋ねた。
　「ところでお父さんは、どういうときにお酒を飲むんだろうね？」
　「やはり夫婦関係がうまく行っていないときに飲むんじゃないでしょうか」と小夜。
　「お母さん、そんなことないですよ」と勇が反論した。
　「主人は車を売るのが仕事です。売れた月より、売れなかった月のほうが、お酒を飲んで帰ってくることが多いようです」と朝子は仕事のストレスを強調した。
　「子どもたちはどう思う？」

「酒に逃げてるんじゃない」武史は父と目を合わせずに言った。
「お父さんは、家でも会社でも、落ち着ける場所がないんじゃないかな。だってお酒飲んでいるときのお父さんって、いつもより楽しそうだし」
「それは酔っ払って気持ちが大きくなってるからよ」朝子は美穂をにらみつけるように言った。しかし美穂はすぐ反論した。
「私としては、怖い顔のお父さんより、お酒を飲んでいても楽しそうなお父さんが好きだけど…」
「勇は元々、優しくて楽しい子だったからね。何も問題がなければ、酒なんて飲みはしないでしょう」と小夜は勇をかばうように言った。
「皆さん、それぞれいろんなことを考えてるんですね。こうした話はよく家族でされるんですか？」と白井さんは、話題を深めようとして質問を続けた。
「入院してから、少しずつ話題にあがるようになって…でもちゃんと全員で話したのは、今日がはじめてです」と朝子が答えた。
「そうでしたか。皆さん結構、正面きって話し合うご家族ですね。ありがとうございます。ところで私たちの今後の目標は、勇さんが誘惑に負けずに断酒するのを助けることです。さて皆さんは、どうしたら達成できると思いますか？」
白井さんの質問にみんな黙り込んだ。しばらくして朝子が話し出した。
「やっぱり、お酒が飲めない環境を家でつくらないと…私は白井さんから指摘されて、やっと目が覚めました。夫が酒を飲み続けてきたのは、家族が飲める環境をつくってきたからです。だから私は、もう尻拭いはしません。本人の失敗は本人が責任を取るべきです」
「そんなかわいそうな。余計に飲むようにならないかしら」と小夜。
その言葉に武史が反論した。
「お祖母ちゃんは、親父に過保護なんだよ。死んでも絶対に飲まないっていう覚悟が必要だよ」
美穂も意見を出した。
「お酒の代わりになる物を探すのはどうかな？　趣味とか、スポーツとか、食べ物とか」
家族が互いに話す様子を見ながら、白井さんは、一人ひとりの役割、力関係、そしてコミュニケーションパターンを着実に把握していった。小夜は勇を守ろうとし、朝子はそのことに不満を抱いている。また武史は父に反発するが、美穂は同情している。また朝子と勇の間には、直接的な話し合いが少ない。白井さんは、この家族になぜ勇さんの居場所がないのか少しずつわかってきた。

考えてみよう

1. 白井さんは、なぜ父親がお酒を飲む理由を家族に尋ねたのか？ それを話し合うことで、家族の一人ひとりに、どのような変化が起こったと思うか？
2. 家族の考えを聞きながら、勇さんはどのような気持ちになったと思うか？
3. 白井さんは、家族の各々の発言に対して、さらに深めるような質問はせず、むしろあっさりと受け流している。それはなぜだろうか？

解説

　この家族の初期面接の様子から、引き続き情報を収集してみよう。白井さんは、家族に「なぜ父親が酒を飲むのだろう？」と問いかけた。それに対して、各々が自分の意見を述べた。この家族では、父親が酒を飲むということが、あまりに日常的であり、あえて理由については、誰もが深く考えていなかった。白井さんは、父親が酒を飲むのは理由があること、またその理由は、自分たちにも関係があるということを、全員で考えてほしかったのである。

　家族のメンバーは、父親が酒を飲む理由として「夫婦関係の不満」「仕事のストレス」「家族の中に居場所がない」「逃避」などを挙げた。このように夫婦関係を批判し、家族の中に居場所がないと述べる人がいた場合、通常のカウンセリングであれば、当然、焦点化し深めていくが、白井さんは、意図的に深く立ち入ることを避けている。それはシステム理論が「誰が悪い」とか「何のせい」という原因を追究することを重要視していないからである。白井さんは、家族のコミュニケーションパターンを、できるだけ家族に見える形で再現することで、しっかりと情報を把握し、仮説を考え、この後システムを改善することを目指していた。

　白井さんは「どうしたら断酒できるか？」についても家族に尋ねた。それは家族に問題解決への動機づけを与えたかったからである。結果は、断酒に厳しい意見と緩やかな意見に分かれた。今後、家族システムに働きかけながら、メンバーがイネイブラーにならないよう配慮することになる。こうした話し合いは「父親だけが悪い」という考えから、徐々に「家族も問題に関与している」という自覚を促す契機を与えている。

3. 働きかける

　　白井さんは、家族に対して一つの提案をした。
　　「これからいくつかの課題に、家族で取り組んでほしいんですが？」
　　「どんな課題ですか？」と朝子が反応した。
　　「そんなに難しいものはありません。ただ必ずやると約束してほしいんです」

「私は何でもやりますよ」と小夜は毅然と答えた。

「私たちもやります。ねえ、武史、美穂」対抗するように朝子も答えた。

「俺以外でやればいいじゃん？」と武史。

「おもしろそうだし、やろうよ」と美穂は説得するように武史を見た。

「何やるの？　無理なことはできないよ」と再び、武史。

「やるという決意をしてくれたら、詳しく説明します」と白井さんが話すと、武史が反対し、家族は紛糾。少し時間を取って話し合いが行われた。しばらくして武史があきらめた表情で言った。

「わかったよ、やるって言わないと帰れないから」

白井さんは、早速、課題についての説明を始めた。

「皆さんの決意に感謝します。では最初、勇さんへの課題です。勇さんは断酒を誓っていますが、誘惑は様々な所から思いの中に入り込んできます。家でも会社でも、テレビ、ラジオ、ネット、雑誌など、あらゆるものにお酒が出てきます。お酒が飲みたいという気持ちが浮かんできたら、追い出すために歌を歌ってください。一日の中で、何度も戦いがあるでしょう。対戦するたびに結果をつけてください。勝ちの多い日は『勝ち』、負けの多い日は『負け』としてください。

「負けというのは、お酒を飲んだということですか？」と勇が尋ねた。

「いいえ、お酒を飲みたいという思いを１分以上もてあそんだら、実際には飲まなくても負けです。思いが負けたら身体は抵抗できません。だからすぐに思いを切り替えるんです。対戦成績は正直につけてください。できますか？」

「やってみますが、歌は何でもいいんですか？」

「お酒を思い出すような歌は駄目です。勇気を奮い立たせる歌だといいですね」

「じゃあ、ドン・キホーテの『見果てぬ夢』がいいかな…ミュージカルが好きなんで」

「いいですね。いつも手元に歌詞や曲を持っていたらいいですよ。では次にご家族への課題です。勇さんの決めた歌を１日１回、できれば朝、家族全員で歌ってください。そのとき、勇さん、武史さん、美穂さんが手をつなぎ、小夜さんは朝子さんと手をつないで歌ってください。そして歌の後、全員が手をつないで『今日一日、お父さんが断酒できますように！』と皆で一緒に唱えてください」

「マジで？　信じられない…何考えてるのか、全然わかんないから」と武史が反論した。

「ますますおもしろいじゃない」と美穂は乗り気である。

「課題はまだあります。勇さんが『負け』の日の場合、次の日、家族のメンバー全員にやっていただきたいことがあります」

「私たちがするのですか？」と朝子が尋ねた。

「そうです。勇さんが『負け』の次の日は、皆さん全員、自分たちの楽しみを放棄してください」

> この提案に家族が再び紛糾したが、最後には皆が同意し、小夜はお茶、朝子は紅茶をそれぞれ飲まないことにした。また子どもたちは、携帯電話を使わないとした。結果は、1週間後に報告することになった。

考えてみよう

1. 白井さんは、課題を提案する前に、必ず行うという決意を求めた。それはなぜか？
2. なぜ家族全員で一緒に歌を歌う必要があるのか、この活動は家族にとってどんな意味があるのか？
3. 勇さんが「負け」たとき、なぜ家族の全員が、何かをあきらめる必要があるのか？

解説

　白井さんは、これまで家族システムを観察し、また情報を分析し、様々な仮説を思い描いた。それらをもとに次のステップでは、課題を課すという形で家族への働きかけを開始した。

　白井さんは、まず家族のメンバー全員から、課題を必ず行うという決意を取りつけたかった。そこで詳しく説明する前に約束を求めた。これは「悪魔の契約」と呼ばれる一種の駆け引きの手法であり、成功すれば決意を得られる効果が高い。

　課題は全部で3つ。勇さんに対する「思いをコントロールする訓練」、家族全員に対する「歌と唱和」そして「罰則」。これはミラノ派家族療法における「家族儀式」の手法であり、それぞれ処方した活動には深い意味がある。

　勇さんは断酒の誘惑と絶えず戦っている。その勝ち負けを家族全員の関心事にした。またメンバー同士が手をつなぐことで、新しいサブシステムをつくり出し、システムを再編成しようとした。また家族全員で歌と唱和を行うことで、家族の一致を図ろうとした。もちろん勇さんの勝ち負けは、そのまま他のメンバーの生活に影響を及ぼす。それぞれお茶や紅茶、携帯をあきらめなくてはならない。つまり勇さんの戦いの結果を全員で受け止めることになる。またお茶、紅茶、携帯などは依存性があるものなので、それを奪われる気持ちがわかれば、勇さんの苦しみもまた理解できる。

　白井さんは、こうした課題に取り組むことで、家族のコミュニケーションパターン、役割、サブシステムに変化を起こそうとした。特に、勇さんを家族の中心に据え、イネイブラーの二人を一致させようとした。また父親と子どもたちの交流もつくり出した。勇さんが思いをコントロールするということに勝ち続ければ、少しずつお酒から遠ざかることができるし、それを家族全員でサポートする体制がつくれる。このようにシステムアプローチによる働きかけは、様々な課題を創作することが可能である。

4. 再情報収集・仮説設定・働きかけの循環を行う

　１週間後、家族全員が白井さんのもとに集まった。先週よりは、少しだけ家族の雰囲気が和やかだった。
　「この１週間はいかがでしたか？」白井さんが尋ねた。
　「マジ最悪、何であんな歌、歌わないといけないの」と武史は不満をぶつけてきたが、表情には嫌がっている様子はなかった。
　「私は楽しかった。かなり笑えたし」と美穂は乗り気満々だった。
　「課題が楽しめたようですね。勝率はどうだったかな？」
　「４勝３敗でした。酒を飲みはしなかったですが、どうしても飲みたいという気持ちを抑えることができなかった日が３日ありました。頭ではわかっていましたが、歌を忘れて、思わず自販機まで走りそうになりました。本当に誘惑の声は強いです」と勇はしみじみと言った。
　「誘惑の声は、あらゆる場所からあなたの目や耳に入り、脳や心に侵入します。まず私たちの中枢を縛りあげてから、最後に指一本で身体をコントロールします。幸い、心というステージには一人しか立てません。だから良い思いがステージで踊り続けるなら、誘惑の声は幕の袖に追い出されます。私たちは、良い思いと悪い思いを同時に感じることはできないんです」
　「だから素敵な歌を歌うのね。でも私たちの歌声で大丈夫だったかしら」と美穂は茶目っ気たっぷりに言った。
　「そうそう、家族全員の歌はいかがでしたか？」
　「大変よろしゅうございました。私は以前、コーラスをやっていましたから。でも他の皆さんがね…」
　「お母さんの歌い方は、少しだけ本格的すぎるんですよ」と朝子が切り返し、皆の笑いを誘った。
　「それぞれのペアは手をつないでいましたか？」
　「ええばっちりです。携帯で撮ってあるから、後で見せますよ」
白井さんの確認に美穂が答えた。
　「では今ここで再現してもらってもいいですか？」
　突然の提案に全員が戸惑ったが、話し合いの末、最終的には意見がまとまり、それぞれが手をつないで、歌を少しだけ再現してくれた。
　「素晴らしい！　勇さん、毎日、こんなふうに歌ってみた感想はいかがですか？」
　「正直、楽しかったです。家族が私のために何かをしてくれている。そんな気持ちがして。誘惑の声を聞いたとき、みんなの下手な歌が一番に思い浮かんで、

それが力になりました。それに…私は武史と一緒に歌うなんて、ずいぶん久しぶりのことで、うれしかったです。昔はよく歌ってやったんですよ。耳元で」
　「それでこんなに音痴になったんだ」と武史が照れながら、茶化すように言った。
　「ところで、何かをあきらめるという課題はちゃんとやりましたか？」
　「それが超つらかった。私が携帯依存だったということが、本当によくわかった。携帯の誘惑を断つのが、こんなに大変だったとは…お父さんの気持ちもわかったよ」と美穂が最初に話した。
　「お茶は年寄りの唯一の楽しみなので、勇にはどうしても頑張ってもらわないと困ります」と小夜。
　「私も紅茶なしではつらいです。勇さん、頑張ってください」と朝子。
　「これってやっぱ共同責任なわけ？」
　武史が質問すると、白井さんが「勇さんが成功した日はみんなで喜び、失敗した日はみんなで責任を取る。それが家族ではないですか？」と答えた。
　その後、白井さんは、引き続き誘惑の声に抵抗するよう、家族全員で取り組むように指示し、それを2週間ごとに報告するよう依頼した。また勇さんに、断酒会に参加するよう提案した。
　その後、勇さんは断酒会に真面目に通い、趣味でサイクリングも始め、少しずつ断酒できる環境を強めていった。
　「アルコール依存症との戦いは一生涯続く。その間、何度も飲酒に戻ることは避けられない。だからこそ勇さんの戦いを、決して孤独にしてはならない」そう白井さんは感じていた。

考えてみよう

1. 家族が一緒に歌う様子を思い浮かべてみよう。誰がどのようなリアクションになったと思うか？
2. 課題を行うことで、家族システムは、以前と比べてどのように変化してきただろうか？それはなぜだろうか？
3. 白井さんは、その場で家族の歌を再現するように求めた。どのような意図があったのか？

解説

　課題に取り組んだことで、家族にその効果が少しずつ現れ始めていた。小夜と朝子の間で、また父親と子どもたちの間で、それぞれ以前よりも頻繁なコミュニケーションが見られるようになった。これはシステムを再編した効果といえる。一部のサブシステムにもたらした変化は、家族という全体のシステムにも影響を及ぼす。これがシステムのもつ特性

である。またその刺激はどこからはじめても、同じ効果を及ぼすことになる。つまり小夜と朝子の交流が全体に効果を及ぼし、父親と子どもたちの交流もまた全体に効果を及ぼす。このような働きかけを行いながら、その結果を次の活動にフィードバックしていくことになる。

白井さんは嫁と姑の間に入って、それぞれの言い分を聞いたわけでもなければ、父親と息子たちの気持ちを聞き出し、代弁しようともしなかった。ただ個々のシステムと全体が変化するように働きかけたのである。これがシステムアプローチの働きかけと効果である。

もちろん1週間、2週間の家族の活動で、何かが劇的に変化するわけではない。うまくいく週もあれば、そうでない週もある。まして変化が定着するにはかなりの時間がかかる。しかしそうした場合でも、白井さんは、結果に耳を傾け、新しい情報を収集し、仮説を立て、働きかけていくだろう。もちろん家族に対しても「さて、どうすればいいですか？」と聞き、彼らの意見を引き出し、それを次の課題に組み込もうとするだろう。このような繰り返しにより、家族システムが少しずつ強化されていくに違いない。

実践へのアドバイス

アルコール依存症患者へのサポートは、断酒会などの自助グループの助けが必要になることはいうまでもない。また彼らの道のりが非常に険しいことも事実である。当然、システムアプローチによる単独の働きかけだけで、アルコール依存がすべて解決するわけではない。しかしアルコール依存の問題は、家族の問題でもある。そのためシステムアプローチによって家族システムを強め、サポート体制が強化できれば、アルコール依存への治療の一助になる。

システムアプローチは、子どもの不登校、引きこもり、夫婦間の争いなど、家族が抱える様々な問題に適用できる。その原則は、今回の事例と同じように、「個々のシステムに働きかけることで、家族全体に影響を与える」ことである。

今回は、主に構造的な面を強調した家族療法を展開したが、同じシステム理論に基づく家族療法でも、ブリーフセラピー、ソリューション・フォーカスト・アプローチなど、他の選択肢もある。いずれも過去の原因を探すのではなく、「今、ここ」そして「これから」に焦点を当てて、問題を解決することを目指している。

家族療法には、逆説的な治療法も存在するが、今回はあまり強調しなかった。もしこれらを活用するならば、十分な事前訓練と経験が必要になる。

最後に、システム理論によるアプローチは、家族療法だけに限らない。凝集性の高いグ

ループワークにも適用できるし、コミュニティへの働きかけにも活用は可能である。またシステムアプローチを枠組みとして用いて、その中で行動アプローチや認知アプローチを併用することもできる。

　通常の支援方法に慣れている人は、どうしても悪者探し、あるいは原因─結果という直線的な関係を探ろうとする誘惑を受ける。また話し合いにおいて、夫婦の問題や個人の人格面の問題、情緒的な問題が表出されるとき、それを深く掘り下げたいという衝動にかられる。しかしシステム理論が主張することは、あくまで原因探しの放棄であり、円環的なものの見方であり、システム内外の不適切なコミュニケーション、役割、力関係を変容させることにある。従来の方法が効果的か、あるいはシステムアプローチが効果的か、最終的には相手のことを十分に理解したうえで専門的な判断を下すことになる。

第10章 ナラティブ理論・アプローチ

社会構成主義の考え方を根底に、人々が語る人生の物語（ナラティブ）に焦点を当て、心理的治療を行う手法。支援者は、問題が染み込んだ主流の物語に耳を傾け、問題を人から切り離し、共同で物語を解体する。その後、新しい真実を発見し、それらをつなげて別の物語に書き換えていく。

全体像を捉える

> 青木さんは、高校1年の秋、生徒同士の喧嘩がきっかけで停学、その後、教師や学校の対応に不満と不信感を抱き、自主退学した。両親は別の高校へ復学するよう説得したが、彼はそれを拒否し働くことに決めた。
> しかし、現実は厳しかった。高校中退ということで、望んでいる仕事には就けず、様々な職業を転々とした。そして、そのたびに社会の片隅に追いやられていくように感じた。
> 「こんな状態になったのは、結局、私自身が悪いからなのか？ 私はこれからずっと落ちこぼれのままなのか？」社会への反発と劣等意識に苦しむ青木さんは、中学時代の恩師が働いている教育相談センターを訪れた。

ナラティブ理論・アプローチにおける支援者は、「人が問題ではなく、問題こそが問題である」と考える。つまり、利用者の抱える問題は、彼ら自身の中にあるのではなく、外から入り込んだもの、それゆえ、切り離すことができると捉える。また利用者は、自身の人生の専門家であり、問題解決のための能力や技術をもっている存在と捉える。

支援者はパートナーとして、相手の持ち込んでくる主流の物語（ドミナントストーリー）に耳を傾ける。そして共同作業により、問題を人から切り離し、物語を解体する。そしてこれまで長い間、ドミナントの陰に置かれていた別の真実を発見し、それらをつなげ、新

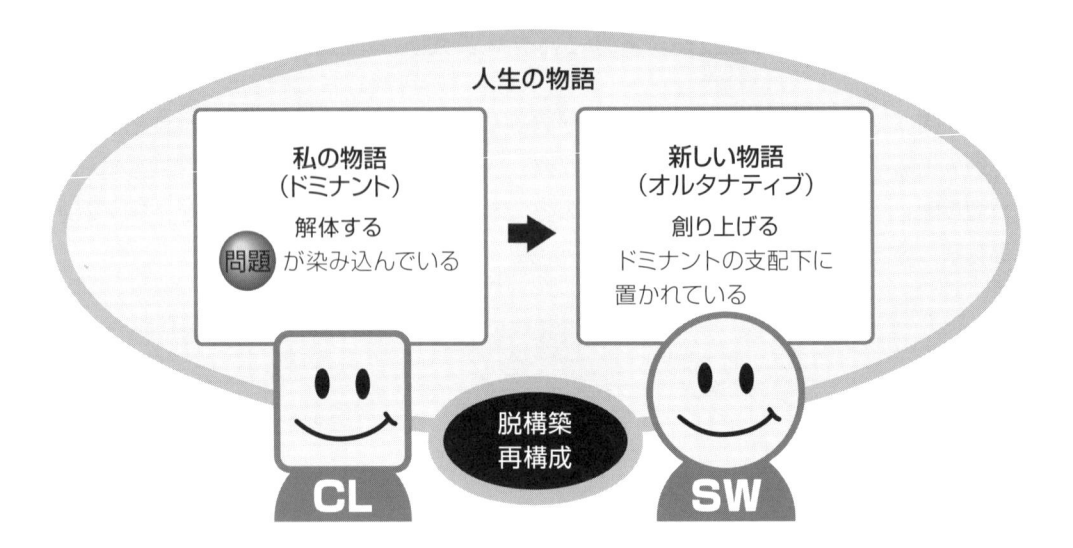

しい物語（オルタナティブストーリー）をつくっていく。

```
人生の物語
┌─────────────┐      ┌─────────────┐
│ 私の物語     │      │ 新しい物語   │
│（ドミナント）│  →   │（オルタナティブ）│
│ 解体する     │      │ 創り上げる   │
│ 問題が染み込んでいる│ │ ドミナントの支配下に │
│              │      │ 置かれている │
└─────────────┘      └─────────────┘
      CL     脱構築     SW
             再構成
```

　青木さんのドミナントストーリーは、高校でのトラブルがきっかけとなって降りかかった人生の試練の物語であり、「教師、学校への不信感」「孤立」「退学」「家庭での争い」「仕事の厳しさ」「挫折」という否定的な出来事で埋め尽くされている。

　ソーシャルワーカーは青木さんを、自身の人生の専門家として認め、敬意を払いながら彼の語る物語に耳を傾ける。すなわち彼が、問題をどう意味づけてきたのかを探り、これまで経験してきた現実を一緒に感じていく。おそらく青木さんは、自分のことを「落ちこぼれ」として語り、その心痛を話すかもしれない。そのときソーシャルワーカーは、「それは唯一の真実なのか？」「当然と決めつけていないか？」などの質問をしながら、問題への見方を広げていく。

　その後、青木さんの問題を彼自身から切り離すために、次のように問いかける。「あなたの人生が『落ちこぼれ』という大きな問題に阻まれたのはいつからか？」このような質問に、青木さんが答えるたびに、問題は内から外へ動き始め、やがて目の前に出現する。この問題に対して、ソーシャルワーカーと青木さんは一緒になって対抗していく。

　青木さんの問題が切り離され、ドミナントストーリーが解体されていく一方、支配下に置かれた様々な真実が息を吹き返してくる。そこには、語られなかった出来事が確かに存在する。それは最後まで信念を曲げず、社会での冷たさにも負けず、前進し続けた「勇気の物語」かもしれない。その後ソーシャルワーカーは、青木さんがやっと手にしたこのオルタナティブストーリーを、さらに強めていく。これがナラティブ理論・アプローチである。

概念を深く学ぶ

ナラティブの根底にある社会構成主義

現実は社会によって構成される

社会構成主義（Social Constructionism）では、現実は、最初から決まっているものではなく、社会の中で、言葉を介して人々が意味づけし、つくり上げていったものと捉える。つまり、唯一の絶対的な現実はなく、社会によって構成された、相対的な現実がいくつも存在していると考える。

現実は、外在化・客体化・内在化の３つのプロセスで構成される

知識社会学の研究者バーガーとルックマンによれば、私たちの身の回りにある現実は、外在化、客体化、内在化という循環する３つのプロセスで構成される。これらを以下のように、青木さんに当てはめて解説すると、彼がどのようにつくられた現実を内面に取り込んでいったかがわかる。

外在化	客体化	内在化
最初、人々の心の中の考えが、言葉を介して社会に発信される。	次にその考えは、社会の中で語られ、意味づけされ、次第に受け入れられた現実となる。	このつくられた現実は、次第に動かしがたいものとして、人々の内面に浸透する。
青木さんは自分自身を「落ちこぼれ」と呼んだ。これは不登校が増加した際、マスコミが書き立てた言葉であった。	「落ちこぼれ」は、社会の中で語られ、さらに否定的な意味づけが加えられた。「学校で標準的な成績についていけない人々」「能力の低さから出世コースから外れた人々」など、人格が劣っているという意味も込めて、あたかも最初から存在する現実として受け入れられるようになった。	やがて青木さんは「高校を退学した自分は、まさに落ちこぼれた人間だ！」と、つくられた現実を内面に取り込んでいった。

フーコーの思想——真理は絶対的な権力である

フランスの哲学者フーコーの思想が、社会構成主義に与えた影響は大きい。フーコーは、もし「唯一、絶対の真理（正解）」が存在すれば、それ以外は間違いとして正されることになる。つまり真理は、絶対的な権力であると考えた。

フーコーの考え方からすると、問題を抱える人々は、真理から遠い場所で苦悩する存在である。一方、支援者は真理に近い場所で権力をもち、正しい存在ということになる。

　社会構成主義は、こうした「唯一、絶対の真理」に基づく「権力的な援助関係」を否定し、その陰で抑圧されている人々の存在に目を向けようとした。そして唯一の正解を押しつけるのではなく、もっと一人ひとりが意味づけた、相対的な声を大事にして耳を傾けようとしたのである。

　青木さんが退学を決意したのは、正義を貫いたからである。しかし教師や家族、社会はそうは見なかった。学校という場所は、現代社会にとって力であり、唯一の正義とみなされる。もしそれが真実なら、ドロップアウトした青木さんは、正義から遠い場所で間違いを正される存在、権力の陰で抑圧されている存在である。本当に大切なことは、青木さんに唯一の正解を押しつけることではない。彼の意味づけた真実の声にもっと耳を傾けることなのである。

物語としての家族

　フーコーの考え方を、具体的に家族療法の分野に応用したのがホワイトとエプストンである。彼らは著作『物語としての家族』においてその考え方を著した。

私たちは、物語（ストーリー）によって、自分自身とその人生を意味づけている

　私たちは、人生で経験する出来事を、過去、現在、未来という時間軸上でつなげ、物語をつくっている。またその物語によって、自分自身とその人生を意味づけている。

　人は、人生において多くの出来事を経験する。その出来事は、私たちの記憶の中に散らばっている写真のようなものである。その写真を時間軸に沿って一枚ずつ選び、つなげていくと、一つのまとまった筋書きができる。一旦、筋書きができると、その後、意味が合致する写真だけが選ばれ、つなげられ、題名（意味）を付した物語のアルバムが完成する。私たちはこの物語によって、自分はどのような人間か、自分の人生とはどういうものかを意味づけている。

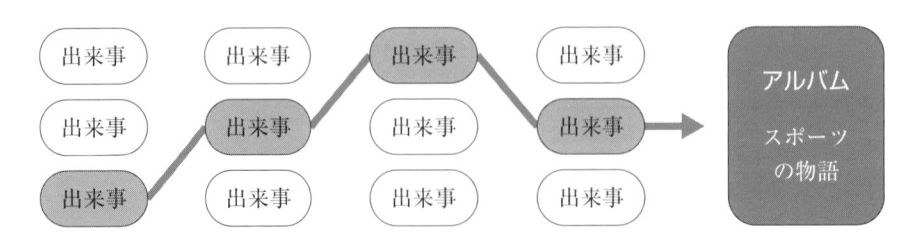

　青木さんには、スポーツで埋め尽くされた物語のアルバムがある。そのアルバムを開くと、幼い頃のスイミングスクールの写真から始まり、小学校での運動会のリレーの写真、

中学校でのサッカーや陸上の写真へとつながり、一つの物語が展開している。青木さんは、このアルバムを見るたび、自分は目標に向かって努力する人間であったこと、また人生は戦いであり、競争であることを思い起こす。

私たちは多くの物語を同時にもっている

　私たちは、複数の物語を同時にもっているので、同じ出来事であっても、別の物語の中で語ることができる。私たちがどのような出来事を選び、つなげ、物語にするかは、選択が可能である。もちろん、どのような物語をつくるかによって、そこに込める意味も変わってくるし、自分という存在への理解も異なる。

　青木さんには、先ほどの「努力の物語」の他、「家族の物語」「友達の物語」「夢を追いかける物語」などが存在する。その一つひとつの物語が彼の真実であり、青木さんという存在を表現している。

ディスコース—周りの世界や現実を説明するときに用いる都合の良い枠組み

　「落ちこぼれ」「不登校」「引きこもり」「一人親家庭」など、社会に存在するディスコースには限りがない。私たちはそのような言葉の枠組みによって、周囲の現実を説明しようとする。また自分がそのような枠組みに入った場合、社会が決めた意味づけに屈服していく。こうしたディスコースが私たちの物語に影響を与え、否定的な意味づけをする。

　高校をドロップアウトした青木さんに、社会は「落ちこぼれ」というレッテルを貼る。これは最初から存在する真実ではなく、社会の中でつくられたディスコースである。しかし青木さんが望む望まないにかかわらず、この「つくられた現実」は確かに存在し、強烈な力をもって青木さんの意味づけに影響を及ぼそうとする。

ドミナントストーリー—問題が染み込んだ主流の物語

　利用者が持ち込んでくる主流の物語は、ドミナントストーリーと呼ばれる。ここには精神的な悩みや苦痛、あるいは過去の失敗や劣等意識など、おおよそ否定的な問題が染み込んでいる。そして彼らはあたかも、それだけが自分を語る唯一、真実の物語であると信じ込んでいる場合が多い。

　ドミナントストーリーを集めたアルバムには、「失敗」や「問題」というタイトルがついているため、同じ意味づけの写真で埋まっている。逆に、他の意味をもつ写真はドミナントの意味づけに馴染まないため、脇に寄せられ、忘れられ、いつしかドミナントの支配下に置かれていく。

またドミナントストーリーは、分厚くなるに従って影響力も増していく。「自分はいつも失敗してきた」という物語に支配された場合、人々は自分自身をも失敗と評価し、将来の行動さえも回避してしまう。
　現在の青木さんにとってのドミナントストーリーは、高校1年の退学事件とそこから続いた「落ちこぼれの物語」である。この物語の影響は強く、今後、経験する出来事も、ドミナントの筋で構成され、集められ、解釈され、意味づけされてしまう恐れがある。そしてその陰にある別の真実や強さの物語は支配下に置かれる。

ドミナントストーリーは
問題の染み込んだ主流の物語
ー悩み・苦痛・失敗・劣等意識のアルバムー

オルタナティブストーリーは
代わりの物語

オルタナティブストーリー―ドミナントに代わる新しい物語
　主流のストーリーができあがる陰には、その意味に合致しない出来事がたくさんある。これらは物語として選ばれることも、つなげられることもないままになっている。例えば、「学校を自分の意思で辞めた青木さんが、その後、社会でもがくように努力し、働いてきた」という真実の出来事は、いまだ陰に隠されたままである。このような出来事の多くを含んでいるのが、オルタナティブストーリーである。
　オルタナティブストーリーは、ドミナントストーリーに代わる新しい物語である。それは利用者が自分自身で語り、見出すものであり、何より彼らの希望する生き方に合致するものである。オルタナティブストーリーをつくり上げるのは簡単ではないが、完成した物語は、人々の生活に新しい可能性を与える。
　人々がドミナントストーリーを語る中に、その物語に馴染まない出来事が必ずある。それが登場したとき、深く質問することでユニークな結果を得ることができ、オルタナティブストーリーの扉を開くことができる。

人が問題ではない、問題が問題なのである
　ナラティブ理論・アプローチでは、「人が問題ではなく、問題こそが問題」と捉える。この考え方を受け入れることで理論・アプローチが成り立つ。問題がどこにあるかということは、とても重要である。もし人に問題があるとみなせば、その人自身の内面に原因を探り、探し当てた欠陥に焦点を当てることになる。しかし入り込んできたものが問題であれば、それを切り離すために、一緒に力を合わせて立ち向かうことができる。

現在の苦しみの原因は「自分自身」か、それとも「入り込んできた問題」なのかを決めることは、青木さんにとって、大きな分かれ道となる。もし自分が問題であれば、正され、非難される存在でしかない。しかし外から入り込んだ問題であれば、それは切り離すことができるのである。

ナラティブアプローチの手法

アセスメント・プランニング・トリートメントを区別しない

　ナラティブアプローチにおけるアセスメント・プランニング・トリートメント（働きかけ）は、絶えず変化していくため、特に区別はしない。もちろん相手の問題を診断しないし、原因を探るような質問もしない。したがって、問題を克服するためのプランも作成しない。これらの作業は、自分を権威ある専門家として位置づけ、それを示す行為であり、真の意味での関係を築くというナラティブアプローチの重要なコンセプトを妨げる。このアプローチは、あくまで問題を抱える人々を、自身に関する専門家として位置づけている。

人生の物語に耳を傾け、その意味、影響、文脈を探求する

　ナラティブアプローチを志向する支援者は、純粋な好奇心をもち、彼らの語りに注意を払い、知られざる真実を探していくことになる。相手の人生の物語に耳を傾ける場合、深く思い巡らし、その意味、影響、文脈を探求していく。相手を自分が考える正解に誘導するような質問はしない。あくまで自分がわからないことに関して質問するのが、ナラティブの基本姿勢である。

　ナラティブアプローチは、「私たちを説明する唯一の正しい物語は存在しない」と主張する。つまり現在の物語を解体し、もっと他の真実の物語をつくり直し、自己を捉え直すことができるということである。これは脱構築と再構成という2つの作業を通した物語の書き換えによって可能となる。

脱構築
◇ドミナントストーリーに耳を傾ける
◇問題を人から切り離す（問題の外在化）
◇ドミナントストーリーを見直し、ユニークな結果を発見する

→

再構成
◇オルタナティブストーリーをつくり上げる
◇オルタナティブストーリーを強める

ドミナントストーリーに耳を傾ける

- 共感的な関係を築きながら、問題の染み込んだ物語に耳を傾ける
- 「どのような経験をしてきたのか？」という会話を通して、相手の経験してきた現実をより深く理解しようとする
- 誰にでも、当然と考え決めつけていることがあるが、実際にはそうならないことがある。人生がもっと複雑で多面的なことに気づくならば、自分の問題に対する見方が広がっていく
- 会話を進めていくと、心痛を感じる場面もある。つらい過去を何度も語らせることは、問題の染み込んだ物語を逆に強める可能性がある。その場合、物語を広げるような会話が必要になる

問題を人から切り離す（問題の外在化）

- 問題を外在化することは、アプローチのすべてにおいて継続される作業である
- まず問題を切り離すことが可能であることを理解させる
- 問題を、人生を悩ます「何か」に喩えたり、名づけたりしながら、外在化する会話を用い徐々に切り離す
- その後、切り離された問題に対して、利用者と支援者は共同で対抗する

> 【外在化する会話】問題は・・・
> 「あなたの人生を、いつから妨げるようになったか？」
> 「どのくらい苦しめているか？」「どのように戦ってきたか？」「どのように発展してきたか？」「誰が、何が関連しているか？」「どのように意味づけているか？」
> — SW

ドミナントストーリーを見直し、ユニークな結果を発見する

- 当たり前と考えてきたドミナントストーリーを見直し、真実を検討し、脱構築の作業を開始する
- ドミナントストーリーの支配下に置かれてきた出来事に焦点が当てられる
- 特に、これまで気づかなかった現実や真実を思い起こし、問題に打ち勝ったことのある経験、自分の強さ、対処能力等を見出せるように助ける
- その結果、利用者はドミナントストーリーの影響を受けずに、自由に語ることができる
- そしてドミナントに見合わないものは、すべてユニークな結果となり、オルタナティブストーリーのはじまりとなる

オルタナティブストーリーをつくり上げる

- 新しく見出した強さや真実は、それだけでは単なる出来事にすぎない
- それらをつなげ、意味づけ、望ましい物語につくり上げることで、定着し、影響力が増す
- ホワイトはこのことを「行為の風景」「アイデンティティの風景」と呼んだ

【行為の風景】
- ユニークな結果について「いつ」「どこで」その出来事が起こったのか。「誰が」「何を」し、「どのように」関わったのか等、その行為がなされた風景を探求するために、あらゆる角度から質問する
- またユニークな結果とつながっている他の出来事についても探る
- こうして出来事が、確実な風景としてつながることで物語ができあがる

【アイデンティティの風景】
- ユニークな結果が物語として定着するには、その意味を自身のアイデンティティと固く結びつける必要がある
- その出来事が相談者にとっての「望み」「希望」「価値観」などに合致しているとき、オルタナティブストーリーは、その人にとって望ましい物語となる

オルタナティブストーリーを強める

- 様々なアイデアによりオルタナティブストーリーを強める

【タイトルをつける】
- 完成したオルタナティブストーリーに、自身の望む生き方に合致するタイトルをつけることで、より強さと希望を感じ、ドミナントストーリーの影響から離れることができる

【仲間を増やす】
- 賛同してくれる仲間を増やす。例えば、相談者の新しい物語を最も支持してくれる重要な人物をセッションに加える

【決意を形に残す】
- 手紙、認定証、宣言書、決意を思い出させる写真、絵画、音楽、コラージュなどを用いて、決意を形に残すことができる

事例から実践を考える

　真美さん（25歳）は、幼い頃、義父から受けた虐待の心の傷がまだ癒えていなかった。それはたびたび夢にも現れ、彼女を深く悩ませてきた。虐待は殴る、蹴るという暴力の他、言葉による精神的な虐待もあった。母親は直接、虐待はしなかったものの、止めに入らなかった。そのことを考えると、今でも胸が苦しくなる。虐待が発覚したのは、熱湯をかけられたことで大火傷を負い、病院に運ばれたからである。そこから児童相談所、児童養護施設へとつながった。

　児童養護施設で過ごした日々を、真美さんはよく覚えている。転校してすぐクラスでペンケースが盗まれ、疑いをかけられた。「施設の子」「虐待を受けた子」と噂され、それがきっかけで学校に行けなくなった。でもソーシャルワーカーの速水さんや他のみんなに助けられ、乗り越えることができた。戻るきっかけになったのは、市のマラソン大会だった。あの日、全力で走ったときの感動を今も忘れることができない。

　その後の2年間、施設での暮らしは平穏に過ぎた。中学に入る少し前、母が私を引き取り、母子生活支援施設に移った。彼女は暴力を振るう父と離婚、その後、仕事をしながら私を育ててくれた。しかし成長しても、虐待の経験が頭から離れず悩み続けた。そのストレスを反抗という形でぶつけ、「どうして、殴られ蹴られる私を黙って見ていたのよ！」と母につらくあたった。

　高校卒業後、食品メーカーの工場に就職した。そしてそこで出会った男性と交際、妊娠したことで籍を入れた。現在、工場近くのアパートで一緒に暮らしている。もうすぐ自分に子どもが生まれることを考えると、恐怖心で一杯になった。「もしかしたら私は、自分の子どもを虐待してしまうかもしれない」と思い悩んだ。虐待経験のある者が自分の子を虐待するという記事をどこかで読み、さらに不安を感じた。

　真美さんは思い悩んだ末、かつて自分が育った児童養護施設の速水さんに相談することにした。彼女ならば、自分のような人々をたくさん見ているし、良い助言をくれるだろうと考えたのである。真美さんは、自分の思いを手紙に綴り速水さんに送った。

真美さんへのナラティブアプローチ
　虐待は、幼かった真美さんの人生に突然、それも強引に入り込んできた問題である。そ

れは彼女をひどく傷つけ、その後の人生のあらゆる場面に強い影響を与えてきた。真美さんが虐待を受けた出来事は、関連する否定的な出来事とつながりながら、強烈な物語を構成してきた。この物語以外に彼女は自分を語り、自己の価値を確認できないでいる。

　この状況を乗り越える方法の一つとして、ナラティブアプローチがある。それは支援者と相談者が「人が問題ではなく、問題が問題だ」というスタートラインに立ち、問題を切り離し、ドミナントストーリーに支配されてきた別の真実を発見し、それをもとに新しい物語（オルタナティブストーリー）に書き換えることである。

支援プロセス
1. ドミナントストーリーに耳を傾ける
2. 問題を名づけ、人から切り離す（外在化）
3. ドミナントストーリーを検証し、ユニークな結果を発見する
4. オルタナティブストーリーをつくり上げる
5. オルタナティブストーリーを強める

---

1. ドミナントストーリーに耳を傾ける

「手紙読んでびっくりしたよ。結婚したんだね。子どももおめでとう」
「自分が母親になるなんて信じられなくて」
「それが不安の一つなんだよね。もっと話を聞かせてくれる？」
　真美さんは、ゆっくりと気持ちを確かめるように話し始めた。
「虐待で受けた傷が癒えていません。たびたび、思い出しては苦しくなります。その影響なのか、母親になるのが怖いんです。小さい頃、虐待された私が、ちゃんと子どもを育てていけるかわかりません。虐待された経験のある人が、大人になって自分の子を虐待するっていう話を聞いたことがあります。私もそうなってしまうんじゃないかって…」
「真美の受けた傷は、それほどに深いということだね。そういう気持ちに悩まされてきたのはいつ頃からなの？」
「高校に入った頃から、義父が自分を殴ったり蹴ったりする恐ろしい姿を、夢で見るようになりました。そのとき思い出したんです。私のすぐ近くにいる母親が、ただ黙って私を見ているだけの姿を…それがどうしようもなくつらかったです」
「悪夢だね。本当につらい気持ちだったろうね。そんなとき真美はどうしてた

の?」
「泣いてました。誰にも相談できないし、相談しても、わかってもらえる人はいないし、本当に自分は一人ぼっちでした」
「泣くことが唯一、真美にできることだったのか。そんなにつらい経験があったのによく頑張ってきたね。真美、もっと話していいんだよ。何でも話してごらん」
速水さんは、幼い頃の真美さんを思い出しながら言葉をかけた。
「はい。私は義父から殴られたとき、いつも母に助けを求めました。でも母は下を向いたままで、私のことを助けてくれませんでした。そのことが許せなくて、何度もきつい言葉で当たりました。『本当の母親だったら、自分の産んだ子を守るんじゃないの?』そう言って責めました」
「お母さんに守ってほしかったんだよね。それは子どもとして、当たり前のことだよ」
「お母さんのこと好きだったから、私のことも好きになってもらいたかった。でもお母さんは、やっぱり私のこと、好きじゃなかったんだ。そう感じると、もっとつらくなって、さらに反抗しました」
「大好きなお母さんから、愛されたかっただけなんだよ。お母さんは、そのことについて何か話してくれたの?」
「母はただ下を向いて『ごめん』って言うだけなんです。あとは悲しそうにしているだけ。だから余計、惨めな気持ちになります」
「真美がずっと抱えてきた問題は、殴られた身体の傷より重たいものなんだね」
真美さんは、速水さんに話すたび、自分がずっと背負ってきた重荷を、肩からおろしているような気持ちになれた。

その日の夜、速水さんは、感じた気持ちを手紙にまとめ真美さんに送った。数日して返事が返ってきた。
「手紙ありがとうございます。自分はあの日、どこから何を話していいのかもわからず、ただ思い出しては話すという感じでしたが、内容がきちんとまとめられていたので驚きました。何より速水さんは、私の気持ちを本当にわかってくれているんだと感じました」

考えてみよう

1. 速水さんは、最初の話し合いで、どのようなことを達成したいと考えていたのだろうか? またそれはどのように達成できただろうか?
2. 真美さんのドミナントストーリーの中から、彼女が経験してきた「現実」をあげてみよ

う。それはどのくらい強く、彼女の人生に染み込んでいるだろうか？
3. なぜ速水さんは、話し合ったことを手紙にして書き送ったのだろうか？

解説

　速水さんは、すでに真美さんとの信頼を築いてはいたが、現在、抱えている問題や悩み、不安を聞くのははじめてだった。そこでまずは、真美さんの話したいことのすべてに心を傾けようとした。

　ナラティブであっても、通常のカウンセリングであっても、まずは相手を受け入れ、話したいと思うことを掘り下げて聞きながら、それに共感を示していくことが基本となる。

　ナラティブにおいては、人々を自分の人生の専門家であると位置づけているため、彼らの持ち込む物語に対しては、特に敬意と関心をもってじっくりと聴くことが大切である。そのような姿勢で向き合うとき、彼らが自分の物語をどう感じているか、また直面している現実をどう捉えているかを知ることができる。

　虐待の出来事は、真美さんのドミナントストーリーの核心部分である。彼女は虐待とそれに関連する物語によって、自分自身とその人生を理解し評価してきた。これは現時点では、彼女にとって唯一の真実であるため、この真実に耳を傾けることが重要になる。

　真美さんの問題の核心には、過去に受けた身体的な虐待に加え、母親が助けてくれなかったという精神的な傷もある。それは彼女にとって本当につらい出来事なので、同じ話を何度も語らせることは、その物語を強めてしまう恐れがある。このような場合、様々な角度から質問を行い、物語をさらに広げ、もっと多面的に語れるように促していくことが重要である。

2. 問題を名づけ、人から切り離す（外在化）

　「真美、『人が問題ではない。問題が問題だ』って意味、わかる？」
　「自分に当てはめて考えると、私が問題ではない。私の抱える問題が問題だってことですか？」
　「その通り。今、抱えている虐待のトラウマは、真美の中に入り込んだもので、真美自身が問題ということではない。敵はあなたの中に入り込んだ問題なの。それを確かめようよ」
　「どうすればいいんですか？」
　「自分の問題に名前をつけられる？　問題をどう呼びたい？」
　「私にとっては…虐待の悪夢は大きな怪物です。私の中に住み込んで暴れ回るから」
　「そうね、じゃあ怪物と呼ぶことにするか…その怪物は、かなり長い間、住み

ついて暴れてるよね。いつ頃から？」

「10歳頃、身体の痛みはあったけど、怪物はまだ小さかった。むしろ大人になってから暴れ出したかも。その頃、もう私に暴力を振るう人なんていなかったのに…不思議です」

「その怪物は、真美をどんなふうに苦しめてきたの？」

「暴力は振るわないけど、暴力を受けた経験を何度も思い出させようとします。そして『お母さんは、あなたのことを愛していない。だからあなたを助けない！』と何度も私に訴えてきます」

「怪物はかなりの強さをもっている。それほど強い怪物と、真美はどうやって戦ってきたの？」

「私はただ逃げてるだけです。母に助けを求めるけど、母は何も言わないし、他の誰も助けてくれません」

「怪物は一人？　それとも複数？」

「一人だけど、あるときは別の怪物に変わることもあります。義父や母の姿にもなります。私は抵抗することができず、ただ泣き叫んでいるだけなんです」

「真美、その怪物を外へ追い出せると思う？」

「外へ追い出す？　追い出せるんですか？」

「もともと外から真美の中に入り込んだ怪物だから、外へ追い出すことができる。もちろん私も一緒に戦うよ」

「なんだか不思議な気持ちです。今の今まで、私は自分こそが問題だと考えていました。だから自分を責めるしかできなかった…でも問題が外から入り込んだ怪物なら、それは外へ追い出すこともできるんだ。そんなこと考えたことがありません。そうか、それがさっき教えてもらった言葉の意味ですね」

　速水さんは、話し合ったことを再度、手紙にまとめ、感謝の言葉を添えた。最後に大きく「怪物を一緒に追い出そう！」と書いた。それを見た真美さんは、便箋のはじに「怪物は大きいけど、一人で戦うわけじゃない」と書き添えた。

考えてみよう

1. 「人が問題ではない。問題が問題だ」という意味を、自分の経験から考えてみよう。
2. 問題に名前をつけることで、どうして問題を切り離しやすくできるのだろうか？
3. 速水さんは「問題に対して一人で戦うわけではない」ということを、繰り返し真美さんに伝えようとした。それはなぜか？

解説

　問題を外在化する（人から切り離す）ことは、ナラティブにおける中心的な課題であり、

セッション全体において継続して行う。外在化する手法は様々だが、速水さんは、まず「人が問題ではなく、問題が問題だ」という重要な概念をストレートに伝え、その意味について一緒に考えた。

もし人が問題であると考えるなら、自分自身を責めるしかない。実際、多くの人々が、問題は自分にあると考え、自分を責める。しかし問題こそが問題だと気づいた瞬間から、それは外から侵入した客観的な対象物、つまり「切り離して外へ出すことのできるもの」に変わる。この気づきは、人々に大きな変化をもたらす。

次に速水さんは、問題を何かに喩え、名づけることを提案し、真美さんは「怪物」と名づけた。それは壁のように固定化したものではなく、動き回る存在だった。一体、誰がつくり上げたかわからないが、気がつくといつの間にか自分の中に存在していて、時に暴れ回り精神的な苦痛をもたらす、まさに怪物であった。しかし動き回るものだったので、二人にとっては外在化しやすいものになった。

一旦、問題に名前がつくとそのイメージで扱われる。怪物もそのイメージ通り、真美さんに脅しや否定的な言葉を吐き、打ちのめそうとする。しかし速水さんは「一緒に怪物を追い出す！」ということを、真美さんに繰り返し伝えている。これによって問題は、もはや真美さんの内面に染み込んでいるものではなく、二人の前に明らかになった存在、だからこそ協力して倒せる存在に変化したのである。

速水さんは、今後も外在化する会話を通して、真美さんの問題を少しずつ外へ動かしていく。そのとき、どんなに速水さんに専門的な知識や経験があっても、このとき自分の考えを押しつけ、誘導してはいけない。あくまで物語を語り、気づき、力を確信していくのは真美さん自身である。速水さんと真美さんは同じ車に乗り、真美さんの真実を探す旅に一緒に出ていくが、実際に運転するのは真美さん自身である。一人の人生の歴史は重く、計りしれないほどの真実を秘めている。そのことに深い関心を抱きながら、助手席に座り、一緒に旅を続けていくことがナラティブを行う支援者の専門性である。

3. ドミナントストーリーを検証し、ユニークな結果を発見する

速水さんは、その日、大きなアルバムを手にして話し始めた。
「真美、想像してみて。誰にでも『心のアルバム』があって、そこに自分の経験した出来事が集められている。きっとたくさんの写真から選んだと思うよ。完成したアルバムを眺めると、人生の一つの物語になっている。真美にもそうしたアルバムがあるはず。それを開いてみて！　そこにどんな経験が集まっている？」
「私の心のアルバム？　これまでに経験した出来事のこと？　思い出したくないことばっかりです」
真美さんは、一瞬、目を伏せ、それから顔を上げて話し出した。

「最初のページには…何があるかな？　小さい頃…、そうだ、お父さんのことを覚えています。夏の夜、自転車の後ろに乗せてもらって走ったこと。風が気持ち良かったな。でも次のページで、親は離婚、生活は一変しました。再婚した義父は、普段はおもしろい人だったけど、お酒飲むと、荒れて、殴る、蹴るの日々…」

「もっと聞かせてくれる？　どんな小さな思い出でもいいよ。アルバムのページをめくっていってごらん」

速水さんの声に押されるようにして、真美さんが話し続ける。

「火傷して病院に運ばれたことは、あまり覚えていません。きっと恐すぎて記憶から飛んでいるのかも…でもそのおかげで、速水さんや他の仲間とも会えました。施設での２年間は安心できたし、学校で問題もあったけど、負けなかった…あのとき、市のマラソン大会で走ったことは一生忘れません。みんなが応援してくれてテープを切ったとき、感動して、私もやればできるって思いました」

「覚えてる。本当に感動したよね」

速水さんは懐かしそうにうなずいた。

「母子生活支援施設での生活は順調だったけど、だんだん私も大人になって、自分が社会でどう見られているのか気づいてきました。母は頑張って働き続けました。でも私は反抗期で、彼女を責めてばかり、その頃から私の中で、怪物が暴れ出したのかもしれません。虐待された自分、それを止めなかった母、どちらも許せなくて…自分でつくった怪物から逃げようとして、母にまた助けを求めたのに、母は何も言わなかった！」

「お母さん、どうして何も言わなかったのかな？」

「『何を言っても、言い訳にしかならない。だから一生懸命に働くだけ』そう話していました。自分を責めていたんだと思います。働いて生活を支えることが、私への償いだと…」

真美さんの目から涙がこぼれ落ちた。やがて速水さんは、静かに言葉をかけた。

「真美の心のアルバムには、どんなタイトルがついているの？」

「きっと『かわいそうな物語』だと思います。両親の離婚、虐待、施設での暮らし、母子家庭…他のみんなと違う自分が哀れで、かわいそうで、負い目を感じます」

そう言って真美さんは下を向いた。速水さんは、手に持ったアルバムを閉じ、真美さんに向き直った。

「でも、かわいそうでは説明しきれない出来事もあったよね。気づいた？　それは、お父さんの自転車の後ろに乗ったこと、マラソン大会で頑張ったこと、施設で仲間に囲まれていたこと、虐待の傷跡に一人だけで立ち向かおうとしたこと、冷たい視線にも負けず高校に通い続けたこと、働き続けたお母さんを許そうとしていること、それは『かわいそうな物語』に入っていないよ。そしてその経験も真実だよね」

速水さんは、話し合った内容をまとめ、真美さんに書き送った。それに対して真美さんは次のような返事を書いた。
「私は自分の心のアルバムを、しっかりと見直したことはありませんでした。いつの間にか私は、不幸ばかりを背負っていると感じ、そのような写真でアルバムを埋め尽くしていたことに気づきました。あの日、速水さんが指摘してくれるまで、私にも素晴らしい思い出があったことに気づきませんでした。確かに、「勇気ある私」も存在しています。それはショックであり、大きな喜びでした」

考えてみよう

1. あなた自身の「心のアルバム」を開いてみよう。どのような出来事の写真が物語を構成しているだろうか？
2. 速水さんは、どうして真美さんのアルバムのタイトルを知りたかったのか？
3. 速水さんは、真美さんの紹介するアルバムには、ドミナントストーリーの流れに馴染まない出来事があることを指摘した。それはなぜだろうか？

解説

　ドミナントストーリーを解体（脱構築）するには、相手の物語の語りに耳を傾けつつ、ドミナントの流れに馴染まない出来事、（支配化に置かれている真実）に光を当て、当たり前と考えられている物語の陰にユニークな結果を探求する。

　速水さんは、ドミナントストーリーを「心のアルバム」に喩え、真美さんを支配している物語を探ろうとした。これに対して真美さんは、心のアルバムを開き、自身に起こった出来事を語り始めた。「かわいそうな物語」と名づけられたそのアルバムには、真美さんにとってのつらい出来事の写真が溢れていた。それは彼女が自分の人生を説明する強力な物語であり、同時に、現段階の彼女にとって唯一、真実の物語であった。

　ここで速水さんは、彼女の物語に聴き入りながらも、「かわいそうな物語」と矛盾する出来事に注意を向けている。例えばそれは、幼い頃の父親との小さな思い出、マラソン大会での達成、母親がふともらした「何を言っても言い訳にしかならない」という後悔の言葉。これらはすべて真実であるが、ドミナントの物語の意味づけとは違っている。アルバムに収められてはいるが、タイトルの意味と矛盾している。そのようなものがユニークな結果である。それは「かわいそう」とはほど遠い、温かな、勇気ある出来事であり、今後、オルタナティブの物語を構成していくための扉を開く鍵である。虐待の傷に苦悩しながらもそれと戦い、生き残っていること自体、見方を変えれば、勇敢な物語である。こうしたことがらは、支援者から質問を受け、語ることの繰り返しによって、自分の中に少しずつ見出していくものである。

　否定的な出来事が染み込んだドミナントストーリーは分厚く、その他の多くの達成や強

さは、支配下に置かれたままになっている。これらを検証し、相容れないユニークな結果を見出すことは、小さな扉ではあるが、その先に、素晴らしい真実の物語が続いている。

4. オルタナティブストーリーをつくり上げる

　2週間後、真美さんがやってきた。
「心のアルバムに何か変化はあった？」と速水さんが笑顔で尋ねた。
「ありました。きっと私のアルバムは、全部、最初からつくり直す必要があるかもしれません」真美さんが答えた。
「どうしてそう感じたの？」
「私は自分の不幸や欠点、弱さばかりに目を向けて写真を集めていました。でもそれだけが真実じゃないって、速水さんが教えてくれました」
「正直、私も真美の物語を聞きながら気づいた。あなたには、ずいぶん勇気ある出来事があるなって。本当に感動した。そうした強さがあるなら、怪物を外へ追い出すこともできるし、別の写真を探して、新しいアルバムをつくることもできるよ」
「怪物は恐ろしいけど、私の中に染みついているんじゃなくて、目の前に立ちふさがっていることがわかりました。速水さんの力を借りれば、倒せるかもしれません」
「真美には、怪物をつくる力があるんだから、壊す力もあるよ。それに心のアルバムと向き合ったことで、怪物の力が弱くなってきたことにも気づいた？」
「それは感じます。新しい自分を発見できたからだと思います」
「ところで新しいアルバムには、どんな出来事を入れようか？」
　速水さんの質問から、何かを思い出したように真美さんが話し出した。
「実はあの後、本当の父と連絡を取り、会ってみたんです。父は他県に住んでいましたが、喜んで会ってくれました」
「それはすごい。どんな話をしたの？」
「私の知らない思い出話をしてくれました。離婚に至る事情も知りました。私は父に拒否されたわけじゃなかった。それは本当に感動する発見でした」
「お父さんとの思い出を発見したことは、真美にとってどんな意味があるの？」
「私はずっと、父から受け入れてもらうことを望んでいたんです」
「小さな頃の自転車の思い出と、今回の再会の思い出がつながって、一つの物語になったのがわかる？　そうやって新しい物語ができていくんだよ。もっと他にもありそうだね」
「前に職場体験で、保育園に行ったことがあります。そのとき小さな子たちの

お世話をしました」
　「それはいつのこと？」
　「高校の頃です。本当に楽しい思い出でした」
　「どんな出来事だったのかな？」
　「遊んだだけだと思いますが、終わった後、保育士の方から『あなたには小さな子どもたちを楽しませる才能があるよ！』って言われたことを思い出したんです」
　「そんな素敵な出来事が埋もれていたんだね」
　「どうして今まで忘れていたんだろう。それで思い返したんです。もし私にそんな才能があるなら、どうして私は、自分の子を育てることを恐れるんだろうって」
　「あなたにできないと言ったのは怪物のしわざだね」
　「そうだと思います。そんな怪物を新しいアルバムには入れたくありません」

　速水さんは、真美さんが発見したたくさんの出来事を手紙にまとめ、いつものように送った。そして「新しいアルバムの完成を楽しみにしているよ」という言葉を添えた。

考えてみよう

1. 真美さんは、自分の心のアルバムをつくり直す必要があると感じた。なぜだろうか？
2. 真美さんは、自分の父と会ったことで、どのような力を得たのだろうか？
3. ドミナントストーリーと相容れない出来事を、真美さんが思い出すごとに、速水さんはそれをつなげようとしている。どのような意図があるのだろうか？

解説

　速水さんと真美さんが、ドミナントストーリーの検証をしたことで、真美さんに気づきが生まれた。それは「かわいそうな物語」の中には、タイトルの意味合いにそぐわない出来事があるということ、また怪物（問題）に対して、向き合い始めることで、それが少しずつ外へ動き出してきたということだった。ドミナントストーリーの陰にある真実の発見、そして問題が外へ動き出したこと、この二つの気づきは、真美さんに新しい真実の物語をつくる勇気を与え始めていた。それは彼女の行動にも現れている。
　真美さんは、発見した真実をさらに検証するために、父親に会いに出かけている。この出来事を知った速水さんは、「どんな意味があるの？」と問いかけながら、幼い頃の父親との思い出につなげて、一つの新しい物語にしていった。これは「アイデンティティの風景」に沿った質問であり、意味づけることで、物語に厚みをもたらそうとしている。

次に真美さんは、高校時代の職場体験を語り始めた。それは幼い子どもたちとの純粋なふれあいであり、自分の能力に対する専門家からの高い評価であった。この出来事に対しても速水さんは、詳細を尋ねる「行為の風景」に関する質問をしながら、出来事から出来事へとつなぎ、物語化していった。

　新しい出来事は、発見するだけで物語になるわけではない。速水さんがしたように、出来事の詳細を掘り下げ、膨らませ、関連する人や出来事とつなげていくことで、筋の通った物語となる。またこの物語を語る人々のアイデンティティ、特に、希望や信念と合致するよう意味づけていく必要がある。

　真美さんは、虐待する恐れのある自分とは、明らかに矛盾する気持ちを感じた。それは小さな達成ではあるが、大きな自信につながった。虐待を受けた自分が、やがて生まれてくる自分の子どもを虐待してしまうことへの恐れは、社会的に意味づけられたディスコースからの影響であることも無視できない。しかし彼女が感じた自信は、自分の体験からもたらされた強さであった。

5. オルタナティブストーリーを強める

　速水さんは、一つの質問をした。
　「真美は今、新しい物語を手に入れつつあるけど、それを聞いても全く驚かない人っている？　つまり新しいあなたの物語を誰よりも信じている人」
　「私の夫だと思います。でも…」
　真美さんは、一瞬ためらいを見せたが、再び話し始めた。
　「彼には、古い私のことすらまだ話せていないんです。知られるのが怖くて…」
　「ここに招待してみたらどう？　ここで真美が話したいこと、それが古い物語でも新しい物語でも、彼に話してみたらどう？」
　「いつかは話そうと思っていました。だからやってみます。彼に来てもらって、私のことを話します」

　2週間後、真美さんが夫と一緒にやってきて、3人のセッションが始まった。真美さんは、速水さんの支えを受けながら、自分の物語を語った。幼い頃の自分、父親との思い出、離婚のつらさに耐えたこと、母の再婚、義父による虐待、その虐待に耐え抜いた力について語った。入院、施設入所、速水さんとの出会い、転校した学校で盗みを疑われたこと、不登校、仲間の励まし、マラソンでの完走の喜び、寮生活の始まり、高校時代、偏見と戦ったこと、職場体験での子どもとのふれあい、保育士から褒められたこと、過去の虐待の再体験、母への反抗などが大きな怪物となって入り込んだこと、しかしそれにも、たった一人で立ち向かっ

たことを語った。また高校卒業、就職、彼との出会い、恋愛、結婚、そして、最後に真美さんは言った。

「私の新しい物語はすべて真実であって、これは私の「勇気の物語」です。これを話しても絶対に驚かない人を二人だけ知っています。それはここにいる速水さん、そして私の夫です」

真美さんは泣いていた。そして速水さんも。夫は声をしゃくりあげて泣いた。3人の涙は、嬉しさの涙だった。夫は言った。

「私は初めて妻のことを知りました。こんなに勇気ある人の話を、今まで聞いたことはありません。私はこうした話を聞いても、まったく驚いていません。妻は強い人です。私の誇りです」

速水さんは、それを聞きながら小さくうなずき、真美さんに向けて話した。

「これで怪物はいなくなったね。その新しいアルバムを、いつまでも大切にするんだよ、真美」

考えてみよう

1. 速水さんは、これまでのナラティブの場に、もう一人の仲間を加えようとした。それはなぜか？ どんな効果を考えていたのか？
2. 真美さんは夫の前で、古い物語ではなく、新しい物語を語った。そのことは真美さんにどのような力をもたらしただろうか？
3. 真美さんは、自分の新しいアルバムに「勇気の物語」と名づけた。なぜそう名づけたのか？ 真美さんにとっての勇気とは一体、どんなことだったのか？

解説

真美さんは新しい物語を手にした。そこには怪物もかわいそうな自分もいない。しかし新しい物語は強めないと、古い物語に負けてしまう。それほどドミナントストーリーの影響が強いことを、速水さんは理解していた。

また速水さんは、怪物の正体を次第に理解し始めていた。怪物を形づくっていたのは、過去の虐待の傷だけではなかった。自分の物語を愛する夫へ伝えられない苦悩も含まれていた。夫は自分を愛してくれた大切な存在である。その夫にだけには本当の自分を知ってほしい。しかし知らせたならば、彼から拒否されるかもしれないという恐怖、これらが葛藤を生み出し、怪物の存在をより強靭なものにした。

しかし新しい物語を手にした真美さんは、今、怪物の最後の正体と向き合う準備ができていた。そしてこれを可能にするために、彼女を支え、見届ける強力な観客がもう一人必要となった。真美さんはその観客として夫を選んだ。これはリ・メンバリングという「相談者にとっての最大の理解者からサポートを受ける」という手法である。これによって新

しい物語は、強く支えられることになる。

　最後のセッションで真美さんは、古いアルバムと新しいアルバム、どちらを開くのか選ぶことができた。そして彼女は、新しいアルバムを開き、語ることを選んだ。これは彼女にとって、新しい道を進めるかどうかの重要な選びとなった。

　真美さんは新しいアルバム開き、虐待の傷、母親から受けた精神的ダメージについて語った。しかしそれはかわいそうな物語ではなく。臆せずに向かっていった「勇気の物語」だった。このように意味づけたことは、ナラティブアプローチの大きな成果であったと考える。

　真美さんは、語るたびに怪物が消えていくのを感じた。それを速水さんと夫が証人として見届けた。この日の出来事も輝かしい写真となって、アルバムに収められることだろう。そしてこのアルバムの先に、生まれてくる子どもの写真、その後の家庭の風景が加えられていく。真美さんは、今、過去から未来に向け、一貫した物語を手にしたのである。

実践へのアドバイス

　ナラティブアプローチは、統計的に効果を検証することに異議を唱える理論背景をもっている。そのため他の理論と有効性に関して比較することには馴染まない。しかしこのアプローチを実践する人々の経験から、幅広い問題に対して有効であることが報告されている。人間の行動や心理を、統計的に検証することばかりに目を奪われて、ナラティブの効果を見失うべきではないだろう。

　もちろんこのアプローチは新しいものであり、実践には十分な知識とトレーニングが必要である。そのことを踏まえながら、アプローチを選択する際の助言を記したい。

　まず従来のアセスメント、プランニング、トリートメントと進む専門的なスキルは、ある種の権威的な位置づけを明確にする。専門的な力と位置があるからこそ、相手の問題を分析し、必要な援助をプラン立て、専門的な介入を行いつつ、正常な状態に正していく。ナラティブを志向する際は、この専門的な権威をもたず、人生の物語における専門家を相手に位置づける。このことは頭ではわかっているものの、身についてしまっていることを急に変化させるのは難しい。しかしこの位置づけが壊れるとナラティブが機能しなくなる。

　次に、問題を外在化させたいあまり、すぐに本題に入ろうとする誘惑があるが、どのような支援関係にも、まず相手の物語に十分に耳を傾けること、そして十分な信頼関係を築く必要があることを忘れてはならない。

　外在化するにあたっては、問題に名づけることが多いが、その場合、もし絵の能力があれば、視覚的なものも使うと、より客観的に見えてくる。目に見えないものを話し合う場

合、目に見えるものを使うことで効果は深まる。物語をアルバムに喩えることもその一つである。実際にアルバムをもってきて、写真をはさんでいく方法もあるが、筆者は、手軽なPCソフトを活用し、好きな音楽をつけたスライドショーにして、楽しみながらライフヒストリーを分かち合えるようにしている。

　脱構築していく場合、ドミナントストーリーを聞きながら、その影響を受けていない出来事に焦点を当てるが、先回りして、誘導し、説得してはならない。支援者は、答えのわからないものに対して質問しているのであり、自分で予測する答えを押しつけても、それは相手の真実にはならない。

　何度も語り直しながら手に入れたオルタナティブストーリーは、まだ弱く、あらゆる方法で強める必要がある。そうしないとすぐにドミナントの影響に戻ってしまう。オルタナティブストーリーを強くするために、自分が選んだこと、決意したことを、目に見える何かと一緒にイメージづけることを勧める。物語を映像化することもできるし、そのときの気持ちを写真や絵画にして飾ることもできる。簡単な工夫によって、大切な物語を身近な所に置き、何度も繰り返し思い起こすことで物語は強くなっていく。

第Ⅱ部
理論・アプローチの組み合わせ 様々な理論・アプローチ

　第Ⅱ部（第11章〜第12章）では、これまでの理論・アプローチの組み合わせについて学ぶ。

　人々の抱える問題や困難は、単純なものばかりではない。彼らのニーズは、時に複雑で、家族、集団、地域社会にまで及び、一つの理論・アプローチでは、解決できないことが多い。そのため、理論やアプローチを組み合わせて、複合的なアプローチを考え出す必要がある。

　今後、わが国のソーシャルワーカーが、より一層ジェネラリストアプローチを志向するならば、多彩な理論・アプローチを習得し、それらを自由に組み合わせ、活用する訓練が必要になる。

　また最後（第13章）に、第Ⅰ部で紹介しきれなかった理論やアプローチを取り上げ、簡単な解説を試みた。これらを知ることで、さらに理論やアプローチの多様さ、奥深さを感じてほしい。

第11章 子育てに悩む母親へのアプローチ

子育てに悩む麻美さんに対して、6つのアプローチを組み合わせ、5つのステージに沿って支援を展開する。

1. クライエント中心アプローチ
2. エコロジカルアプローチ
3. 認知アプローチ
4. 行動アプローチ
5. システム(家族療法)アプローチ／課題中心アプローチ

事例から実践を考える

　井上麻美さんは、一人娘の結衣ちゃんの子育てに悩んでいた。はじめての子育てのせいか、どうしても気負ってしまい、思い通りにいかないため深く落ち込んでしまうのである。
　麻美さんは結衣ちゃんに、基本的な生活習慣が身につくようにと訓練してきた。しかし結衣ちゃんは物をいつも出しっぱなしで、片づけることが苦手である。テーブルの上はいつも散らかり、部屋の中には着替えやおもちゃなど、出したものはすべてそのままになってしまう。麻美さんは、それを自分でやらせようと声をかけるが、結衣ちゃんは、なかなかそれができない。そこで麻美さんは厳しく叱りつけるが、彼女はそれでもやらない。夫に相談しても「お前は少し口うるさいんじゃないか」と批判されるだけなので、かえってストレスがたまり、次第に自信を失ってしまった。
　その日、麻美さんは、それまでの悩みが一気に爆発してしまい、言うことを聞かない結衣ちゃんに思わず手をあげてしまった。それ以来、彼女は麻美さんに口をきこうとしなくなった。麻美さんは自分の愚かさと失敗を責め、深く落ち込んだ。そして情緒が不安定になり、仕事も休むようになった。心配した友人が子育て支援センターを紹介したことで、麻美さんは、ソーシャルワーカー小山由紀さんの支援を受けることになった。

1. クライエント中心アプローチ

独自の世界を受け入れる準備

　小山さんは、麻美さんの自宅に向かいながら、これから受ける相談について思いを馳せた。
　「麻美さんは、はじめての子育てに苦しんでいる。その気持ちをどれだけ理解できるだろう。私は彼女より少しだけ年上で、仕事をしながらの子育ての経験もある。しかしそのことで、彼女の本当の気持ちがわかったような気になってはいけない」
　小山さんは、心の中で少しずつ、麻美さんの世界を受け入れる準備を始めていた。

麻美さんとの出会い

　呼び鈴を鳴らすと、麻美さんが玄関に出てきた。あまり眠れていないような、疲れた目をしていた。すぐにリビングに通され、ソファーに合い向かいで座った。部屋のカーテンが半分だけ開き、そこに午後の日差しが差し込んでいた。
　小山さんが最初に口を開いた。
　「子育てがうまくいかなくて、落ち込むことが多いと聞きました…」
　「はい。結衣は6歳の年長さんですが、大変で…全部、やりっぱなしの出しっぱなしで、注意しても全然聞いてくれないし、何でできないのか私もわからなくて」
　「結衣ちゃんのために努力されているのに、あまり良い結果になっていないようですね。もう少し具体的な出来事を教えてもらってもいいですか？」

純粋さ、受容、共感的理解

　「夕べも、おもちゃや本を全部出してきて遊んだんですが、そのままです。最初、私も優しく『お片づけしてね』と言いますが、結局は片づけないまま、寝る時間になってしまうんです。それで私が『片づけるって約束したよね、やり方教えてあげるから一緒に片づけよう』って言うと、今度は何も言わないで無視するんです。だから思わずキレてしまって、怒鳴ってしまいました。そんな繰り返しです」
　「忍耐しながら教えてるのに、結衣ちゃんが、それをわかってくれないんですね」
　「気持ちが通じてないのが一番つらいです。あの子のために頑張ってるのに、そのことをわかってくれない」
　「気持ちが通じてないっていうのは？」
　「あの娘は、いじわるされてると思ってるんです。私はあの娘が心配です。他の子においていかれるんじゃないか、将来、何もできない子になってしまうんじゃ

ないかって心配してるのに、全然わかってくれない」

「結衣ちゃんがわかってくれないとき、どんな気持ちになりますか？」

「すごく怒ってしまいます。それでこの前もカッとなって、手をあげてしまったんです。そんなこと、今までしたことありませんでした。だから本当に情けなくて…」

「麻美さんは、結衣ちゃんの母親として最善を尽くそうとしている。でもうまくいかないし、どうしていいかもわからない…」

「せめて近くに相談できる人がいたら…そう思います。でも夫に話すと『お前の仕事だろ』とか『口やかましく叱るより、褒めたらどうだ』とか言われます。そのたびにまた落ち込んでしまいます」

「相談しても夫はわかってくれないし、助けてくれない。まして『お前はだめだ』と言われているようで、どうしたらいいかわからなくなりますね」

「本当にそうです。私はちゃんとやってるつもりなんです。でも何をやってもうまくできなくて…もう嫌だ…助けてほしい…」

　麻美さんは、その後も肩を震わせ、涙を流しながらつらい気持ちを話し続けた。おそらく誰にも話せず心に貯め込んでいた感情が、出口を得たことで一気に流れ出たのかもしれない。そう小山さんは感じ、言葉を返した。

自己概念に気づく

「麻美さんの話から、思い通りにならない苛立ち、誰もわかってくれないときのつらさを感じます。そんな気持ちのとき、麻美さんはどうしているんですか？」

「あきらめてしまいます。もう自分には子どもを育てる力なんてない。だからもうやめちゃおうって」

「あきらめたらどんなに楽だろう。でもあきらめたくないから苦しんでいるように思えます」

「私は少し完璧主義なところがあります。理想通りにやりたくて、でもできなくて、だったらあきらめたらいいのに、それもできない。そうやって自分を追い詰めてしまいます。そんなとき目の前で子どもは嫌なことをする　私はきっと、あの娘がわざとやってるって感じるんです。すると本当に腹が立ってきて、怒りの気持ちを抑えられなくなります。私は手をあげたのははじめてですが、虐待する母親の気持ちが少しわかる気がします」

「最善を尽くそうと思う気持ちが強すぎて、空回りして、最後には全部、子どもに向いてしまうのかもしれませんね」

　少しの時間だったが、小山さんは、麻美さんの心の奥深いところの正直な気持ちを共有できた気がした。麻美さんも、自分の気持ちや存在が受け止められていると感じ、小山さんを心から信頼した。

解説

　麻美さんは、子育てに深く悩み、精神的な葛藤、不安、落胆、自己嫌悪など、多くの否定的感情を抱いていた。それに対して小山さんは、ロジャーズの手法を用いて、麻美さんの傍らに寄り添い、彼女の言葉を傾聴し、受け止め、共感しようとした。それは麻美さんが今、体験している現実を、自分でも体験しようとすることであった。小山さんはこの瞬間、何より偽りのない純粋な気持ちで向き合い、相手の感じていることを正確に共感しようとした。

　二人の会話は、最初は「子育てがうまくいかなくて、落ち込むことが多い」という話題から始まったが、その後、小山さんの一貫した傾聴により、自信のなさ、怒り、あきらめ、苛立ちの気持ちに寄り添い、やがて完璧主義的なところがあるという自己概念への探求、さらに虐待してしまう親の気持ちまでを受け止めることができた。

　ロジャーズのクライエント中心アプローチを折衷する場合、支援における初期、つまり信頼関係を築いていく時期に用いると効果的である。それはこの手法が、純粋な態度で相手に敬意を払い、受容と共感により相手の気持ちに寄り添うことで、問題の核心につながる情報と強い信頼関係をつくり出すことができるからである。

2. エコロジカルアプローチ

アセスメント（データの統合・分析）

　小山さんは、麻美さんの家を出てすぐ電車に乗った。窓から見える町にはもう夕暮れが迫っていた。彼女はノートを取り出し、つい先ほど、麻美さんが話してくれたことを書き出した。そして、なぜ麻美さんが問題を抱えてしまうのか深く考え始めた。

　小山さんは、両開きのノートの右に人、左に環境と大きく書き、得られた情報をそれぞれの領域に記していった。人のほうには「はじめての子育て、うまくいかずに悩む、自己概念（完璧主義か？）、現実への認知は歪んでいないか？　自信のなさ、落胆…」などと書き、環境のほうには「夫は仕事で忙しい？　保育園との関係は？　友人は少ない？　仕事は休んでいる？　両親や親類と疎遠？　近隣とのつながりが薄い？　夜、結衣ちゃんと二人だけ、結衣ちゃんとの関係悪化？」と書いた。こうした情報の統合と分析をしながら、麻美さんがストレスを抱えている原因を考えてみた。今のところまだ推測の情報もある。そのため近いうちにもう一度、麻美さんに会って確認することにした。

アセスメント（エコマップを用いたデータの再収集・統合・分析）

　数日後、小山さんは麻美さんと面接を行った。

　「今日は一緒にマップを描いてみたいと思います。この紙を見てください。真ん中の○が麻美さんです。これから、麻美さんに影響を与えている人や物、組織などを○で書いて、関係を線で結びます。まず人からいきましょう。どんな方々が麻美さんの周りにいますか？」

　「そうですね。両親と妹は北海道にいて、あまり音信がなく、夫と結衣、あとは仲の良い友達が一人くらいしかいません。あまり深くつき合うほうじゃなくて」

　「ではその人たちとの関係はどうでしょうか？」

　「友達とはいいのですが、実は夫とすれ違いが多く、結衣とは衝突ばかりです」

　「結衣ちゃんとの関係は、この前お聞きしましたが、かなりストレスな感じでしたね。ところで、旦那さんとのすれ違いはいつからですか？」

　「昨年リストラがあって、それで再就職した会社が忙しいらしくて…」

　「すれ違いは時間だけのことですか？」

　「気持ちのほうも、だいぶすれ違っていると思います」

　「ご夫婦の問題は、精神的にかなりつらいのではないですか？」

　「そう感じたときもあったのですが、今は…あきらめちゃったのかな」

　「あきらめちゃった？」

　「結衣の問題が、それよりも大きくなってしまって…問題はあるんだけど、後回しにしています。でもいつかは向き合わなくちゃいけないのはわかっています」

　「大事なことですね。ぜひそうしましょう…。次に、麻美さんにとって関係の深い物、組織、サポート資源などを聞いてみたいのですが、まず保育園との関係はどうでしょうか？」

　「保育園の先生方はみんな若くて、子どももいないし、やっぱり本当の意味で信頼できないというか、園長先生は立派な方なんですが、もうお年だし。ただ奉仕活動があって、園庭の草取り作業などで、他のお母さんたちと話したときは楽しかったけど…」

　「まだそうした奉仕活動を行う園が残っているんですね。お母さんたちとは、子育ての話とかしたことありますか？」

　「私はしなかったけど、他のお母さん方が、『全くうちの子は、全然片づけなくて』…って言ってたので、『そんなときどうするの？』って聞いたことはあります。そしたらそのお母さんは、『張り倒すだけよ！』って答えたので、かなりうけて笑ったのを覚えています」

　「リラックスした良い会話でしたね。ところで何か地域のサークル活動とかに参加していますか？」

　「仕事が忙しかったので、地域のことにはノータッチです。町内清掃のときくらいかな…ただこのあたりはお年寄りが多くて、若い人たちはあまり町内会にも

入らなくて」
　「仕事は今、お休みされていると聞いていますが…」
　「休職しています。他に良い所がないので復帰したいのですが、精神的に今は厳しくて…」
　小山さんは、できあがったエコマップを見ながら、麻美さんが孤立した状態にあることを再確認した。また麻美さんの気持ちや考え方を掘り下げることで、彼女の自己概念や物事の見方（認知）についても理解した。

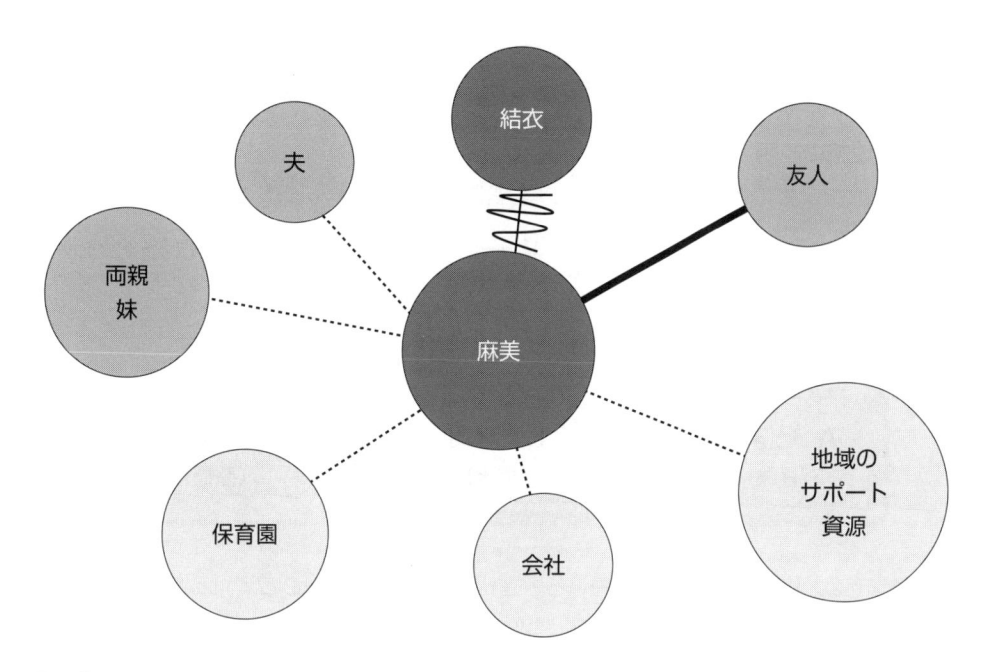

解説

　小山さんは、ロジャーズの手法を用いて信頼関係を築いた後、エコロジカルアプローチによるアセスメントを行った。エコマップをツールとして活用しながら、自然な形で質問し、時にその質問を掘り下げながら、必要な情報を書き込んでいった。

　できあがったマップを見るだけでも、麻美さんの孤立した状態が浮かび上がる。仕事も休んでおり、今後、介入していかないと、ますます家の中に引きこもる可能性がある。今はまだ結衣ちゃんが保育園に行っているが、もし彼女を登園させず、二人で家に引きこもってしまうなら、虐待に至る可能性も否定できない。そのような気配を小山さんは感じていた。

　麻美さんの状況を、エコロジカルアプローチから分析すると、彼女は、何より子育てという人生移行に伴う生活ストレッサーに対して、適応できずに苦しんでいる。彼女と環境の接触面では、特に結衣ちゃんとの間に強い摩擦が存在する。また夫との関係、さらに両親、妹、保育園、地域のサポート資源等との関係は希薄である。つまりサポート資源が不

足し、かつアクセスもできず、コミュニケーション障害を生み出している。

これを改善するには、人、つまり麻美さんに直接働きかけ、その対処能力や自発性、自尊心を強化する必要がある。同時に麻美さんと彼女を取り巻く環境（結衣ちゃん、夫との関係など）との関係性を温かなものにする必要がある。さらに人と環境の双方に影響を及ぼし、互いの交互作用の質を高めていく。

このようにエコロジカルアプローチは、人と環境の交互作用についての見方を提供してくれるので、主にアセスメントにおいて活用できる。

3. 認知アプローチ

ABC理論の説明

　小山さんは、麻美さんへの働きかけを開始した。麻美さんに認知アプローチを行うことで、子育てに対する自責の念や自己嫌悪を和らげたいと考えたのである。

　小山さんは、エリスのABC理論を簡単に書いたカードをつくり、わかりやすく麻美さんに説明した。

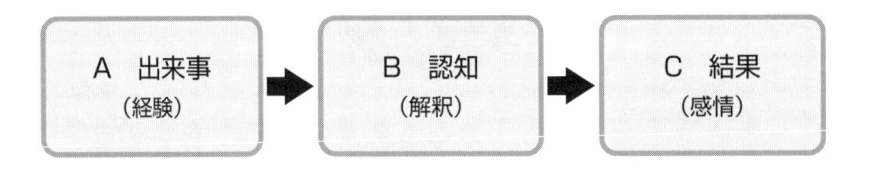

```
A  出来事        →    B  認知        →    C  結果
 （経験）              （解釈）              （感情）
```

「麻美さんは、前に怒りを感じると言いました。それがここでは『結果』になります。そのときの『出来事』と『認知』を振り返ってみてください」

「私が怒りの気持ちを感じたのは、どんなに注意しても、結衣が聞かないからです」

「それが『出来事』です。では、結衣ちゃんがそういう行動をするのは、なぜだと解釈しましたか？」

「無視してる…とか反抗的になってる…と捉えました。黙って私の顔を睨んでるんです。お前の言うことなんて聞きたくないっていう顔なんです」

「そのとき、結衣ちゃんは何か言いましたか？」

「何も言いません。黙っています」

「何か他の解釈は考えられますか？」

「他の解釈？　わかりません。他にどう解釈できるんですか？」

「例えば、結衣ちゃんは、後でちゃんとやろうと思っているのに、忘れてしまって、でもお母さんが怒ってしまったので、悲しくて黙っている…とか」

　小山さんがそう話したとき、麻美さんの心の中で一瞬、何かがはじけた。そし

て自分が遠い昔、子どもだった頃の光景が浮かんできた。そこに自分の母親がいて「麻美、ちゃんと片づけなきゃだめじゃない」と言っている。でもいつも忘れてしまう自分。すると怒り出す母親、それが悲しくて涙が出そうになって…でも我慢していると睨んだような顔になる。それを見て母親は「何、睨んでるのよ。なんか言ったらどう？　なんで無視するのよ！」そう立て続けに言われると、ますます何も言えなくなってしまう。そんな光景だった。思わず麻美さんは、小山さんにそのことを伝えた。

「なんて母親だろう。自分であんなに嫌な経験をしていたのに、忘れてるなんて…そうですね。私の解釈が間違っていたかもしれません」

「どうしてそう感じたんですか？」

「私も結衣と同じ経験をしてきたからです。私も母親に同じように叱られてきました。そのとき無視もしてなかったし、反抗もしてなかった。ただできない自分が悲しかったんです。そしてその解釈はきっと本当だと思います。でもまた忘れるかもしれません。どうすればいいですか？　どうしたらいつも出来事に対して、正しい捉え方ができますか？」

合理的な考え方を訓練する

「私たちには、瞬間的に頭に浮かぶ『自動思考』があります。それは陥りやすい認知の歪みです。例えば、たった数回、子育てがうまくいかないと、『私はいつも失敗する』と決めつけることがあります。でもこの考えは正しくありません。現実の子育ては、うまくいかないことのほうが多いんです」

「私には認知の歪みがかなりあるように思います」

「認知の歪みは、誰にでもあります。ただ多くの場合、周りの人と話したり、自分自身と対話しながら、時間をかけて修正しています。麻美さんの場合、相談する人が少なく、自分の中に溜め込むので、修正できずにいるのかもしれません。以前、保育園のお母さんたちの話を伺ったとき、同じ問題でも笑い飛ばしている例がありましたね。そのような場所で自由に話せたら、また違った認知をもてるようになると思います。母親たちのサークルを紹介しますよ。それと認知の訓練をしましょう。資料を差し上げますから、少し体験してみてください」

解説

小山さんは、最初の働きかけとして、麻美さんへの認知アプローチを選択した。それは麻美さんが、完璧な子育てや理想の母親にこだわり、できない自分を責める傾向が強かったからである。小山さんは麻美さんの、物事に対する認知（解釈）の歪みに焦点を当て、もし彼女の見方や解釈を修正できるなら、環境を変える以上の効果が期待できるだろうと

考えた。物の見方を変えることは、世界の見え方にまで影響を及ぼすからである。

小山さんはABC理論の説明から始めた。そして、これまでに聞き取った出来事を理論に当てはめ、麻美さんに考えてもらった。その結果、彼女は「出来事」「認知」「結果」の関係を理解し、自分が歪んだ認知で子どもの行動を解釈していたことに気づいた。

また彼女の中で、自分が子どもだった頃の姿と結衣ちゃんが重なり、自分の姿と母親の姿が重なった。そして過去の自分が、全く同じ状況を体験してきたことを思い出した。これはショックだったかもしれないが、同時に、結衣ちゃんの気持ちを深く理解できた瞬間だった。ただこれは一瞬のことであり、生活の中では、歪んだ認知が繰り返される。そのため、何らかの方法で常に修正していく手立てが必要となる。

小山さんは、認知を修正する方法の一つとして、子育てサークルへの参加を考えた。子育ての失敗談などを自由におしゃべりできる仲間がいれば、様々なお母さんたちの考えが聞けるし、そこから異なる解釈も学ぶことができる。もう一つの方法は、自動思考で解釈したことの結果を記録し、新しい認知に書き換えていく訓練である。これらを試してみることで、自分の認知の傾向に気づき、それを自分で修正する方法を学ぶことができる。

4. 行動アプローチ

応用行動分析の流れを説明する

小山さんは、麻美さんに行動アプローチ(応用行動分析)を教えた。それによって彼女の子育ての力を高め、母親としての自信をもたらし、さらに結衣ちゃんの基本的な生活能力も高めたいと考えた。

小山さんは、刺激、行動、結果という3枚のカードを使ってプレゼンを行った。

刺激 → 行動 → 結果

「3枚のカードを見てください。ある『刺激』に対して、人が『行動』を起こす(学習する)かどうかは、行動の『結果』が、その人にどのような報酬をもたらすかによって決まります。

これまでの出来事を当てはめると、結衣ちゃんは、『早く片づけなさい!』という最初の刺激によって、『従わない、あるいは従えない』という行動になり、その結果、『お母さんから怒られる』という罰の図式があったわけです。その後、さらに麻美さんが『約束したでしょう!』と強い刺激を与えて行動を促そうとしますが、『ますます従えない』という行動になり、その結果、『さらに怒られる』

という悪循環を引き起こしています。これを良い循環に変えていきたいわけです」

「どうしたら、良い循環になるんですか？」

「行動理論では、まず子どもが望ましい行動を起こす刺激というか、手がかりを与えることを考えます。どんな工夫をしたら、結衣ちゃんはお片づけするでしょうか？　本当に小さなことでもいいんです」

「そうですね。結衣は競争が好きです。どっちが早いか競争しよう！　っていうとすぐにやりたがるんです」

「効果がありそうな刺激ですね。それにしましょう。きっと結衣ちゃんは、それで片づけ始めると思います。それに対して、報酬を与えてください」

「報酬というのは？　何か喜ぶものですか？　お菓子でもいいんですか？」

「何でもいいんです。シールを貼らせて、それが10枚たまったら何かと交換してもいいんです」

「そういうのは楽しいかもしれない。その後はどうするんですか？」

「人は自分の行動と報酬がセットになって記憶しますから、もう一度、行動したいと思います。つまり望ましい行動が増えていくことになります。すると報酬も増えて、良い循環が生まれます」

「なるほど、他に何をすればいいですか？」

望ましい目標の設定と実行

「慣れてきたら結衣ちゃんと話し合って、達成できそうな小さな目標を立てて、紙に大きく書いて貼っておきます。はっきりと観察できるものがいいです。そして契約をします。全部できたらシール3枚とか」

「できない場合はどうしたらいいですか？」

「なるべく最初はできるものを選んでください。それでもできなかったら、契約ですからシールはあげません。ただもう一度、目標を話し合い、契約をやり直します」

「ぜひやってみます」麻美さんは目を輝かせながら言った。

早速、麻美さんは、学んだことを実行に移した。最初は競争してみた。すると熱心に片づけ始めた。それに対して彼女は、あらかじめ準備していた素敵なシールを小さなノートに貼り付けてプレゼントした。結衣ちゃんはそれが気に入り、もっと欲しいとねだった。そこで麻美さんは、結衣ちゃんと話し合い、目標を決めて契約をした。結衣ちゃんは、おもちゃや洋服を片づけると、すぐにシールを貼ってもらった。

> **解説**
　小山さんは、麻美さんに行動アプローチ（応用行動分析）を教え、子育てに活用するよう働きかけた。これは麻美さんの最も悩んでいる「子育て」の力を高めることにつながった。確かに、子育ての悩みを聞いてあげることもできるし、子育てサークルでおしゃべりをして、ストレスを解消することもできる。また日々起こる出来事の解釈を修正し、可能な限り、現実的に受け止めることもできる。しかし子どもを育てることからくる悩みを根本的に解消するには、子育ての力を高めること以外にはない。そのために行動アプローチを教え、かつそれを麻美さんが結衣ちゃんに応用できるよう助ける必要があった。
　行動アプローチは、多くのアプローチと組み合わせることが可能である。クライエント中心アプローチのような非指示的な関わりを初期に行う場合でも、信頼関係がしっかりしてきたら、思い切って行動アプローチを導入することが可能である。
　行動アプローチを家族に教える場合、できるだけ具体例を用いながら概念と原則を教え、それを試してみる期間を経て、徐々に導入していくことが望ましい。家族は成功することもあれば、うまくいかないこともある。成功したときに褒め、報酬をもたらすならば、彼らのやってみようという気持ちと行動が増していく。その効果を家族が体感することで、行動アプローチへの信頼も深まるだろう。

5. システム（家族療法）アプローチ／課題中心アプローチ

　麻美さんのシール作戦は、良い日、悪い日を繰り返していたが、以前に比べれば結衣ちゃんは、忘れずに片づけができるようになった。また保育園で運営する子育てサークルにも、月1回参加するようになり、少しだけ知り合いも増えた。まだ自由におしゃべりできる関係ではないが、明るい兆しが出てきた。
　ここで小山さんは、安定した子育ての環境を維持するには、どうしても家族全体の問題に介入する必要があると提案した。それに対して麻美さんと夫も同意した。小山さんは二人に都合をつけてもらい、子育て支援センターまで来るよう依頼した。

ジョイニング・情報収集・仮説設定
　その日、麻美さんと結衣ちゃん、そして夫の遼さんがセンターに現れた。部屋へ通すと、最初、麻美さんと結衣ちゃんが二人でテーブルについた。それからやや遅れて遼さんが入り、少し距離を置いて座った。結衣ちゃんは、お父さんのほうへあまり近づこうとしない。この様子から、父親だけ少し孤立しているように思えた。

「井上さんとは、はじめてお目にかかります。麻美さんからの相談を受けております小山です」
　まず挨拶を済ませると、すぐに遼さんが口を開いた。
「妻と子どもがお世話になっています」
　遼さんは、少し緊張し警戒しているようにも見えた。
「ところで、今日どんな問題で、ここに来られていると思いますか？」
　少し明るめに小山さんが尋ねた。すると遼さんが最初に答えた。
「子育てのストレスもあり、まだ少し妻の情緒が不安定で、それがやはり問題かなと…」
　すると麻美さんが「問題はそれだけじゃないと思う。子育てって、私一人でするもんじゃないでしょう」と口を挟んだ。
「大丈夫、それぞれ違ったことを話してくださっていいんです。結衣ちゃんはどう思う？　どうして今日、ここにみんなで来たんだと思う？」
　しばらく何かを考えていた様子の結衣ちゃんが、やがてポツリと言った。
「みんなでね。また仲良くするため」
　聞いていた誰もが一瞬、言葉を失った。
「ありがとう。結衣ちゃん」
　笑顔で言葉をかけた小山さんは、もう一度、夫婦に向き直り、話しかけた。
「まだ麻美さんの気持ちは不安定です。思い当たる理由はありますか？」
　遼さんは少し考えてから話し出した。
「麻美は少し感情の起伏が激しくて…」
　そこに麻美さんが口を挟んだ。
「私ばっかり悪者にしないでよ。子どものことも任せっぱなしで、だから結衣のしつけだってうまくいかずに悩んでたんじゃない」
「やめろよ、こんなところで。すいません…」
　遼さんは、気持ちを抑えながら言った。結衣ちゃんは黙っていた。
「麻美さんは、子育てだけじゃなくて、ご家族全体のことでも悩んでいます。ですから誰が問題かという考えは、この際、捨てていただき、『家族が今より一致していく』ということを、共通の目標にしたいと考えています。それでいかがでしょう？」
「お願いします」と麻美さんが答えると、遼さんも一緒にうなずいた。結衣ちゃんはじっとしたままだった。

働きかけ（ターゲット問題の選択、目標と課題の設定、契約）
　小山さんが再び口を開いた。
「少しずつ努力をすれば、家族は今よりもっと一致することができます。これからいくつかの課題を差し上げますので、家族で取り組んでいただけますか？」

「課題？　私たちがやるんですか？」
　拍子抜けした様子で遼さんが答えた。
「難しいものじゃありません。ただやるからには、絶対に実行すると決意し、約束してほしいんです」
「私と結衣はやります」
　麻美さんが答えた。遼さんは迷っているようだった。
「課題が何だか教えてくれますか？　無理なものはできません」
「簡単なことです。家族が一致するための課題です。ぜひ、取り組むと約束してくれますか？」
「わかりました。やります」遼さんは心を決めた様子だった。
「この週末、遼さんと結衣ちゃんで一緒に過ごしてください。家にいてもいいし、出かけてもいいです。ただテレビやネットはつけないでください。その間、麻美さんは、一人で好きなところにお出かけください。これが最初の課題です」
「え？　僕が結衣の面倒をみるんですか？」
「そうです。面倒というより一緒に遊んでください。できるだけ楽しいことをしてください。ただ麻美さんに頼ってはいけません。麻美さんも、絶対に口を挟んではいけません。彼らに決めさせてください。結衣ちゃんはいいよね」
「えー（少し照れながら）お父さんがいいなら…」
「わかりました。やってみます」と遼さんが答えた。
「最初の課題を達成したら、来週、次の課題に取り組んでください。この絵本をお貸しします。これを朝か夜、時間をつくって、全員で読んでください。タイトルは、『ずっとずっと大好きだよ』で、大好きなペットが死んでしまうお話です」
　絵本を手にした結衣ちゃんは嬉しそうだった。小山さんは話を続けた。
「ただし、忘れたらやってほしいことがあります」
「やってほしいこと？」
「できなかった回数分、全員で手をつないで『ずっとずっと大好きだよ』ってそれぞれに伝え合ってください」
「えっ？　そんなこと本当にやるんですか？　それが家族とどんな関係があるんですか？」
「まあやってみればわかります。ちゃんとやれたかどうか、結衣ちゃん、覚えておいてね。では２週間後にまた会いましょう」
　小山さんの一方的な課題に、家族は呆然となったものの、全員、これから始まる何か不思議な課題に胸がときめいた。

再情報収集・終結
　２週間後、家族はかなりリラックスした様子で部屋に入ってきた。結衣ちゃん

は、今回はお父さんと手をつないでやってきた。麻美さんの表情も和らいでいた。
「結衣ちゃん、どうだった？　お父さんと一緒に楽しく過ごせた？」
「私は楽しかったけど、お父さんは大変そうだった」
それを聞いた遼さんが話し出した。
「週末、妻は外出して、私と結衣が家に残りました。家事や子育てを全部任せていたので、食事や掃除、洗濯、部屋の片づけを久しぶりにやりました。すごく大変でした。手際よくできなくて…これを毎日やれる麻美を尊敬しました。それにテレビもネットも駄目だし、かなりストレスがたまりました。それで午後は結衣と一緒に公園に出かけました。娘と遊んだのは、本当に久しぶりで楽しかったです」
聞いていた麻美さんも話し始めた。
「私も久しぶりに家事や子育てから解放され、一人で映画を見たり、ショッピングしたり、楽しかったです」
「結衣ちゃん、絵本はどうだった？」
「ちゃんと読んだし、できなかったときも、『ずっとずっと大好きだよ』って言ったよ」
「本当？　良かった。ここでやってみてくれる？」
麻美さん、遼さん、結衣ちゃんの3人は、最初は戸惑っていたが、すぐに手をつないで、互いに「ずっとずっと大好きだよ」と伝え合ってくれた。
遼さんが話し合いの最後に言った。
「絵本の主人公から教えられました。ほとんどの人は、好きと思っているのに、言葉で言わなくても、態度で示さなくても、相手にわかってもらえると思っている。でも好きなら好きと言葉と態度で表さないといけないんだと思いました」
小山さんは、テーブルの上の花瓶を手に取りながら、家族に向けて言った。
「家族はこの花瓶のようなもので、乱暴に扱うと壊れてしまいます。またせっかく綺麗な花を飾っても、放置すればそれも枯れてしまいます。途切れることなく気を配り、水や花を変えてください。そうすれば、いつもみなさんの心を楽しませてくれます。絵本はプレゼントしますから、ぜひこれからも課題を続けてください」

解説

小山さんは、これまで麻美さんに対して、認知アプローチや行動アプローチを教え、子育てに活用するようサポートしてきた。また地域の資源である子育てサークルを紹介して、仲間を得させ、ストレスを発散できるようにした。こうした働きかけにより、かなり情緒は安定してきた。本来、ここで終結としてもいいのかもしれないが、今後、長い目で

見た場合、麻美さんにとっても、また結衣ちゃんにとっても、最も有効なサポート資源である家族を強くすることが予防につながる。そのように小山さんは考え、家族療法（システムアプローチ）に課題中心アプローチを織り交ぜた支援を提供することにした。

対象は、麻美さん、結衣ちゃん、そして遼さんの3人。小山さんは、この家族システムに対して、出会ってすぐにジョイニングしている。そしていくつかの質問を通して、麻美さん、あるいは結衣ちゃんがIP（問題を抱えたとみなされる人）であることを確認した。しかしここで小山さんは、それ以上、犯人探しや個人の問題への介入、または家族のコミュニケーションパターンにつき合うのではなく、課題中心アプローチのエッセンスを導入した。まず家族に共通する目標を提示し、そこに至るための課題を提示した。

目標は「家族が今よりも一致すること」であり、これは全員が望んでいることだった。そして、この目標を達成するための最初の課題は、父親と娘の間に交流を創造することであった。これは同時に、母親と娘の密着関係を一旦遮断することでもある。こうした家族の構造の一部へ変化を与えることで、その変化は家族全体へと広がっていく。

次の課題は、「家族全体の関係を再編成するために、絵本を一緒に読む」というごく簡単なものであった。この絵本は「大切な人に愛を示すこと」がテーマであるため、一緒に読むことでメッセージが家族に伝わることになる。また時間などのすれ違いで一緒に読めない場合は「絵本のテーマを家族で実践すること」を義務づけた。どちらに転んでも、家族の関係を強める課題となった。

家族の中で、母と子の関係が密着し、それによって父が孤立してしまうことは多い。この家族システムの構造を改善するなら、子育ては母親だけのものではなく、夫婦が取り組むべき課題になっていく。もし夫婦で協力して子育てをする基盤が確立すれば、将来、起こる様々な家族問題に対処するための強力な予防となる。

システム理論に基づく家族療法は、家族を対象に行うが、原因を特定の個人に求めないし、また個人の過去や人格の変容を一義的な目的としない。また課題中心アプローチも共通の問題意識と目標、そしてそれに至るための課題があれば、短期に実行可能な枠組みが提供される。この二つは、共通事項も多く折衷しやすい。

実践へのアドバイス

クライエント中心アプローチは、相手との信頼関係をつくる際に効果的であるが、それだけでアプローチの役目は終わらない。その後のすべてのセッションを通して、一貫した純粋さ、受容的態度、共感的理解をもって相手と向き合うべきである。つまり、このアプローチは、全セッションの土台のような役目がある。

次に、エコロジカルアプローチを導入することで、アセスメントが明確になる。情報を人と環境、その接点に分類し、それぞれの交互作用を分析するならば、どのような生活ストレスが発生しているかを把握できる。その際、エコマップを併用するならば、より視覚的に問題の所在を理解できる。エコロジカルアプローチは、その後、介入するべき方向性と枠組みを提供してくれる。

　認知や行動アプローチは、人に働きかける強力なツールとなる。今回は、認知アプローチによる麻美さんの情緒面の改善、また行動アプローチによる子育てのスキルアップを目指した。こうしたアプローチは、エコロジカルの枠組みの中で、効果的に組み合わせることができる。「結衣ちゃんには、発達障害があるのではないか」という可能性もある。もしそうならば、行動アプローチに、より時間をかけることで、効果を得ることができる。

　先に導入したアプローチの概念は、次のアプローチの下地になるようにつなげていくと効果が高い。例えば、クライエント中心アプローチで、麻美さんの自己概念を探り、それを下地に認知アプローチを導入することで、情緒面の改善につながる。ここで情緒面が改善されるなら、さらに下地ができあがり、そこに行動アプローチが導入されれば、最も強いストレスである子育ての能力を改善できる可能性が高くなる。

　最終的に家族という環境に手をつけるかどうかは、それまでの麻美さんとの信頼関係と問題の改善程度による。しかし家族を改善せずに、そこで暮らす人々の問題だけを解決するのは、エコロジカルな見方ではない。これまで改善してきた麻美さんをサポートするうえでも、家族というシステムに働きかけることを最終目標にしてほしい。

　家族システムへ働きかける場合、夫婦それぞれの内面的なことには立ち入らず、あくまで目に見える関係性を改善することを目指す。事例では課題中心の枠の中で、システムアプローチを展開しており、家族で取り組める楽しい「課題」（処方箋）を提案している。家族を動機づけ、この課題に熱心に取り組ませることが、目標達成の鍵になる。

第12章 中途脊髄障害者へのアプローチ

中途障害を負った哲くんに対して、4つのアプローチを組み合わせ、5つのステージに沿って支援を展開する。

1. 危機介入アプローチ
2. エンパワメントアプローチ(自己信頼の力をもたらす)
3. エンパワメントアプローチ(他者信頼の力をもたらす)
4. 問題解決アプローチ
5. ナラティブアプローチ

事例から実践を考える

21歳の夏、武本哲くんの短距離アスリートへの夢は一瞬にして消えた。バイクで自宅に戻ろうとしていた途中のことだった。センターラインを越えてきた対向車をよけきれず、正面衝突、すべてが粉々に砕けた。大学陸上の花形、将来も有望視されていた哲くんだったが、今はただ狭い病室のベッドで、朝から夜まで天井を見ているだけだった。

急性期の治療を終えた頃、医師は宣告した。
「脊髄損傷のため下半身麻痺。陸上はもとより、もう自分の足で立って歩くことはできない」

哲くんは頭が真っ白になり、何を言われているのか理解できず、現実を受け入れることができなかった。

1. 危機介入アプローチ

哲くんとの出会い
　ソーシャルワーカーの倉田明彦さんは、哲くんの病室に入り「具合はどう？」と軽く声をかけた後、ぼさぼさの髪を手ですくいながら椅子に座った。哲くんは「別に何も…」とつっけんどんに答えた。しかし倉田さんは、気にしている様子はなく、心臓めがけて直球のような言葉を投げてきた。
　「もう走れなくなっちゃったね」
　そしてじっと哲くんの目を見つめ、彼の反応を待っていた。
　「大丈夫です」
　「大丈夫っていう言葉は、長い旅の始まりを意味するよ」
　「旅の始まり？　どこへ行くんですか？　こんな体で」
　「そんな体だからこそ、必要とする旅がある」
　「病人には厳しい言葉ですね」
　「そうだね」
　倉田さんの言葉は重たい。しかし不思議と温かな思いになれた。ポツリポツリと会話が続くごとに、哲くんは少しずつ心を開いていった。こうした話し合いが数日間続いた頃、それまで実感できなかった事故の様子を思い出した。そして絶望感や怒り、悲しみが体中にあふれ、どうすることもできなくなった。

感情をオープンにする
　その日、倉田さんは病室に来るなり、次のように言った。
　「今、哲くんの胸を思いっきり開いたら、何が飛び出してくるかな？」
　「黒い感情の塊があふれ出てきます。今、必死にそれを留めているところです」
　哲くんは、下唇を噛むように答えた。
　「それじゃ今から、胸を開いてその塊を出そうか？」
　そう言うとすぐに、哲くんの胸元を素早く上下に切る仕草をした。そして左右に胸を開き、「じゃ準備できたから、話そうか」と言った。その言葉を聞いたとき、胸が熱くなり涙があふれ出てきた。すすり泣きは次第に大きな声になり、一人だけの部屋に響いた。その声を倉田さんは瞬きもせずに受け止めた。心地よい沈黙が終わる頃、哲くんは、気持ちを外へ押し出すように話し始めた。倉田さんは何も言わずに聴いた。

危機を現実的に知覚できるように助ける
　「もう走れない。そのことを自分の中でどう捉えてる？」

聞かれた哲くんは、天井を見つめながら話し続けた。
　「たかが駆けっこなんだ。なのに、何でこんなに悲しいんだかわからない。ずっと走ってきたから、何もかも我慢して、走ることだけ考えてきたから、それだけしか知らない…だから走れないということは、すべてを失ったということです」
　その言葉には「走れない」という現実を、少しずつ理解している重さがあった。倉田さんは続けて尋ねた。
　「これまでも、事故で障害を負った人たちと話してきたけど、不思議なことを学んだ。同じような体験でも捉え方が皆違う。ある人々は、全く受け入れることのできない悲劇と考え、またある人々は、苦しいけれど乗り越えることのできる試練と捉えた。さらにある人々は、あまりにもつらいので、現実を見ることさえできなかった」
　「否定はしていません。ただ今は…乗り越えられるとも思えません」
　「もちろんそうだと思う。だからもっと話そう。走ることにどんな意味があったのか、そして走れなくなった今、何を失ったのか、そして、何を失っていないのか」

対処能力を模索する

　「何度か、走るのをあきらめたことがあるって言ってたね」
　倉田さんの話はいつも予想していない質問から始まる。
　「中学で一度、高校で二度あります。すべてけがによる故障でした。アスリートにつきものです」
　少し落ち着いた表情の哲くんが答えた。
　「一度故障するとずいぶん走れないんだってね」
　「コーチの口癖は、今走ると一生走れなくなるぞ！　でした。走れないより、競技に出れなくて、他の人に迷惑をかけるのが嫌でした。でも結局、一生走れなくなりましたが…」
　淡々とした言い方に悲壮感はなかった。
　「その頃は、どんなふうに乗り越えたの？」
　「つらいことは、走って忘れていたんです。なのに走れないとき、どうやって乗り越えたのかな。きっとロンのおかげかな。飼い犬なんです。中３のとき、自分が走れなくて落ち込んでたとき、父がプレゼントしてくれて。一緒に散歩しながら、いろんなことを話しかけてました」
　「まだロンは家にいるの？」
　「ええいます。大学で地元を離れたので、今では父の犬になってしまいました」
　「もし連れてこれたら、ここでロンに会ってもいいよ。話したいこともたくさんあるだろうし」
　その言葉に哲くんの目が輝いた。

社会的サポートを強化する

　次の週末、両親は愛犬ロンを連れて面会に訪れた。弟や妹も一緒だった。哲くんは車椅子に乗り、病院の庭で、家族とともに時間を過ごすことが許可された。哲くんは、最初、両親や弟妹と話し、その後ロンと二人きりで過ごした。倉田さんは、その様子を自分の部屋から眺めていた。哲くんは、何かを思い出すようにロンに話しかけている。その傍らには、茶色の大きな犬が座り、話にじっと耳を傾けている。それはどんなカウンセラーよりも偉大な姿だった。

　倉田さんは両親に尋ねた。「少しの期間、ロンにも力を貸してもらえないでしょうか？　哲くんの一番のサポートのようですから」

　「私たちにも、何かできることはありませんか？」

　父親が心配そうな顔で尋ねた。母親も訴えるようなまなざしで見つめている。

　「もちろん、家族の力が今ほど必要なときはありません」

　倉田さんが答えると、弟と妹は口元を固く結んだ。その瞳には、兄を助けたいという思いがあふれていた。

解説

　突然の事故は、一瞬のうちに、21歳の青年から健康な体と将来の夢を奪い去った。こうした状況に介入するために、倉田さんは、迷わず危機介入アプローチを用いた。受傷した哲くんの状態は、急性期の治療が落ち着いたとはいえ、精神的には強い衝撃を受けたままである。哲くんにとって「走る」ということは人生のすべてだった。それを失ったことによる悲嘆が、やがて波のように押し寄せてくる。その危機に対応しなくてはならないことは明らかだった。

　倉田さんは飾り立てた言葉を多用せず「もう走れなくなっちゃったね」と、失ったことの核心に踏み込んだ。これから「最もつらいことを話し合おう」という明確な招待状である。その裏には、どのようなつらさでも受け止めることができるという倉田さんの自信があった。危機介入には、素早い介入が求められる。倉田さんのようでなくても、「私はあなたの話を聴くために来た」という明確なメッセージを、素早く相手の心に届けなくてはならない。倉田さんの短い会話は、哲くんの心の中心に響き、心をひきつけた。関係の強さは、過ごす時間や会話の長さだけではなく、明確なメッセージが、どれだけ相手の心に響くかで決まる。

　次に倉田さんは、感情をオープンにすることを目指した。哲くんの「黒い感情の塊があふれてくる」という喩えに対し、「その塊を、胸を切り開いて取り出す」という喩えで応えた。こうした場面に、感情を効果的に引き出そうとする倉田さんの工夫が見られる。苦しんでいた哲くんは、倉田さんの言葉に反応し、押し込められた感情を次々に出してきた。それは言葉にならない激しい嗚咽だった。それほどの感情を押し殺していたのである。

その後、倉田さんは危機の現実認識を助けようとした。言い換えると、失ったものをどう認知しているかを確かめつつ、もし歪んだ認知があれば、現実的な認知になるよう助けようとした。哲くんは、現実と精一杯向き合い、認めようとしていた。倉田さんは、さらにサポートしながら、失ったものと、失っていないものの存在を明らかにしようとした。これは苦しいことではあるが、やらなくてはならない悲嘆作業の一つである。
　これまでに経験した喪失への対処能力を調べたとき、飼い犬のロンのことを知った。そこで倉田さんは、昔、走れなくなったとき、黙って話を聴いてくれたロンに再び活躍してもらうことを思いついた。
　飼い犬のロンの他、考えられる社会的サポートは家族である。父母、弟妹は、兄の悲劇に対して、自分たちができることを模索していた。現時点の哲くんは、いまだ「走れない自分」を受け入れていない。そのため友人であっても、陸上関係者にはサポートを期待できないと倉田さんは考えていた。

2. エンパワメントアプローチ（自己信頼の力をもたらす）

　危機的な状況は潜り抜けたが、今後、哲くんが生きていくには、様々な難題が待ち受けている。そこで倉田さんは、引き続き病室を訪れ、時間を取り、様々なことを話し合った。

相手を受け止めること
　「陸上仲間がお見舞いに来ると、とても惨めな気持ちになる」と哲くんは打ち明けた。特に、かつてのライバルたちと病室で会うときに感じる激しい嫉妬、嫌悪感、落胆の気持ちについて話し、「自分は醜いですね」と寂しそうに笑った。
　倉田さんは、そうした気持ちに寄り添いながら時を過ごした。どのような否定的な感情でも受け止め、丁寧に返した。そのやり取りから、哲くんは心の中に温かな気持ちが湧いてくるのを感じた。

感情と存在を分けることを教える
　ある日の午後、哲くんは訴えた。
　「事故に遭ってから、ずたずたな気持ちで、自分が惨めな人間だと思ってきた。それが本当に嫌で、だけど何もできず情けなくて。今もそんな愚痴ばかり話している。でも倉田さんは、それを受け止めてくれます。それだけじゃない。私のことを大切に考えてくれています。なぜですか？　不思議なんです…そんな人が一人でもいると、もしかして自分は大切な人間じゃないかって気持ちになるんです」
　倉田さんは、姿勢を正し、はっきりと伝えた。

「今、惨めな気持ちを感じてるかもしれない。でもね…あなたは惨めな存在じゃない。素晴らしい人であっても、試練の中では惨めな気持ちを感じてしまうんだ」
　その言葉に哲くんは、衝撃を受けた。「素晴らしい人であっても…試練の中では惨めな気持ちを感じる…それが本当なら、まだ自分は前に進むことができるのだろうか」
　かすかな日差しが心の窓辺に届いたような気がした。

自分を信じる力を思い起こさせる
　倉田さんは立ち上がり、窓の外に目を向け、言葉を続けた。
　「何を信じて走ってきた？」
　「何を信じて…走る？」
　「走るときさ、たった一人でスタートラインに立つよね。そのときアスリートは何を信じて走るのかなって…」
　「自分を信じて走るしかありません。自分のレースですから」
　「自分を信じて走るとき、感じる力って覚えてる？」
　「わかります。いつも目を閉じて、体中で感じるんです。『大丈夫、きっとやれる。ゴールを見て、自分のレースをするだけだ！　できる。きっとできる！』その瞬間、確かに、自分を信じる力を感じます」
　「そのとき、感じたのと同じ力が、これからとっても必要になるんだ。だってこれまでにない過酷なレースだよ。暗闇の中でゴールも見えない。でもスタートラインに立たなくちゃならない。息を止めて、目を閉じて、同じ力を感じて、走らないといけない」
　「もう私はコースをはずれた人間ですよ。それにゴールが見えないと、どこへ走ったらいいのかわからない。それに脚も動かない」
　「ゴールは確かにある。それをちゃんと見るには、自分を信じる力が必要なんだ。そして、その力を哲くんは確かに知っている。時間はかかるけど、きっとスタートラインに立つことができるよ。もちろん脚が動かなければ、他のところで補うしかないけど」
　話し終えた夜、哲くんは、天井を見ながらつぶやいた。
　「私は今も自分を信じているだろうか？」
　結論は出なかった。しかし彼は「自信はないけれど、倉田さんの言葉を信じたい」と強く願った。

解説

　危機介入は、あくまで危機的状況を切り抜けるための一時的な関わりにすぎない。問題と本格的に向き合い、格闘するのはこれからである。特に、喪失の衝撃が強い場合、立ち直るにはかなりの時間を要する。そのことを見据えていた倉田さんは、引き続き情緒面でのサポートを続けた。具体的には、エンパワメントの最初のステージである「自己信頼の力」をもたらすことに焦点を当てた。

　ところで、人はどのようにして自分を信じる力を得るのだろう？　またその方法とは？　私たちは支援者として、このことを深く考え、効果的な方法を学び、いつでも提供できる準備をしておく必要がある。

　倉田さんは、哲くんを大切にした。人は大切にされる経験を通して、自身を大切に思う。これは重要な原則である。倉田さんは、哲くんの語ることを受け止め、丁寧に返しながら、彼の言葉も存在も大切にした。そして、彼にかけがえのない価値があることを、言葉でも態度でも伝えようとした。これはセルフ・エスティームを高める支援である。

　人は、試練に遭い、物事が思い通りにいかないとき、惨めな気持ちを感じる。そしてあたかも、自分の存在自体も惨めであると決めつける。倉田さんは、そのことを「素晴らしい人でも惨めな気持ちを感じることがある」と指摘した。このような受容的態度と時宜にかなった助言により、哲くんは、自分が大切にされていると実感できた。こうして温められた気持ちが、少しずつ自分を信頼する力になっていく。

　また倉田さんは「自分を信じる力」について、哲くんがさらに実感できるよう、陸上の例をあげた。哲くんはいつも自分を信じて走ってきた。その力が確かに哲くんに存在すること、また何より今後、必要になることを強調した。

　倉田さんは、哲くんの心が開いていないときは、じっくりと話に耳を傾けている。しかし心が開いたときは、その瞬間を見逃さず、心の中心に大切な言葉を置いた。それは短いものかもしれないが、哲くんの心に希望をもたらした。

3. エンパワメントアプローチ (他者信頼の力をもたらす)

サポートグループの導入

　倉田さんは、哲くんの自己信頼の力が増してきたと感じていた。それは彼が少しずつリハビリに取り組むようになったことでもわかった。そこで倉田さんは、エンパワメントの次のステージである「他者信頼の力」をもたらそうとした。

　まず脊髄損傷者の会にピアサポートを依頼した。すると会から病院に3人の方が来て、哲くんと話し合ってくれた。彼らは、哲くんと同じように交通事故で下半身麻痺になった方々だったが、現在は地域で自活し仕事もしていた。哲くんは

そこに自分が目指すべきゴールを見たような気がした。彼はこのピアサポートに対して、強い仲間意識を感じ、会の話し合いや活動に参加してみたいと思うようになった。

　次の週、哲くんは脊髄損傷者の会の活動を、倉田さんと一緒に見学した。そこにはこの前、病院に来てくれた人々を含め、元気な仲間たちが集まっていた。年齢は様々で、ほとんどの人が、何らかの事故により脊髄を損傷し車椅子の生活だった。しかし彼らの表情は明るく、また生き生きとしていた。哲くんは自己紹介し、事故に遭ってからの様々な衝撃、落胆、葛藤などについて話した。話し終えると、参加者たちは、それぞれ共感できるコメントを述べてくれた。哲くんは、この会に当事者だけがわかり合える仲間意識を強く感じた。

　会の最後、来月の活動が発表され、哲くんも誘われた。倉田さんは、「ぜひ、行ってみたらいい」と勧めてくれた。

ピアサポートグループの活動体験

　哲くんは倉田さんに付き添われ、予定していたピアサポート活動に参加した。そこで出会ったのは、自分よりも若い中学生の男の子だった。この子も哲くんと同じように交通事故に遭い、脊髄を損傷し車椅子となり、ひどく落ち込んでいた。哲くんは、自分よりもはるかに若い子が、今、自分と同じような苦しみに立ち向かっているのかと思うと、心が痛んだ。哲くんは、その日、積極的に男の子の話を聴き、励まし、助言を与えた。

倉田さんのファシリティティング

　帰り道、車の中で倉田さんが話しかけた。
　「活動はどうだった？」
　「素晴らしかったです」
　「生き生きとした顔してた」
　「自分でも不思議です。自分が惨めだとか可哀想だとか思わなかった。ただ必死にあの子のために、何かをしてあげたいと思った」
　「熱心に話す哲くんに力を感じたよ」
　「自分を信じる力ですか？」
　「それはもちろんだけど、仲間を信頼する力も感じた。同じ障害のある仲間に対する共感、信頼、そして、一緒に協力しようとする力…かな」
　「その力を私も感じたように思います。それにもう一つ不思議だったのは、自分の力を誰かに分け与えると、減るんじゃなくて、逆に増えていくように感じました」
　哲くんはピアサポート活動から、確かに他者を信頼し協力する力を得ていた。

解説

　倉田さんは、このステージで、地域に存在するピアサポートグループを積極的に活用し、哲くんが、同じような経験をした人々からのサポートを受けられるようにした。そしてここから哲くんは、強い仲間意識を感じることができた。これは偶然ではない。倉田さんは、ピアサポートを行う人々をよく知っていて、彼らが哲くんにどのような影響をもたらすかを予測できたのである。

　もう一つの成果は、哲くんがピアサポートを行う機会を得たことである。突然の事故で大切なものを失った中学生の男の子は、とても苦しんでおり、何より哲くんの助けを必要とした。哲くんはこの子のために、最善を尽くして助言を与えた。人が力を得るのは人を助ける体験からである。そのような原則を、倉田さんはよく知っていたのだと思う。

　こうした機会も全くの偶然ではない。倉田さんのような支援者は、エンパワメントのステップをいつも意識し、患者や利用者のために必要な機会を常に探している。そして準備ができたなら、いつでも機会を活用しようと考えている。

　力を得られた体験の後、すぐに話し合うことが重要である。そして「どんな力を感じたのか？」「それはなぜ得られたのか？」と質問していく。倉田さんはファシリテイターとして、体験と話し合いを効果的につなげ、少しずつエンパワメントを進めていたのである。

4. 問題解決アプローチ

高まる不安へのアセスメント（問題の部分化）

　哲くんは、退院後の生活を見据えたリハビリに、積極的に参加するようになった。それに伴い、哲くんの心には「本当に自立した生活ができるのか？」という不安が浮かんできた。

　「頭ではわかっている。自立した人々も知っている。だからと言って、自分ができるということにはならない」

　そのような哲くんに、倉田さんは言葉をかけた。

　「哲くんの考える自立って何？」

　「それがまだ見えないんです。自分で起きあがって車椅子に乗り、食事を食べ、トイレに行き、買い物に行く…そんなことでしょうか？　でもそれって最低限のことですよね」

　「もっと他に考えていることがあるの？」

　「大学に戻ること…何かやりたいことを見つけること…わかりません。何をすれば良いのか…思いはあるんですが、それが大きすぎて不安になります」

　「アスリートには、はっきりとしたゴールが必要なんだよ」

「走れもしないのに、おかしいですよね」
「そんなことはないよ。スタートに立っているからこそ、ゴールを探しているんだ。一緒に話し合おうか？　今、抱えてる問題は何か、それに対してどう対処するのか、ゴールは何で、どう達成するのか…」

哲くんは、身辺的な自立については、実践面に不安を感じていた。例えば、アパートで一人暮らしをした場合、緊急時に助けが得られるかについて不安をもっていた。また大学に戻ったときの人々の目が怖かった。特に仲間たちが走っている姿を見たとき、普通でいられるのか心配だった。そして最も重要なことは、一体この先、何を目指して生きていけばいいのか定まっていないことであり、そのことが、漠然とした不安をさらに大きくしていた。

倉田さんは、哲くんが問題や不安だと感じることが、大きな塊になって心をふさいでいることを理解した。そこで今後、問題を部分化し、小さく切り分けて対処することにした。そして問題解決に必要な動機づけ、能力強化、機会の提供を主眼に置いた。

動機づけ

動機づけについては、退院後の生活に意欲的になれるよう、引き続き、ピアサポート活動に参加させ、確かに自立できるという望みを強めた。哲くんは、活動に参加することで多くの仲間と語らい、確かに、自分にもできるはずだという思いを強くしていった。

能力強化

倉田さんは、切り分けた小さな問題に対する小さなゴールを明確に設定し、具体的な能力を強化しようとした。リハビリチームの協力を得て、哲くんがベッドから起き上がり、服を着替えるまでの目標時間、食事をつくり、食べ終わるまでの目標時間、近くの店へ買い物に行き、戻ってくる目標時間などをつくり、リハーサルを繰り返すことで、確実に彼の能力を高めていった。

機会の提供

強化した能力に自信をもたせるため、実際にグループホームでの宿泊体験を行った。こうした訓練の繰り返しにより、哲くんは、自立した生活への手ごたえを感じることができた。

大学への復帰と恐れ

大学への復帰を恐れているのは、やはり「もう走れない」ということへの悔しさと、走ることに代わる何かを、まだ見つけられないことへの苛立ちからだった。この恐れに関して倉田さんは、哲くんと何度も話し合った。

「大学に行けば、嫌でも陸上のことを思い出します。それはどこかで避けていたことで、やっぱり、まだ乗り越えられていないと思います」
　哲くんは不安な面持ちで口を開いた。
「思い切って一緒に大学に行って、陸上の練習に顔を出してみるかい？」
　倉田さんの提案に哲くんの全身が固まった。
「無理です。彼らの走る姿を見たくありません。自分が惨めなだけです」
「哲くんの恐れている敵は、一体何だろう？　大学の陸上でもなければ、走っている友人たちでもない。それは哲くん自身の中にあるものだよ」
　哲くんは黙っていたが、よくわかっていた。いまだ走れない自分を受け入れていない。しかし陸上部に行けば、否応なしに走れない自分を認めることになる。それが恐ろしいのだった。
「どうすればいいんですか？」
　哲くんは、つらそうな表情で倉田さんに助けを求めた。それに対して倉田さんは「生まれてから今までの、哲くんの写真をできるだけ集めてほしい」とだけ依頼した。

解説

　社会復帰を真剣に考え始めるにつれて、哲くんの心を大きな問題の塊がふさいだ。それは倉田さんが指摘するように、スタートラインに着いたものだけが感じる不安の塊である。こうした状況に対して倉田さんは、問題解決アプローチを導入した。
　自我を強めることは、すでにエンパワメントにより達成されていたため、問題を丁寧にアセスメントし、何に対して不安なのかを確かめ、それを小分けにする作業に集中した。そして切り分けた問題一つひとつに対して、具体的な目標を設定し、達成できるよう訓練した。
　部分化することで、哲くんの問題の塊はほぐれ、達成可能な小さな問題が目の前に整列した。その一つひとつに目標がつけられ、達成プランが練られ、実行されるごとに、哲くんは自我の機能を高め、意欲を取り戻していった。
　問題解決アプローチで大切なことは、動機づけ、能力強化、そして機会の提供という３つを連動させることである。倉田さんは、このことを自分だけで行うのではなく、ピアサポート活動やリハビリスタッフの力も借りて行った。
　ピアサポートとの連携により高められた意欲は、能力強化の訓練にも生かされた。小さな問題が克服されていく過程で、哲くんの能力は確実に強化されていった。またグループホームでの宿泊体験を行い、実際に能力を生かしてみる機会がもたらされたことで、さらに問題は解決へと向かっていった。

5. ナラティブアプローチ

アルバムづくりを行う
　1週間後、たくさんの写真が哲くんの元に届けられた。倉田さんは、1冊の真新しいアルバムを哲くんに渡して言った。
　「生まれてから今までの写真を集めて、哲くんのアルバムをつくろう」
　「小さい頃から陸上の写真ばっかりですよ」
　「きっとそうだろうね。そのような写真で気に入ったものを選び、つなげてアルバムをつくれば、それは哲くんの人生の物語になる」
　最初、哲くんは長い時間、写真を懐かしそうに眺めていたが、少しずつ写真を集め出し、自分の物語をつくり始めていった。しかし数日後、倉田さんが部屋に入ると、彼はベッドに横たわり、静かに天井を見つめていた。
　「哲くんが天井を見ているときは、何か問題があるときだね」
　「問題ってほどじゃないんですが、困ってます」
　「アルバムづくりのことだね」
　「ええ、物語を続けることができません。事故に遭うところまではつくりました。でもそこで物語は終わりです。続きがありません」
　「その物語には、どんな題名をつけたの？」
　「走れ哲！　というタイトルをつけるつもりでした。でもそうすると、事故に遭ってから今までの写真がありません。つまり物語は終わってしまうんです」
　哲くんは、悲しそうな表情でつぶやいた。
　倉田さんは、ベッド脇の椅子に腰かけ、話し始めた。
　「これまで哲くんは、走るというテーマだけを掲げて生きてきた。でも事故で走れなくなった今、同じテーマじゃ生きられない。つまり物語の続きがつくれなくなってしまうんだ」
　「こうしてアルバムにしてみると、自分の物語を続けられないことがはっきりとわかります」
　哲くんは、アルバムに目を向けて言った。
　「哲くん、事故という現実を変えることはできない。でも物語を書き換えることはできる。確かにこれまでの物語は、走ることだったかもしれない。でも本当にその物語だけが哲くんの人生のすべてなのかな？　見過ごしてきたことがきっとあると思う。もう一度、写真を見直してほしい。『走る』という哲くんのアルバムには入らなかったかもしれないけど、同じくらい大切な出来事をきっと見つけられると思う。それを使って、新しいアルバムをつくろうよ。その物語が将来につながっていくから」

「それはとても難しい気がします」
「もちろん探すのは哲くんだけど、私も助けられる。一緒に思い出を旅して、新しい物語をつくってみようよ」

それからの数週間、倉田さんと哲くんは、わずかな時間を見つけては、写真を見ながら昔の思い出を分かち合った。少しずつ哲くんは気づいてきた。走るだけの人生と思っていたが、その陰には実に多くの出来事があり、支えてくれた人々がいた。父親、母親、弟、妹、幼稚園の先生たち、小中学校の恩師、監督、コーチ、塾の先生、クラスメイトたちの存在、そして彼らとの楽しかった思い出がよみがえってきた。

それまでは、走っている自分一人だけを見ていたが、もう一度振り返ることで、自分と一緒に走ってくれていた大勢の人々の存在を見出したのである。哲くんは倉田さんに言った。

「なんと自分は自己中心的な人間だったんだろう。こんな大切なことに気づかないなんて。自分だけが悲しくて、自分だけがつらいと感じていたけど、私を支えてくれていた全員が悲しかったし、つらかったんだとわかりました」

できあがった新しいアルバムは、前のアルバムとそんなに写真の中身は変わっていないように見えた。しかしよく見ると、一人で走っている姿は減り、代わりに、仲間と一緒に撮った写真が増えていた。そのアルバムには、「感謝－支えられて走った日々」というタイトルがつけられた。

完成したアルバムを見ながら、倉田さんが尋ねた。
「一緒に大学の陸上部に顔を出せるかい？」
「もちろん行きます。そしてこれまで支えてくれた仲間たち、先輩たち、後輩たち、そして監督、コーチ、マネージャーたちに感謝の言葉を伝えたいと思います。それが終わったら、やっと物語の続きがつくれると思います」

哲くんは、ふっきれたようなすがすがしい表情で倉田さんを見つめた。

新しい目標

数日後、哲くんは、倉田さんと一緒に大学の陸上部に出かけた。そこにはかつての仲間たちが花束を持って待っていた。見慣れた顔ばかりだった。全員が哲くんに駆け寄り、彼を抱きしめた。みんなで泣いた。監督もコーチも、みんなが抱き合って泣き、誰も何も言わなかった。言わなくても同じ気持ちだった。そして哲くんは、車椅子のままトラックに移動し、一人だけでスタートラインに着いた。そしてそこからしばらくゴールを見つめていた。

帰りの車で哲くんは元気な声で話し始めた。
「新しい目標が見えました」
「ぜひ、知りたいな」
「まだ走るつもりです。でも物語のテーマは違います。支えられて走ってきた

から、これからは、誰かを支えるために走りたいと思います」
　「車椅子で走る？」
　「わかりません。まだうまく説明できません。でも必ず走ります。それが車椅子であっても、そうでなくても…」
　そのときの哲くんの目は、確かに、ゴールを見つめるアスリートの鋭い目だった。

解説

　哲くんの目の前に立ちはだかった最後の壁は、大学へ復帰することだった。そこには所属していた陸上部があり、かつて一緒に走った仲間たちもいる。彼らが練習している風景を目にしたとき、果たして、自分が感情を抑えることができるのか自信がなかった。まだ事故や障害を受け入れることができない自分の姿がそこにあった。

　このような状況の哲くんを助けるために、倉田さんは、ナラティブアプローチを導入した。哲くんにアルバムを渡し、写真を選ばせ、自分の人生の物語を紡がせたのである。哲くんは最初、「走れ哲！」というテーマのもと、走っている自分の姿だけに焦点を当てて写真を選んでいった。しかし当然、この物語は事故とともに終わりを告げる。そしてその続きをつくれないことに気づく。倉田さんは、遅かれ早かれ、こうした現実と対峙するべきときが来ると知っていた。そしてそれを乗り越えられるよう助けることが、最後の仕事だと考えていた。

　途方にくれる哲くんに対して、倉田さんはもう一度、これまでの人生を振り返り、「走る」ということの陰に埋もれていた別の出来事に目を向け、それらをつないで新しい物語をつくるように励ました。これはナラティブにおけるオルタナティブストーリーの作成である。この作業は、人生の出来事を振り返る車の旅に喩えられる。運転席に哲くんが座り、倉田さんが助手席でサポートする。二人は過去への旅路で拾い集めた様々な出来事を一緒につないでいった。

　旅で発見したものは、走る哲くんを陰で支えてくれた人々の存在であった。幼い頃から足の速かった哲くんを褒め、助言を与え、助けてくれた人々、彼らの存在なくして走ることは不可能だと理解した。そして哲くんは、事故に遭ったこと、走れなくなったことで悲しいのは、自分一人ではないと気づいたのである。この瞬間から写真の入れ替えが始まり、別の物語が生命を得ていった。こうしたナラティブによる物語の書き換えは、走るという意味を根底から変えた。そして新しく意味付けられた物語は、この先も描き続けていけるものとなった。

　ナラティブアプローチでは、ドミナントストーリーの中に問題が染み込んでいると捉える。しかし哲くんの場合、ドミナントストーリーに問題があったわけではない。事故のため、過去から現在、そして未来に向けて一貫した物語を継続できなくなり、混乱と苦悩を

感じたのである。そうであれば、もう一度過去に戻りドミナントストーリーを解体し、将来にわたって継続できるストーリーを選び、紡いでいくことが必要になる。倉田さんはそのことを最初から理解していた。しかし哲くんが自分で気づくまで待ち、向き合う準備ができた最善のタイミングでナラティブアプローチを導入したのである。

実践へのアドバイス

　突然の障害を負った哲くんに対して、危機介入を導入することは、正しい判断であるが、介入にあたっては、相手の状況をよく見極める必要がある。危機に対する反応は、人によって千差万別である。理論を無理に当てはめようとせず、相手の歩調に寄り添い、「今の気持ちを話してください」と明確に招待しながら感情をオープンにすることが大切である。
　また危機介入は、あくまで短期的な介入であるため、状態が落ち着いてからは、長期的な支援を導入していくことを、前もって考えておくことになる。
　倉田さんは、エンパワメントを導入することで自己信頼、そして他者信頼の力を取り戻そうとしている。これは別の見方をすれば、次に導入される問題解決アプローチの「自我機能のサポート」にあたる。つまり、問題解決アプローチという大きな枠組みの前半にエンパワメントの手法を取り込んだことになる。
　問題解決アプローチでは、問題を小さく切り分けて目の前に置き、小さな達成を繰り返していく。このとき、「障害受容」の問題が大きく立ちはだかることになる。しかし、それについては、あくまで本人が自分の問題として認められるようになるまで、時間をかけることになる。
　中途障害の場合、過去の自分の物語と将来の物語に、大きなギャップが生まれる。これは避けることのできない問題である。倉田さんは、これに対してナラティブアプローチを行い、哲くんと協働で、過去から将来に向けて一貫した物語をつくろうとしている。
　誰であっても障害を認め、受け入れることはつらい。そのことをよく理解したうえで、時間をかけて向き合い、励まし、この大きなハードルを越えて、新しい物語をつくるよう助けていくことになる。この最終的な問題と解決策を、出会いの時点から意識しておくことで、アプローチを効果的に組み合わせることができる。

　これまで2種類の折衷事例を見てきたが、それぞれ異なる点がある。最初の事例は、必ずしも、出会いの時点で、すべてのアプローチの組み合わせをプラン立てているわけではない。小山さんは、最初、クライエント中心から入り、エコロジカルを用いたアセスメントへとつながるスタイルをとっているが、その先は、アセスメントした結果から考えてい

る。認知アプローチや行動アプローチは人に対する働きかけであるし、育児サークルの開拓は、環境への働きかけである。これらはアセスメントから導かれている。

　一方、倉田さんは、哲くんと出会ったとき、危機介入、その後のエンパワメント、そして、最後にはナラティブを用いて、障害受容の問題を解決することをほぼ決めていた。

　折衷する際、大切なことは、いくつかのアプローチを用いた結果、相手がどのような状態になっているのか、しっかりと見極めることである。そしてさらに解決に導くために、どのアプローチが効果的かを判断していく。

　事例を見ていると、この組み合わせ以外にないような錯覚を覚えるかもしれないが、決してそうではない。相手の反応次第で、他のアプローチの組み合わせが最善と判断することもある。繰り返しになるが、支援者には得意とするアプローチがあると思うが、それを基準に考えてはならない。あくまで、目の前の人と抱えている問題に真剣に向き合い、最善のアプローチを組み合わせていくべきである。

　なお、概念を厳密に適用すると、理論上は組み合わせることが難しいアプローチもある。しかし大切なのは、理論に縛られすぎることではなく、人々の問題を解決することである。もし効果が期待できるのならば、たとえ部分的であっても、他のアプローチを柔軟に組み合わせてみることが実践者の力量である。

第13章 様々な理論・アプローチ

ここでは第Ⅰ部で取り上げなかった理論・アプローチのいくつかを簡単に解説する。

セルフ・エスティーム ／ 神経言語プログラミング ／ 経験学習 ／ 交流分析 ／ アドラー心理学 ／ ロゴセラピー（実存主義的アプローチ）

セルフ・エスティーム

セルフ・エスティームとは、自己概念に対する主観的評価である

人は成長する過程で、自分の性格や能力、身体的特徴などに対するイメージ（自己概念）を抱く。このイメージへの主観的評価をセルフ・エスティームと呼ぶ。人々が自分自身に対してポジティブな評価をもてるならば、自身を「価値ある存在」であると捉えるが、ネガティブになると「価値のない存在」と考える。

セルフ・エスティームは、「理想」と「現実」のギャップにより影響を受ける。「スポーツが優れている」ことを理想と考える人が、現実に「自分はスポーツが得意だ」と評価できる場合、その人のセルフ・エスティームは高くなる。しかし実際には、「スポーツが苦手」だったり、「自分はそれほど上手ではない」と評価するなら、セルフ・エスティームは低くなる。

セルフ・エスティームを安定させることが、問題の予防と解決につながる

セルフ・エスティームが高く（強く）安定した状態にあるとき、人は自信をもって人生の困難に立ち向かえるが、低く（弱く）不安定な場合、自信をもてず、物事を否定的に捉えてしまう。セルフ・エスティームが不安定な子どもたちは、成績不振、暴力、不登校などの問題に陥りやすく、改善されないまま成長すると、アルコールや麻薬への依存、虐待、自殺など、深刻な問題を抱える恐れがある。

セルフ・エスティームは、外見や内面に悩み始める思春期頃から不安定になりやすい。そのため特にこの時期、子どもたちが、自分に肯定的な評価をもてるよう支援し、将来の問題を予防することに力を注ぐ必要がある。

セルフ・エスティームを強化するアプローチ

　セルフ・エスティームを強め、安定させる方法にSelf-Esteem Enhancement Approach（SEA）がある。ボーバは、リーズナーの考え方を基に、セルフ・エスティームを構成する要素を5つのステップに分け、人々が一つひとつの要素を獲得していけるようSEAをプログラム化した。

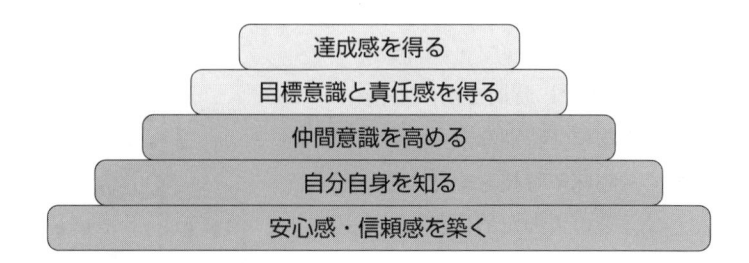

```
         達成感を得る
       目標意識と責任感を得る
        仲間意識を高める
         自分自身を知る
       安心感・信頼感を築く
```

　以下、ソーシャルワーカーが、グループワークを活用しながら、SEAを実施する様子を解説する。

(1) **安心感・信頼感を築く**（Security, Ease & Trust）

　問題を抱える人々は、傷つき、恐れの気持ちを抱いている。そこでまずソーシャルワーカーは、グループのメンバーに「あなたは受け入れられ、理解されている」という安心感や信頼感をもたらし、肯定的で温かな環境を準備する必要がある。それによって彼らは、現在の自分自身と向き合う勇気を得ることができる。

　（例）　自分にとって大切な人々の写真を周りに集め、マップを作成する。これを見ながら、自分が一人ではないこと、守られていることが実感できる。

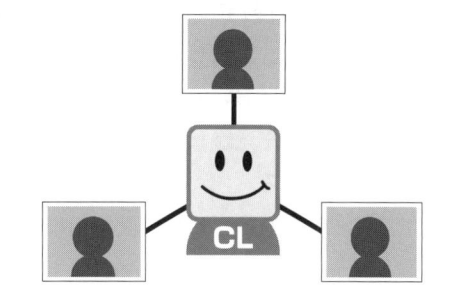

(2) **自分自身を知る**（Selfhood, Self-Concept）

　セルフ・エスティームに問題のある人々は、自分自身へのイメージ（自己概念）を偏って理解している場合が多い。そこで外見、内面の双方から、自分について正確に把握し、ユニークな特質に気づけるように助ける。特に、自己概念と現実経験とが大きく乖離しているメンバーがいる場合、彼らの自己概念に変化を及ぼすことで、現実の自分と向き合い、自己受容できるようサポートする。

　（例）　思い出の写真を集め、自身のライフヒストリーを作成し、スライドショーとして上映する。その後、気づいたことを話し合う。

(3) 仲間意識を高める（Affiliation, Belonging & Connectedness）

ソーシャルワーカーは、このステップを実施する際、グループの力を用いて、他のメンバーと交わり、認められ、受け入れられる体験を準備する。また他者の能力や特質を発見し、互いに友人になるスキルを学べるようにする。メンバー同士が互いに関心と注目を受けたり、あるいは向けたりする機会がもてるならば、仲間への帰属意識を高めることができる。ここまでの支援がセルフ・エスティームの土台となるため、十分に時間をかけて行う。

（例）毎週一人の人物に「特別な友人」としてスポットをあて、趣味や特技を紹介する。残りのメンバーは、その人のために親しみを込めた手紙を書く。お揃いのTシャツなどをつくると仲間意識がより高まる。

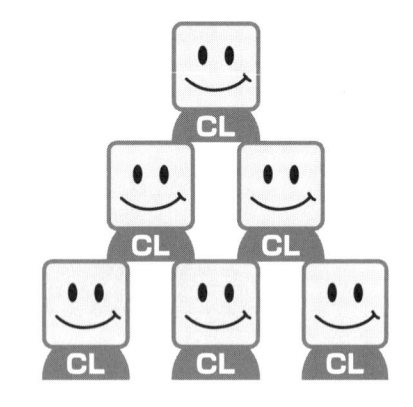

(4) 目標意識と責任感を得る（Mission, Purpose & Responsibility）

土台ができあがったら、次に目標意識と責任感を得るためのトレーニングを行う。主に、問題は何かを探り、適切な解決方法を選択する力を強める。また選択の結果を理解し、意思決定できるよう訓練する。さらに目標設定（プラン、実行、評価）の方法を教え、実際に行動するよう促す。どんなに小さくても目標をもち、それらを意識するとき、メンバーは、達成しようと動き出していく。またその過程において、自分がやるべきこと、やらないことを意識し、意思決定と行動に責任をもとうとする。

（例）目標をはしごや階段、山に喩え、達成状況が一目でわかるワークシートを作成し、色を塗ったり、シールを貼ったりする。

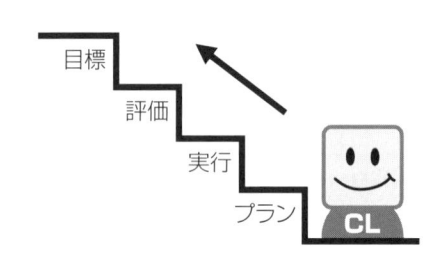

(5) 達成感を得る（Competence, Feeling of Success）

目標を達成することで、自分の能力や強さへの気づきを深める。また弱さを受け入れ、間違いから学ぶ方法を教える。メンバーは、目標を十分に意識し、自分の力を結集し、努力を傾ける過程で達成感を得る。また自分の能力への確信が深まり、セルフ・エスティームが強められる。

（例）「ストレングスBOOK」などをつくり、これまで達成したこと、気づいた能力をまとめる。

支援者は、「特別な人物」になることが求められる

メンバーのセルフ・エスティームを強めようとする場合、ソーシャルワーカーは、彼らに良い影響を与えることのできる「特別な人物」になる必要がある。また、メンバーにもたらそうとする特質を、まず自分自身が獲得している必要がある。自分が得ていないものを人々にもたらすことはできないからである。ソーシャルワーカーは、自分の態度や行動による模範を通して、一人ひとりのメンバーに影響を与え、彼らのセルフ・エスティームを強めることができる。

肯定的な言葉を用いる

メンバーとコミュニケーションを取る場合、常に肯定的な言葉を用いることが重要である。例えば、「今日はとても素敵」「あなたのことを知るのは楽しい」「一緒のチームになれて嬉しい」「隣に座ってもいいですか？」「あなたを誇りに思う」など、肯定的な言葉がけをすることで、メンバーは自分自身に対して、良い自己イメージを抱くことができる。

グループによる活動を志向する

セルフ・エスティームを強めるには、少人数のグループ活動が適している。グループには、1対1ではつくることのできない特別な力がある。また自分以外の人々のために貢献できる機会もある。メンバーが互いに支え合うとき、グループは、安心感、信頼感、自己理解、他者理解、仲間意識という大切な構成要素を生み出すことができる。またグループが一致して目標に向かうとき、役割と責任感が強く求められるため、結果として、一人で行うよりも何倍もの達成感をもたらすことが可能になる。

相手のセルフ・エスティームの状態に適用させてプランニングを行う

5つの構成要素は、3つの土台（安心感・信頼感を築く／自分自身を知る／仲間意識を高める）と2つの柱（目標意識と責任感を得る／達成感を得る）に分かれている。もし働きかける相手が小さな子どもだったり、セルフ・エスティームの弱い人々であれば、土台に時間をかける必要がある。逆にある程度、成熟しており、今以上にセルフ・エスティームを高めたい人々を対象とするならば、目標や達成に焦点を当てた体験を多くもたらすことが効果的である。

神経言語プログラミング

NLPは、体験によって脳に組み込まれたプログラムを書き換えていく手法である

　神経言語プログラミング（Neuro-Linguistic-Programming）は、1970年代、アメリカのバンドラーとグリンダーによって開発された。英語の頭文字でNLPと呼ばれる。Neuroは脳の働き（視覚、聴覚、身体感覚、嗅覚、味覚などの五感）、Linguisticは言語・非言語で表現する情報（表情・声のトーンなど）、そしてProgrammingは脳に組み込まれた行動パターンを表す。

　NLPは、五感や言語による体験が脳のプログラムに組み込まれ、言語や行動パターンをつくり出していることに着目する。そして、脳のプログラムを書き換えることで新しいパターンを生み出し、それによって問題を改善していく手法である。

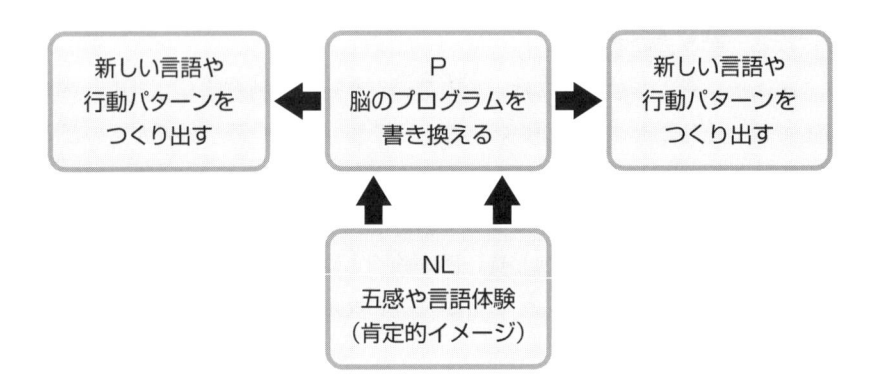

```
新しい言語や      P              新しい言語や
行動パターンを ← 脳のプログラムを → 行動パターンを
つくり出す       書き換える         つくり出す
                   ↑  ↑
                   NL
                五感や言語体験
                （肯定的イメージ）
```

五感や言語が脳のメカニズムに与える影響を最大限に活用する

　私たちの脳は、「意識」という部分で五感の情報を処理し、考え、言語化する。この「意識」は通常、一つのことを捉えるとき、同時に別のことを捉えられない。また脳には、現実体験も想像、バーチャルな体験も、区別なく記憶される。もし私たちが、将来なりたい自分の像をイメージするなら、脳のメカニズムは、まるでそれが実現したかのように記憶、反応する。こうした脳の特性を最大限に活用する―つまり意図的に脳にポジティブなイメージを伝達することで、より良い行動パターンに変化させることが可能になる。

五感による体験を３つの優位感覚で捉える

　五感とは、通常「視覚」「聴覚」「身体感覚」「嗅覚」「味覚」を指すが、NLPでは、このうち「視覚」「聴覚」「身体感覚（嗅覚と味覚を含める）」の３つに特定する。そして人々が物事を意識化する場合、いずれか優位な感覚が存在することに着目している。

　「視覚（Visual）」が優位な人は、物事を映像や図など、視覚を用いて捉える傾向があり、「聴覚（Auditory）」が優位な人は、音声、言葉、声など、聴覚の要素に反応しやす

い。そして「身体感覚（Kinesthetic）」が優位な人は、物事に直接触れ、体験することで理解を深めていく。

　例えば、異なる優位感覚をもった人々同士がドライブに行き、道に迷ったとする。そのとき、視覚優位な人は、地図を入念に調べ、聴覚優位の人は、降りて誰かに道を尋ねるだろう。そして身体感覚優位な人は、ひたすら走りながら場所を確かめるに違いない。同じ体験をしても、それぞれの優位感覚によって、受け止め方、感じ方、言語表現、問題解決方法、コミュニケーションパターンが違ってくる。

相手の優位感覚を観察し、その感覚に合わせてコミュニケーションを行う

　NLPでは、相手の優位感覚を見極め、その感覚に合わせてコミュニケーションを行う。視覚が優位な人は、顔の表情や視線、手のしぐさなどから判断できる。彼らには視覚資料を用いイメージしやすいようにコミュニケーションしていく。聴覚が優位な人は、声のトーン、笑い声、ため息などに反応する。彼らに対しては、声のトーンや使う言葉をより大切にする。さらに身体感覚が優位な人は、握手や身体接触をしたときに反応がある。彼らには、実際に何かに触ってもらいながら伝えるのが効果的である。相手の優位性が掴めない場合、視覚、聴覚、身体感覚の表現を織り交ぜて使っていくことが効果的である。

リフレーミングにより視点を変える

　私たちは、皆それぞれ心のメガネを通して、物事や行動を意味づけている。リフレーミングとは、言葉を用いて、相手に別のメガネを差し出し、これまでと違った見方、感じ方、意味づけ、捉え方を提供することである。

　試験で期待していたほどの点数を取れず、落ち込んでいる人には、「間違えたことで、自分の弱い部分がよく理解できた」と捉え直すことを伝える。

　リフレーミングは、単なる「前向きな思考」ではない。きちんとした根拠と相手に役立つ内容をもった「再意味づけの手法」である。

　リフレーミングにより、現在だけではなく、過去の出来事をも捉え直すことができる。そして、捉え直した意識は、新たに脳に記憶され、その後の言語や行動パターンに影響を及ぼす。

サブモダリティを操作することで、イメージを変える

　私たちの五感の感覚には、さらに細かな要素がある。それらをサブモダリティと呼ぶ。例えば、視覚には、色、形、動き、明るさ、深さなどがある。聴覚には、音量、音程、リズムなどがある。そして身体感覚には、圧力、温度、湿度、感触などがある。こうしたサブモダリティにスイッチを付け、ON、OFFしたり、レベルをUP、DOWNさせることで、イメージを自由に変化、増幅させ、苦手なものへのイメージまでも変えることができる。

　新しい職場へはじめて出勤する際、不安なときがある。そのときは、まず職場の様子をシミュレーションしてみよう。その職場が暗く感じたら、スイッチを入れて明るくしよう。また自分の話す声が小さい場合、音量レベルを上げよう。さらに表情の硬さを、少しソフトにしてみよう。こうしたサブモダリティによるイメージの操作は、脳のメカニズムに記憶され、そこで肯定的な経験に書き換えられる。その結果、不安感情は小さくなり、より積極的な言語や行動パターンがつくり出される。

リソースアンカー

　懐かしい家族の写真を見ると、一瞬、思い出の世界に連れ戻され、喜びの気持ちを感じることがある。あるいはカーラジオから懐かしい曲が流れるとき、それを口ずさんでいた頃の切ない思いがよみがえってくる。これらは写真や音楽が刺激となって起こる感情反応である。こうした反応（条件反射）を意図的に起こすスイッチをつくり、いつでも望ましい状態や感情（リソース）を呼び起こすことをアンカリングという。

　ある学生は、就職の最終面接に挑んだとき、とても緊張したため、「自信」というリソースを呼び起こしたいと考えた。そこで彼は、かつてバスケットボールの試合で優勝した経験を思い起こした。頭の中には、徐々にそのときの場面が浮かび、「自信」がよみがえってきた。彼は、サブモダリティも活用して、気持ちを最高潮まで増幅し、そこにアンカーをかけ、スイッチをつくり出した。彼は左手にはめた時計バンドを、少しだけ右手で引っ張るしぐさをすることで、いつでも「自信」というリソースにアクセスし、呼び起こすことができるようになり、落ち着いた気持ちで面接に挑むことができた。

　アンカリングには、複数のリソースにアクセスするスタッキングアンカー、状況の強さを高めるスライディングアンカー、思い出したくないネガティブな気持ちに対して、ポジティブな気持ちを中和させるコラプシングアンカーなどがある。

言葉の力を最大限に活用する

　NLPにおいて、言葉はとても大きな力をもっている。相手に対しても、自分に対しても、肯定的な言葉をかけることで、脳に肯定的なイメージが伝わり、積極的な行動パターンが生まれる。

経験学習

経験学習は、経験を通して問題解決に有益な原則や気づきを深めていく手法である

「聞いたことは忘れる。見たことは思い出す。やったことは解る」という諺がある。これは経験による学びが非常に効果的であることを示唆している。

経験学習（Experiential Learning）とは、経験を通して問題解決に有益な原則や気づきを深めていく手法である。Experiential Learningを「体験学習」と訳すこともできるが、わが国の「体験学習」には、ボランティア体験や自然体験、宿泊体験などのイメージがあるため、本書では、「経験学習」と訳し、頭文字を取ってELと表わす。

ELは、主にファシリテーターと呼ばれる支援者が、意図的な活動やプログラムを提供し、そこから学習者が直接的な体験を得ることで、新たな知識や意味を発見、学習していくプロセスである。デューイの経験主義的思想などを根底に、コルブらが「経験学習モデル」を発展させてきた。

ELのプロセス・サイクル

ELでは、学習者が、①活動やプログラムに積極的に参加する力、②活動で得た経験を深く考える力、③「学ぶべき大切な原則は何か？」を見出す力、さらに、④経験から得られた知識やスキルを実践に応用する力を必要とする。コルブらは、これらを経験学習のサイクルとして表した。

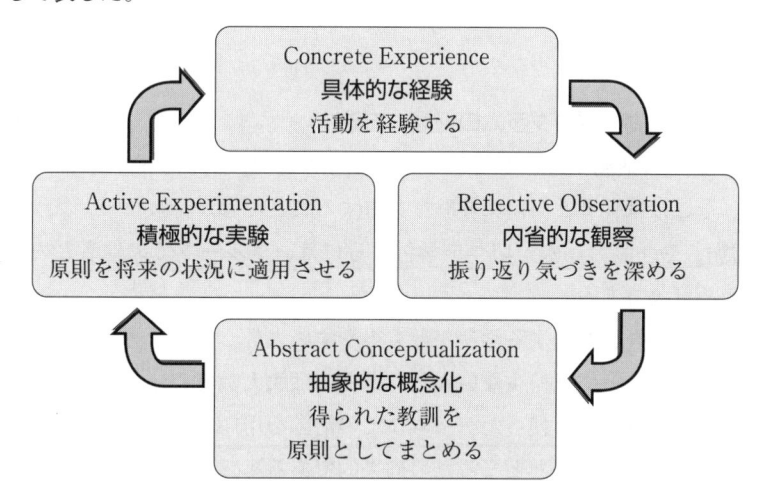

```
        Concrete Experience
        具体的な経験
        活動を経験する
       ↗              ↘
Active Experimentation    Reflective Observation
積極的な実験              内省的な観察
原則を将来の状況に適用させる   振り返り気づきを深める
       ↖              ↙
       Abstract Conceptualization
       抽象的な概念化
       得られた教訓を
       原則としてまとめる
```

具体的な経験

経験は、ファシリテーターが準備する小グループによる活動（プログラム、トレーニングと呼ばれることもある）によりもたらされる。学習者は、この活動に積極的に参加し、自己を開示していくことで、自分自身、自分と他者、自分とグループ全体との関わりから、何らかの意味ある経験を受ける。

内省的な観察

活動を経験した後、学習者はグループで他者と話し合い、また自分自身でも深く考え、気づきを深めていく。自分自身、自分と他者、そして自分とグループ全体に、「何が起こっていたのか？」「今、ここで何を感じたのか？　何を考えたのか？」を振り返り、メンバー同士でフィードバックし合うことで、さらに気づきが促進される。

抽象的な概念化

先のステップで気づいたことを基に、得られた教訓をあげ、そこから問題解決に役立つ概念や原則を一般化していく。それは「信頼関係とは相手の話を聴くことである」「コミュニケーションをする場合、一人ひとりに注意を向けるべきだ」などの原則かもしれない。こうした原則は、特段、目新しいものではなく、おそらく何度も聞いて知っていたことかもしれない。しかしそれらは自分の経験から感じ、考え、導き出したものであり、真に学び、自分のものとした原則となる。

積極的な実験

概念化で自分のものにした原則を、次は、自分自身の成長や所属する組織の活性化のために積極的に応用し、具体的な行動目標を考える。その行動目標（仮説）を実際に試し、体験することで、学習は循環される。

このような経験学習のサイクルは、「学び方」を教えてくれる。一度、このサイクルで学ぶことを経験するなら、普段の何気ない経験から、多くの気づきを得、また重要な原則を学習できるようになる。

グループの人数、活動・プログラムの種類、方法

ELでは、1対1の活動で経験を提供することも可能だが、グループで行うことで効果が得やすい。そこには他者と一緒に経験を共有することでしか得られない気づきがある。例えば、「信頼」や「協力」の大切さを学習するには、グループでの他者との交わりを経験することが不可欠である。

活動を計画する場合、意図する学びが最も得やすい人数、種類、方法を計画することになる。プログラムによっては、少ない人数、あるいは大人数でのほうが効果を得やすいものもある。また活動は、体を使ったゲームなどの活動を用いることが多い。特に、楽しい活動は、参加者の記憶に長くとどまるため効果的である。

3つの優位感覚を考慮した活動を組み入れる

活動を計画するうえでは、NLPで学んだ視覚、聴覚、身体感覚という3つの優位感覚を考慮し、意図的に体験に組み入れる。基本的には、すべての優位性を混ぜた活動を計画す

るが、特定の優位感覚を用いたり、逆に、優位感覚を意図的に使わせないような活動を考え、他者の立場を深く学ばせることもできる。

　例えば、目隠しをして活動を行うことで、私たちは視覚を奪われた不自由さを経験する。その際、視覚に優位性をもつ人々にとっては苦しい体験となるが、聴覚に優位性のある者は、他の人々をカバーする働きができる。声を出さずにコミュニケーションを行う機会があれば、それだけジェスチャーなどに頼ることを学ぶ。また運動会のムカデ競争のようにチームで競い合うとき、多くのボディタッチを経験し、身体感覚に優位な人々は、より一致の力を感じることになる。

ファシリテーターが気づきを促進する
　すべての経験が自動的に、意図した学習につながるわけではない。そのためELでは、経験学習のプロセスが深まるように、ファシリテーターがグループ全体と個人の気づきを促進していく。

　ファシリテーターは、経験したすぐあとに、それを振り返るよう促す。その際、「今、一体、何が起こったのか？」という事実を確認するよう求め、その後、活動から「どのように感じたのか？」「何を考えたのか？」ということを質問し、経験を振り返る機会を与える。それによって学習者は、経験を熟考し、気づきを深めながら、次第に、大切ないくつかの教訓や原則に導かれる。ここで大切なことは、学習者が感じたこと、学んだことを、できる限り言語化し、分かち合っていくことである。

　ファシリテーターは、操作したり、正解に誘導したりはせず、学習者が自分のペースで振り返り、言語化し、気持ちや考えを共有しながら、気づきを深められるようにする。最も有能なファシリテーターの条件として有名な言葉に、「話すことで少しだけ教えることができる。行動で示すことでさらに教えることができる。しかし最善の方法は、模範の力で教えることだ」という信条がある。つまり優れたファシリテーターとして、学習者が見習いたい模範を示す必要がある。

　またファシリテーターとして、もう一つの重要なことは、経験からの学習を促進させるにとどまらず、経験そのものを忘れずにいる方法を示すことである。

交流分析

交流分析は、バーンによって提唱されたパーソナリティ理論である
　交流分析（TA：Transactional Analysis）は、1950年代、精神科医バーンによって提唱されたパーソナリティ理論である。精神分析学を土台としながらも、アドラーやエリクソ

ンなどの影響も見られる。

　交流分析を通して、私たちは、より自分の考え方、感じ方、行動の要因を理解し、自分が他の人々とどのように関わっているかに気づく。また自分の人生の脚本とそれがどのように決められてきたのか、どのようなものが自分の可能性を妨げてきたのかに気づき、そこから抜け出し、より自律的に生きることを目指すようになる。

　交流分析は、主に、以下のような概念やプログラムで構成されている。

自我（エゴ）状態を分析する

　私たちのパーソナリティは、厳格で批判的、あるいは保護的な「親（Parent）」のような特質、また論理的で理性的な「大人（Adult）」のような特質、さらに本能的、感情的、直感的な「子ども（Child）」のような特質という3つの自我状態でつくられている。デュセイの発展させたエゴグラムを用いると、自分の特性を知り、上手に使うことが可能になる。

　エゴグラムとは、エゴ状態を5つに分類し、それぞれに注がれるエネルギーを棒グラフで示したものである。これらは自我状態に関する質問への回答を基に分析される。たくさんのエネルギーが一つの自我状態に注がれると、それだけ他の自我状態のエネルギーは少なくなる。

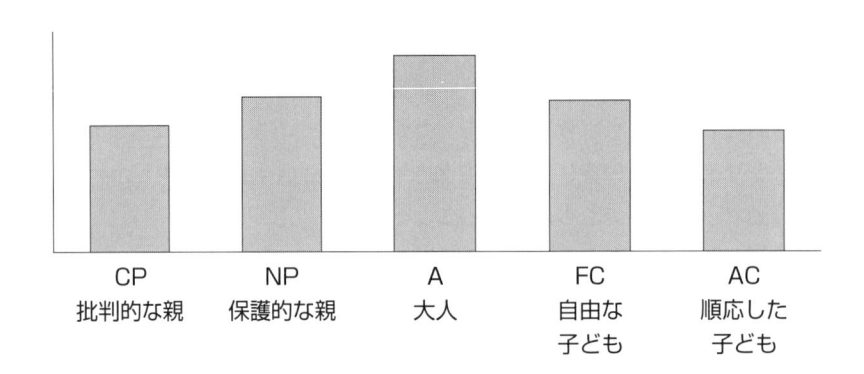

CP	NP	A	FC	AC
批判的な親	保護的な親	大人	自由な子ども	順応した子ども

　CPが高いと支配的、批判的になり、低いとルーズになる。NPが高いと献身的で、低いと無関心。Aが高いと合理的だが、低いと感情的。FCが高いと無邪気、創造的で、低いと感情を表さず楽しめない状態。ACが高いと世間体を気にし、行儀が良いが、低いと非協調的である。

個人間の交流を分析する

　個人同士が交流する場合、それぞれが親、大人、子どもの3つの自我をもつため、交流は様々な組み合わせが考えられる。

(1) 相補（平行）交流

互いに相手の自我状態に話しかけることを指すため、コミュニケーションが継続する。

（例）　母親「部屋の掃除をしなさい！」
　　　　　　（P→C）
　　　　子ども「ごめん、すぐやるよ」
　　　　　　（C→P）

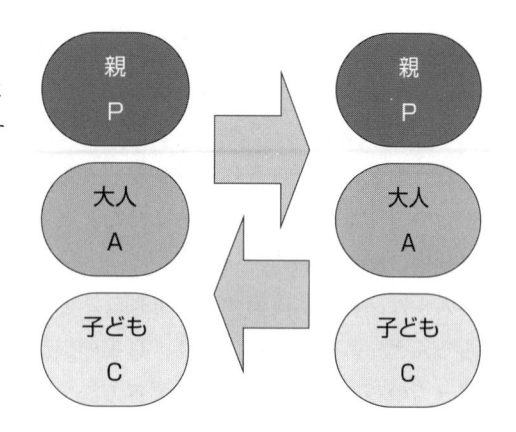

(2) 交差交流

相手の自我状態とは異なる自我状態へ話しかけるので、コミュニケーションは断絶するが、どちらかが自我状態を変化させることで回復する。

（例）　夫「車の鍵はどこにあるかな？」
　　　　　　（A→A）
　　　　妻「またなくしたんでしょ！」
　　　　　　（P→A）
　　　　夫「車の鍵はどこにあるかな？」
　　　　　　（A→A）
　　　　（妻が自我状態を変化させた）
　　　　妻「引き出しの中にありますよ」
　　　　　　（A→A）

(3) 裏面交流

言葉と本心のやり取りが違うこと。

（例）　高齢者「先週は、娘が2回、会いに来た」
　　　　　　（C→P　2回しか来なかったという意味）
　　　　支援者「それは良かったですね」
　　　　　　（A→A　2回も会えたのは現実には良いという意味）

このような交流を分析する目的は、3つの自我状態のどの部分に対して、刺激や反応が基づいているかを気づかせることにある。これは主に言語、非言語の表現に見出される。まず自分の中のP、Cの自我状態に敏感になるなら、相手のP、Cの自我状態にも敏感になり、そこから自分のAという自我状態をもっと強めることができる。

ゲームは反生産的な社会交流である

いつも同じ結末になることを互いに知っていながら、そこに向かって進んでいく反生産的な社会交流をゲームと呼ぶ。例えば、夫婦喧嘩で、結末はわかっているのに、同じパター

ンにはまりこみ、最後に「またやってしまった」という後味の悪い気持ちになることがある。しかしこうした行動は、まるでゲームのように再び繰り返されてしまう。

　ゲームの報酬は、ラケット感情（慢性的な悪感情）である。これは幼い頃の脚本に基づいた行動からもたらされる慣れ親しんだ悪感情ともいえる。人はそうした感情を苦しいと思いつつ「誰かが私を落ち込ませた」と責任転嫁する。その結果、子どもの頃の脚本が一層強固になっていく。

　人々は、真実に直面するのを恐れるとき、ゲームを続け、偽の充実感で心を満たす。もちろんゲームを繰り返す限り、真実の交流に気づくことはできないため、早く自分の行うゲームのパターンに気づき、改善方法を考えることが大切である。

人生脚本を分析する

　私たちは幼い頃の育った環境、両親の影響、その頃に見出した生きる目的などによって、何らかの決断をし、自分の人生の脚本を描く。これらの脚本は、あたかも予定されている人生プランとして、呪縛のようにその後の人生に強い影響を及ぼす。

　多くの場合、人々は自分の人生脚本の存在に気づかないまま、その通りにゲームを演じてしまう。そして脚本に馴染まない出来事は、歪められていく。

　しかし人生脚本は宿命でも運命でもない。だからその存在に気づき、分析する必要がある。私たちは新しい決断に基づき、否定的な脚本を肯定的な脚本に変えることができる。

心の４つの姿勢－I'm OK　You're OK　を目指す

　交流分析には、自分と他人の関係を示す４つの基本的な心の姿勢がある。これらのうち交流分析が目指すものは、「私はOK　あなたもOK」という相互理解的な姿勢である。その他の３つの姿勢は、成長や発達が妨げられている状態である。自分たちが普段、取っている心の姿勢は、コミュニケーションの取り方に強い影響を及ぼしていることがわかる。

私はOKでない あなたはOK 問題が起こると自分がだめだと考える	私はOK あなたもOK 問題が起こっても、話し合い、良い関係を築ける
私はOKでない あなたもOKでない 問題が起こると、相手のせいだと考えるが、自分も何もできない	私はOK あなたはOKでない 問題が起こると、相手のせいだと考え、自分が見えない

ストローク

相手の存在を認める言葉や行動のすべてをストロークと呼ぶ。人々はコミュニケーションを通して、他者からの肯定的なストロークに飢え、それらを得ようとする。通常、私たちは、肯定的なストロークの環境にいるときに成長し、生産的な生き方ができるが、そのような環境にいない場合、問題を抱える。

私たちは、コミュニケーションを取る場合、基本的な心の姿勢を自分で証明していることになる。そして仮に肯定的なストロークが得られなければ、否定的なストロークでもいいので得たいと願う。そういう思いが人をゲームに走らせ、結果的に、ラケット感情につながっていく。

交流分析では、自分や相手に対して、肯定的なストロークである「私もあなたも特別な人である」というメッセージを言葉や態度で伝えていく。

人は時間を構造化し、周囲の人々からのストロークを得ようとする

構造化には「引きこもり」「儀式」「活動」「社交」「ゲーム」「親密さ」の6つの方法がある。人は空想に引きこもり、自分の内面でストロークを補う。儀式は社会的にプログラム化されている日々の挨拶など、決まった形のストロークを交換する。また私たちは、家事や仕事など、外的な活動によってストロークを得ている。また楽しむために社交をする。ゲームは偽りの交流である。交流分析が理想とするのは、親密さによる交流である。これは「私はOK　あなたもOK」という姿勢を互いに受け入れている状態である。

アドラー心理学

アドラーは独自の心理学を構築した

アドラーは、オーストリアの精神科医であり、独自の心理学理論を構築した人物である。特に、育児や子どもへの教育に対するアプローチを中心に、彼の思想は、実に多くの分野の人々に影響をもたらした。アドラーは「なぜ問題が起きたのか」という原因論を追求するのではなく、「どうすればいいのか」という目的論を唱えた。ここでは主に、子どもたちへのアプローチについて述べていく。

アドラーは、子どもたちのライフスタイルを形成しようとした

アドラーは、育児や教育において、子どもたちが「自立し、社会と調和して暮らす」こと、そして彼らが「私は能力があり、人々は私の仲間である」と感じられることを目標とした。そしてそのために子どもたちに、自分の人生の問題を自分で解決する力、また周り

の人々との関係を築く力を築こうとした。アドラーは、目標を達成するための土台として、何よりも子どもたちのライフスタイル（自己や世界についての信念、信条）を形成しようとした。以下、アドラーが大切であると考えた原則を記す。

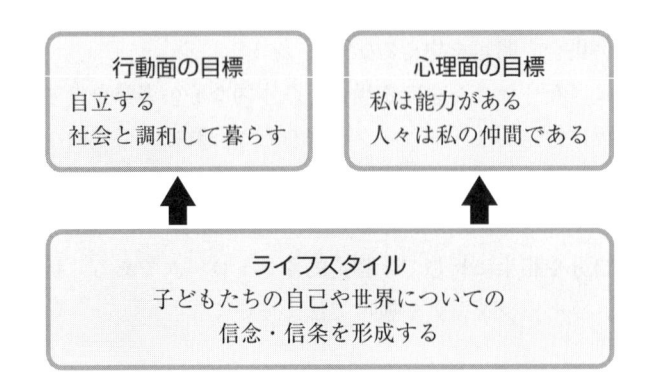

```
┌─────────────────┐      ┌─────────────────┐
│   行動面の目標   │      │   心理面の目標   │
│   自立する      │      │  私は能力がある  │
│ 社会と調和して暮らす│    │ 人々は私の仲間である│
└─────────────────┘      └─────────────────┘
         ▲                        ▲
         │                        │
         └───────────┬────────────┘
              ┌─────────────────┐
              │  ライフスタイル  │
              │ 子どもたちの自己や世界についての │
              │   信念・信条を形成する   │
              └─────────────────┘
```

子どもたちは勇気がくじかれている

アドラーは、「子どもたちは、爪先立ちして、自分を実際以上に良く見せたり、逆に悪く見せたりして、優越性や注目を得ようとしている」と述べ、それは「普通でいることの勇気」がくじかれている結果だと考えた。

また彼は、子どもたちには「自分は劣っている」という劣等コンプレックスがあること、それを隠すために、普通でいることを拒否し、普通以上に良くなるか、あるいは悪くなるかして、優越性と注目を得ようとしている、つまり優越コンプレックスがあることを指摘した。

アドラーは、このような子どもたちが「普通でいることの勇気」をもつよう訴え、そのためには、子どもたちは、特別優れていなくても、悪くなくても、愛され、注目される必要があると述べた。

褒めるのではなく勇気づける

子どもたちの適切な行動に注目することは大切であるが、それを安易に褒めることは適切ではない。アドラーは、「褒めるという行為は、能力のある人から、ない人への評価であり、そこには縦の関係がある」と指摘する。そして対人関係においては、縦の関係は害があるため、たとえ子どもであっても、横の対等な関係を築き、気持ちを分かち合いながら、勇気づけていく必要があると考えた。

勇気づけるとは、自信がもてるように援助することである

子どもたちを勇気づけるとは、彼らが自分の人生の課題に取り組み、自分で問題を解決し、自分にはその能力があるという自信をもてるように援助することである。勇気づけることは、上から目線で「褒める」ことではなく、対等な関係として、子どもたちの存在そのものを受け入れること、また彼らの達成に心から感謝し、素直な気持ちを共有していく

ことである。また温かな言葉がけに依存させるのではなく、子どもたちが自分の意思と力で、自分の人生の課題に向かっていく力を与えることでもある。

課題を分離する—これは誰の課題か？

子どもたちは、自分の人生に責任をもっている。だから自分の課題については、自分でやらなければならない。このことは同時に、当然、周りの人々（特に親や教師）は、子どもがやるべき課題に、手や口を出してはならないという意味である。もしそれをするならば、子どもたちは、苦しくなるといつも助けてもらえると考え、依存的になり、結果として、自分には能力があると感じられなくなる。

　子どもの課題　　親の課題

私たちは、常に、「これは一体、誰の課題か？」と問いかけ、親や教師がやるべき課題と子どもが自分の力で取り組むべき課題を分離しなくてはならない。たとえ結果として、多少の痛みを感じたとしても、子どもたちが自分の課題に対して、自分で取り組み、その選択の結果を経験していけるよう見守る必要がある。

もちろん子どもたちが、自分の力だけで解決できない課題があれば、共通の課題にするかどうかを話し合っていくことになる。

力で押さえつけず、罰せず、話し合って解決する

アドラーは、力で押さえつけたり、罰したりすることは、子どもとの関係が悪くなり、勇気をくじくだけで、人の信念を築いたり、「私は能力がある」という気持ちを得させることはできないと考えた。また罰による効果は一時的であり、子どもたちに居場所を失わせ、人々を敵だと思わせることになると訴えた。そして、どのようなことでも、言葉を使い、話し合うことを勧めた。

自己を受容し、どう使いこなすかを考える

誰にでも欠点や癖があるが、それらも含めて、自分自身を受け入れる—自己受容が大切である。与えられていない能力を気にかけるのではなく、すでに与えられている特質をもつ「自分という存在」を好きになり、どう使いこなしていくかが大切である。

人々は自分の仲間であるという気持ちを高める

周りの人々を信頼する気持ちを高めることにもアドラーは言及した。もし私たちが、周りの人々が自分の敵であり、競争相手だと思うならば、その人々を仲間だと思うことはできない。彼は、社会において、常に人々は自分の仲間であると感じさせることを目標とし、そのために他者を信頼することの大切さを教えた。

他者のために貢献することを学ぶ

　子どもたちは、何かを受けるだけの人になってはいけない。むしろ周りの人々に返していくことを学ばなければならない。子どもたちは、自分以外の仲間のために、貢献することによって自分に対する自信を深めていくからである。

　どの時代でも、親は子どもに手や口を出しすぎる傾向がある。しかし何でも与え、手や口を出すならば、子どもたちの貢献できる機会が奪われることになる。それは子どもたちから、「自分は能力がある」という信念を築く機会をも奪ってしまう。

　これまで説明した自己受容、他者信頼、他者貢献は、相互に絡み合っており、どれ一つ欠けても十分ではないとアドラーは考えた。

アドラー心理学は、多方面に影響をもたらした

　アドラー心理学は、今では常識（コモンセンス）に映るかもしれないが、見方を変えると、彼の理論がそれだけ多方面に影響をもたらした結果でもある。アドラーに影響を受けた人々は数多く存在する。認知理論で紹介したエリスや交流分析のバーン、次に紹介するフランクルもアドラーからの影響を受けていた。また近年、ベストセラーとなったビジネス書『7つの習慣』の中にも、アドラー心理学の影響を見ることができる。

ロゴセラピー（実存主義的アプローチ）

ロゴセラピーは、生きる意味を見出す心理療法である

　ロゴセラピーは、1930年代、ウィーンの精神医学者、神経学者であったフランクルによってつくられた心理療法である。フランクルは、フロイトから学んだ精神分析やアドラーから学んだ個人心理学をベースに、「生きる意味」を問う実存主義的な思想に貫かれたロゴセラピーを構築した。

　その後、フランクルはナチスの強制収容所に送られた。そこでの過酷な体験を通して、彼は自らの思想やロゴセラピーの仮説が正しいとの確信を深めることになった。

　ロゴとはギリシャ語で「意味」を表す「ロゴス」からきている。フランクルは、人は一度だけの人生を生きるかけがえのない存在であり、人生には、実現するべき価値や意味があること、また人は本質的に、意味や価値に方向づけられた存在であり、自らに課された人生を生きる必要があると考えた。

　フランクルは、生きる意味を喪失する人々が病や問題を抱えると考え、ロゴセラピーを通して、人々が人生を吟味し、生きる意味を再び見出し、それを実現するように促した。現在、フランクルの影響は、政治、経済、医療、教育をはじめ広範囲な分野に及んでいる。

フランクルは、強制収容所で過酷な体験を強いられた

　ユダヤ人であったフランクルは、第二次世界大戦中、ナチスドイツの強制収容所に送られ、人間としての尊厳を奪われる悲惨な体験を強いられた。彼の妻は収容所に来た日に殺され、家族も病死、あるいは毒ガス室に送られた。そしてフランクル自身も自分の運命がどうなってしまうのかわからない日々を送った。

　収容所では、盗み、暴力など、利己的な行為が日常化していたが、フランクルら少数の人々は、周囲の人々に思いやりある言葉をかけたり、なけなしのパンを分け与えた。また裸で独房に入れられ、つらく苦しい状況を経験したときにも、フランクルは、いつか自分が収容所から解放され、その経験を大学で学生たちに伝える様子を想像し、喜びと希望を感じた。

　看守たちは、拷問、殺戮、恐怖を与えることで、フランクルを打ちのめし、彼のほとんどの自由を奪うことができた。しかし「与えられた環境でどう行動するか」という彼の人間としての最後の自由だけは、誰も奪うことはできなかったのである。

　フランクルがこのような自由を発見できたのは、自分の意思で選択できる内的な力をもっていたからである。彼はその力を大きく成長させ、看守を含めた周囲の人々の模範となり、多くの人々に生きがいを与えることができた。たとえ極限状態であっても、それに打ち負かされるのではなく、内的な意思を使い「どのように反応するか」を自分で選択することができたのである。

　フランクルは、収容所での生活を観察し、体力と運だけでは、生き延びることは難しかったこと、また意味ある目標をもつことができた人々は、生き延びる割合が多かったことを見出した。このことから彼は、人が人生において目標や意味を問う存在であることを確信した。

ロゴセラピーは、3つの中心概念で成り立っている

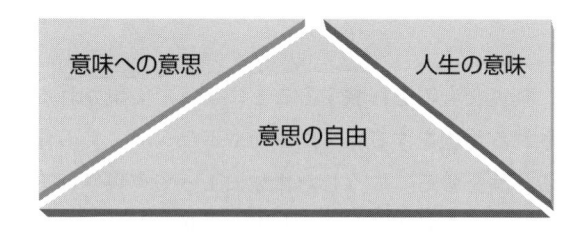

```
        意味への意思        人生の意味
              意思の自由
```

(1) 意思の自由（Freedom of Will）

　　どんな状況下でも、人は自分の意思で行動し、未来を決めることができる。私たちは遺伝や生まれ育った環境、運命などに、単に反応するだけの者ではなく、意思をもつ存在として、何事も自分で選び、積極的に人生を築いていける。

(2) 意味への意思（Will to Meaning）

　　人は生きる意味を見出そうとする。それは人が本来もっている欲求であり意思であ

る。言い換えると、どのような人も、人生において、意味ある何かを実現したいと強く願っている。その思いが満たされないとき、私たちの人生はバランスを欠き、欲求不満となり、様々な神経症的な障害に見舞われる。逆に、人生で意味ある目的をもつとき、思いは満たされ心身の健康を保つことができる。

(3) 人生の意味（Meaning in Life）

生きている以上、様々な経験をする。病気や老い、障害を負うこともある。また尊厳が脅かされることもある。時には理不尽に思える経験もある。しかし、どんなに過酷な経験に満ちた人生であっても生きる意味がある。

生きる意味を見出すには、3つの道がある

フランクルは、生きる意味を見出す方法として、3つの価値領域「創造価値」「体験価値」「態度価値」を強調した。

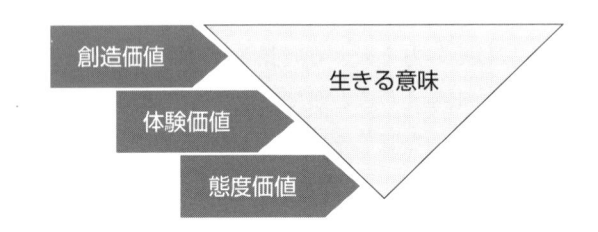

(1) 創造価値

人は何かをつくり出すことで、世の中に何かを与えることができ、そこから価値と意味を見出すことができる。これは活動し創造することによって実現される価値であるが、職業が何であるかは問わない。自分に与えられた仕事に、どれだけ最善を尽くしているかが大切になる。

(2) 体験価値

何か美しいもの、真実なものを体験することによって実現される価値である。私たちは、人を愛し、愛される体験をする。また奉仕やボランティアの体験をする。また自然から何かを受け取る体験をする。こうした体験によって実現される価値がある。体験価値とは、人とつながり、人を必要とし、また人から必要とされることでもある。また人生においては、「まさにこの瞬間のために生きてきた」という体験に出会うこともある。

(3) 態度価値

過酷な運命に遭遇し、創造価値も体験価値も実現できないことがある。しかし変えられないことに対して、どのような態度をとるかによって実現される価値が存在する。それが態度価値である。私たちは、フランクルが経験したように、抗うことのできない運命のような環境においてさえ、相手を思いやるような態度を貫くことができる。

私たちは、加齢のため、あるいは病気や障害を負うと、何かを創造し体験することができなくなる（これは創造価値、体験価値、ともに奪われた状態である）。しかし自分ではどうすることもできない状況下にあっても、周囲の人々を気遣う態度をとることはできる。こうした態度価値は最高の価値であり、決して奪われることはないとフランクルは考えた。

私たちは人生から問いかけられている
　「生きていてもしょうがない」というニヒリズムに陥ると、人々は人生に対して意味を問いかける。しかしフランクルは言う。「人間が人生に意味を問う必要はない。人生そのものが、人間に存在の意味を問いかけている。だから人間はそれに責任をもって応えなくてはならない」
　責任をもって応えるとは、自分の生きる意味を探し、それを達成していくことである。それは、言い換えると、この人生で、私は何のために生きるのか？　誰のために生きるのか？　具体的に、私は何をすればいいのか？　このような問いかけをしながら、生きることで、その意味に気づくならば、心の虚しさを乗り越えることができる。

フランクルの思想は、多くの人々に影響をもたらした
　フランクルの経験や思想、そして彼の築いたロゴセラピーの影響は、多くの人々に影響をもたらしたが、その中には、本書で最初に取り上げたクライエント中心アプローチを築いたロジャーズがいる。
　ソーシャルワーカーとして、フランクルが人生をかけて築いた思想を学び、そこから人を支えることの価値と意味を深く問いかけてほしい。

おわりに

　インターネットのあるページに、「ソーシャルワーカーは、カウンセリングもセラピーもしない」と書かれていたのを読んでショックを受けた。そのような認識を人々がもっていることに悔しい気持ちがした。

　私はソーシャルワークを学ぶ過程で、カウンセリングと出会った。また、認知理論、行動理論、課題中心理論、エンパワメント理論、システム理論などについて学んだ。これらの理論やアプローチをベースに、個人やグループ、地域社会がどのような問題を抱えるのか、そして人と社会にどのように変化を起こすことができるかを深く考えた。

　理論やアプローチを学ぶならば、より人に関わるためのレパートリーが増え、ソーシャルワーカーが、もっと大胆にジェネラルアプローチを展開していけると私は確信している。そしてそのことは、ソーシャルワーカー自身が一番、望んでいることではないだろうか。

　ソーシャルワーカーはカウンセラーであって、セラピストである。彼らは人々に深く関わり、問題を解決し、人々の力を引き出す。そしてその力を、地域社会を変革するために用いる。つまり、良いカウンセラーやセラピストであることが、優れた社会活動家の条件であると私は考えている。

　本書を通して、ソーシャルワークの理論やアプローチの素晴らしさを、少しでも分かち合いたいと思い執筆してきたが、その願いが叶えられたことに感謝している。3年間に及ぶ執筆は楽ではなかった。途中、何度も放り出したことも事実である。子どもの自転車がパンクしたのに、直してやる時間もなく机に向かう日々もあった。そのような父に理解を示してくれた妻と子どもたちに感謝したい。

　また、中央法規出版の有賀剛氏は良きパートナーであり、10年以上にわたり、一緒に本を作ってきた。本書は当初、私たちの最初の作品『ソーシャルワーク倫理ハンドブック』の刊行から10年目にあたる2009年に完成することを目標にしたが、様々な事情により1年と少しだけ延びてしまった。しかし彼はこの作品が、私たちにとっての節目となるよう、最善の努力を傾けてくれた。柔軟でありながらも妥協を許さない、彼の編集者としての力量があったからこそ、これまでの作品がある。つまりこの本は、私たちの10年を記念する著作でもある。そのことへの深い感謝を込めて、本書の刊行を彼と共に喜びたい。

川村　隆彦

参考文献

アギュララ, D.C.（小松源助・荒川義子訳）『危機介入の理論と実際　医療・看護・福祉のために』川島書店、1997年

アダムス, R.（杉本敏夫・齊藤千鶴監訳）『ソーシャルワークとエンパワメント　社会福祉実践の新しい方向』ふくろう出版、2007年

アドラー, A.（岸見一郎訳）『子どもの教育』一光社、1998年

アルバート, P.A.・トルートマン, A.C.（佐久間徹・谷晋二・大野裕史訳）『はじめての応用行動分析　日本語版第2版』二瓶社、2004年

池見酉次郎・杉田峰康・新里里春『人生を変える交流分析』創元社、2001年

伊藤絵美『認知療法・認知行動療法カウンセリング　初級ワークショップ　CBTカウンセリング』星和書店、2005年

伊藤絵美・丹野義彦編著『認知療法・認知行動療法事例検討ワークショップ⑴』星和書店、2008年

伊藤冨士江『ソーシャルワーク実践と課題中心モデル　わが国における適用をめざして』川島書店、2001年

岩本隆茂・大野裕・坂野雄二共編『認知行動療法の理論と実際』培風館、1997年

エリス, A.（野口京子訳）『理性感情行動療法』金子書房、1999年

大河内浩人・武藤崇編著『行動分析』ミネルヴァ書房、2007年

岡本民夫編著『社会福祉援助技術演習　実践に必要な柔軟な応用思考・動作の訓練』川島書店、1995年

小田兼三・杉本敏夫・久田則夫編著『エンパワメント実践の理論と技法　これからの福祉サービスの具体的指針』中央法規出版、1999年

加藤聖龍『手にとるようにNLPがわかる本』かんき出版、2009年

加茂陽編『ソーシャルワーク理論を学ぶ人のために』世界思想社、2000年

川村隆彦『価値と倫理を根底に置いたソーシャルワーク演習』中央法規出版、2002年

川村隆彦『事例と演習を通して学ぶソーシャルワーク』中央法規出版、2003年

川村隆彦『支援者が成長するための50の原則　あなたの心と力を築く物語』中央法規出版、2006年

岸見一郎『アドラー心理学入門　よりよい人間関係のために』ベストセラーズ、1999年

岸見一郎『アドラーに学ぶ　生きる勇気とは何か』アルテ、2008年

久保紘章・副田あけみ編著『ソーシャルワークの実践モデル　心理社会的アプローチからナラティブまで』川島書店、2005年

コヴィー, R.S.（スキナー, J.J.・川西茂訳）『7つの習慣』キング・ベアー出版、1996年

佐治守夫・飯長喜一郎編『ロジャーズ　クライエント中心療法』有斐閣、1983年

ジャーメイン, C.他（小島蓉子編訳著）『エコロジカル・ソーシャルワーク　カレル・ジャーメイン名論文集』学苑社、1992年

ソーン, B.（諸富祥彦監訳）『カール・ロジャーズ』コスモス・ライブラリー、2003年

ターナー, F.J.編（米本秀仁監訳）『ソーシャルワーク・トリートメント　相互連結理論アプローチ（上・下）』中央法規出版、1999年

高畑庄蔵『みんなの自立支援を目指すやさしい応用行動分析学　「支援ツール」による特別支援教育から福祉、小・中学校通常教育への提案』明治図書出版、2006年

谷口泰史『エコロジカル・ソーシャルワークの理論と実践　子ども家庭福祉の臨床から』ミネルヴァ書房、2003年

得津慎子『新版 家族援助の理解と方法　システム論に基づく家族福祉の実践』西日本法規出版、2003年

南山短期大学人間関係科監修、津村俊充・山口真人編『人間関係トレーニング 第2版　私を育てる教育への人間学的アプローチ』ナカニシヤ出版、2005年

ニーマイアー, R.A. 編（富田拓郎・菊池安希子監訳）『喪失と悲嘆の心理療法　構成主義からみた意味の探求』金剛出版、2007年

ニーメアー, R.A.（鈴木剛子訳）『＜大切なもの＞を失ったあなたに　喪失をのりこえるガイド』春秋社、2006年

野口裕二『物語としてのケア　ナラティヴ・アプローチの世界へ』医学書院、2002年

ハーガデン, H.・シルズ, C.（深澤道子監訳）『交流分析　心理療法における関係性の視点』日本評論社、2007年

狭間香代子『社会福祉の援助観　ストレングス視点・社会構成主義・エンパワメント』筒井書房、2001年

プラマー, D.（岡本正子・上田裕美監訳）『自己肯定・自尊の感情をはぐくむ援助技法　よりよい自分に出会うために（青年期・成人編）』生活書院、2009年

フランクル, V.E.（山田邦夫監訳）『意味への意志』春秋社、2002年

フランクル, V.E.（池田香代子訳）『新版 夜と霧』みすず書房、2002年

フランクル, V.E.（山田邦夫監訳）『意味による癒し　ロゴセラピー入門』春秋社、2004年

プロジェクトアドベンチャージャパン編『グループのちからを生かす　成長を支えるグループづくり　プロジェクトアドベンチャー入門』C.S.L. 学習評価研究所、2005年

ベック, A.T.（大野裕訳）『認知療法　精神療法の新しい発展』岩崎学術出版社、1990年

ホール, L.M.（橋本敦生監訳）『NLPハンドブック　神経言語プログラミングの基本と応用』春秋社、2006年

ホワイト, M.・エプストン, D.（小森康永訳）『物語としての家族』金剛出版、1992年

マクナミー, S.・ガーゲン, K.J. 編（野口裕二・野村直樹訳）『ナラティヴ・セラピー　社会構成主義の実践』金剛出版、1997年

モーガン, A.（小森康永・上田牧子訳）『ナラティヴ・セラピーって何？』金剛出版、2003年

森田ゆり『エンパワメントと人権　こころの力のみなもとへ』部落解放・人権研究所、1998年

モンク, G.・ウィンズレイド, J.・クロケット, K.・エプストン, D. 編（国重浩一・バーナード紫訳）『ナラティヴ・アプローチの理論から実践まで　希望を掘りあてる考古学』北大路書房、2008年

吉川悟・東豊『システムズアプローチによる家族療法のすすめ方』ミネルヴァ書房、2001年

ロジャーズ, C.R.（末武康弘・保坂亨・諸富祥彦共訳）『カウンセリングと心理療法　実践のための新しい概念』岩崎学術出版社、2005年

ロジャーズ, C.R.（保坂亨・諸富祥彦・末武康弘共訳）『クライエント中心療法』岩崎学術出版社、2005年

Borba, M. *Esteem Builders*, Jalmar Press, 1989.

Germain, C. B. & Gitterman, A. *The Life Model of Social Work Practice*, Columbia University Press, 1980.

Minuchin, S. *Familes & Family Therapy*, Harvard University Press, 1974.

〔著者紹介〕

川村　隆彦（かわむら・たかひこ）

青森県生まれ
ニューヨーク州立大学大学院修士課程修了（Master of Social Work）
現在、神奈川県立保健福祉大学保健福祉学部社会福祉学科准教授

〔主著〕
『ソーシャルワーク倫理ハンドブック』（共著、中央法規出版、1999年）
『新 社会福祉援助技術演習』（共著、中央法規出版、2001年）
『価値と倫理を根底に置いたソーシャルワーク演習』（単著、中央法規出版、2002年）
『福祉キーワードシリーズ 権利擁護』（共編著、中央法規出版、2002年）
『事例と演習を通して学ぶソーシャルワーク』（単著、中央法規出版、2003年）
『グループワークの実際』〈ソーシャルワーク・スキルシリーズ〉（単著、相川書房、2004年）
『新版 社会福祉士養成講座⑧ 社会福祉援助技術論Ⅰ〔第3版〕』（共著、中央法規出版、2006年）
『新版 介護福祉士養成講座⑤ 社会福祉援助技術〔第3版〕』（共著、中央法規出版、2006年）
『支援者が成長するための50の原則　あなたの心と力を築く物語』（単著、中央法規出版、2006年）
『相談援助演習 教員テキスト』（共著、中央法規出版、2009年）
『社会福祉士 相談援助演習』（共著、中央法規出版、2009年）

ほか

ソーシャルワーカーの力量を高める理論・アプローチ

2011年2月10日　初　版　発　行
2024年10月25日　初版第14刷発行

著　者　　川村　隆彦
発行者　　荘村　明彦
発行所　　**中央法規出版**株式会社
　　　　　〒110-0016　東京都台東区台東3-29-1　中央法規ビル
　　　　　TEL03-6387-3196
　　　　　https://www.chuohoki.co.jp/
印刷・製本　サンメッセ株式会社
ブックデザイン　岡本　明

ISBN978-4-8058-3428-2
定価はカバーに表示してあります。
本書のコピー，スキャン，デジタル化等の無断複製は，著作権法上での例外を除き禁じられています。また，本書を代行業者等の第三者に依頼してコピー，スキャン，デジタル化することは，たとえ個人や家庭内での利用であっても著作権法違反です。
落丁本・乱丁本はお取替えいたします。
本書の内容に関するご質問については，下記URLから「お問い合わせフォーム」にご入力いただきますようお願いいたします。
https://www.chuohoki.co.jp/contact/

SOCIAL
WORKER

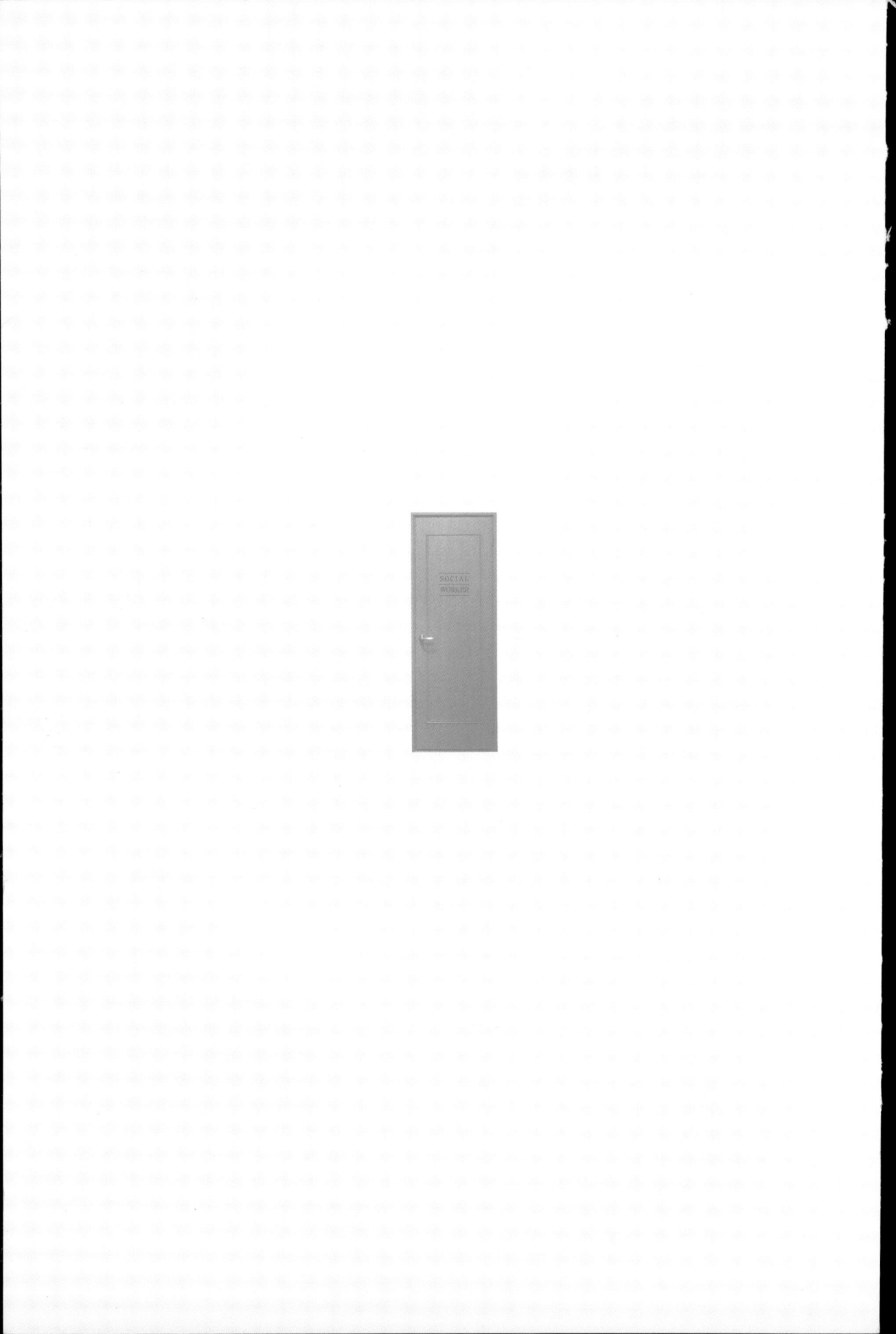